Théorie de la connaissance

Édition du centenaire
1821-1921

DERNIERS VOLUMES PARUS
DANS LA MÊME COLLECTION

DUCHESNEAU F., *Leibniz et la méthode de la science*, 2ᵉ éd. augmentée, 386 pages, 2022.

PANZA M., *Modes de l'analyse et formes de la géométrie*, textes recueillis par S. Maronne, 488 pages, 2021.

CARNAP R., *Les fondements philosophiques de la physique. Une introduction à la philosophie des sciences*, traduction J.-M. Luccioni et A. Soulez, avant-propos A. Soulez, 336 pages, 2020.

DEDEKIND R., WEBER H., *Théorie des fonctions algébriques d'une variable*, traduction E. Haffner, 222 pages, 2019.

DUCHESNEAU F., *Organisme et corps organique de Leibniz à Kant*, 528 pages, 2018.

LEIBNIZ G. W., Mathesis universalis. *Écrits sur la mathématique universelle*, 256 pages, 2018.

LASSÈGUE J., *Ernst Cassirer. Du transcendantal au sémiotique*, 242 pages, 2016.

CARNAP R., *Logique inductive et probabilité (1945-1970)*, introduction P. Wagner, traduction sous la dir. de P. Wagner, 328 pages, 2015.

LECLERCQ B., *Fondements logiques et phénoménologiques de la rationalité mathématique chez Husserl*, 200 pages, 2015.

CARNAP R., *Testabilité et signification,* traduction Y. Benétreau-Dupin, relue D. Chapuis-Schmitz, introduction P. Wagner, 160 pages, 2015.

MANCOSU P., *Infini, logique, géométrie*, 464 pages, 2015.

LUKASIEWICZ J., *Écrits logiques et philosophiques*, traduction, introduction et notes S. Richard, F. Schang et K. Vandenborre, 336 pages, 2013.

HEINZMANN G., *L'intuition épistémique*, 202 pages, 2013.

LACOUR P., *La nostalgie de l'individuel. G.-G. Granger*, 256 pages, 2012.

UZAN P., *Conscience et physique quantique*, 244 pages, 2012, réimp. 2022.

Helmholtz. Du son à la musique, textes éd. par P. Bailhache, A. Soulez et C. Vautrin, 256 pages, 2011.

JOLY B., *Descartes et la chimie*, 256 pages, 2011.

BARBARA J.-G., *La naissance du neurone. Constitution d'un objet scientifique au XXᵉ siècle,* 320 pages, 2010.

DUCHESNEAU Fr., *Leibniz, le vivant et l'organisme*, 352pages, 2010.

SABATIER X., *Les formes du réalisme mathématique,* 304 pages, 2009.

RIVENC F. et SANDU G., *Entre logique et langage*, 172 pages, 2009.

JAMMER M., *Concepts d'espace. Une histoire des théories de l'espace en physique*, traduction, introduction et notes L. Mayet et I. Smadja, 288 pages, 2008.

MATHESIS

Directeur : Hourya Benis SINACEUR

Hermann von HELMHOLTZ

théorie de la connaissance

Édition du centenaire
1821-1921
établie avec les notes critiques de
Moritz **SCHLICK** et Paul **HERTZ**

Présentation de
Jean-Baptiste FOURNIER

Traduction de
A. BIENVENU, C. BOURIAU,
J.-B. FOURNIER et G. HEINZMANN

Publié avec le soutien de l'UR 3532 « Métaphysique : histoire, transformations, actualité » de Sorbonne Université

PARIS
LIBRAIRIE PHILOSOPHIQUE J. VRIN
6 place de la Sorbonne, V e

2022

6, place de la Sorbonne, Paris V^e^

ISSN 1765-8055
ISBN 978-2-7116-3044-8

www.vrin.fr

AVANT-PROPOS

HERMANN VON HELMHOLTZ
LE CENTENAIRE 1821-1921

« L'espace peut être transcendantal sans que les axiomes le soient ». Ce titre du deuxième supplément à l'article de 1878, « Les faits dans la perception » [1], résume à la fois une des thèses majeures des quatre textes de théorie de la connaissance réunis dans ce volume, et la position très particulière de Hermann von Helmholtz (1821-1894) dans l'histoire de la philosophie de langue allemande. Physicien, psychologue, mathématicien, Helmholtz a toujours cherché à inscrire sa recherche scientifique dans les débats philosophiques de son temps ainsi qu'à déterminer sa propre place dans l'histoire des sciences dont il mesurait, en cette seconde moitié du XIXe siècle, les profondes révolutions.

C'est à ce titre que Moritz Schlick et Paul Hertz lui consacrèrent ce volume à l'occasion du centième anniversaire de sa naissance. Sur l'œuvre du scientifique, les deux éditeurs émettent dans leur préface un jugement réservé, considérant que ses nombreux articles (consacrés à des sujets aussi divers que l'ophtalmologie, les recherches scientifiques de Goethe, l'hydrodynamique, la thermodynamique, les mouvements atmosphériques, l'énergie des vagues, les transmissions nerveuses, ou encore la géométrie analytique, etc.) possèderaient un intérêt surtout historique, Helmholtz se distinguant davantage par l'universalité de sa pensée, son esprit de synthèse et sa postérité que par ses véritables découvertes [2]. Moritz Schlick insiste par exemple à plusieurs reprises, dans ses notes sur l'article « Les Faits dans la perception », sur le caractère inapproprié de la

1. Voir *infra*, p. 197.
2. Voir *infra*, p. 25.

conception helmholtzienne des « inférences inconscientes »[1]. On se gardera bien de s'engager ici dans la discussion de la validité scientifique des théories de Helmholtz, en soulignant *a contrario*, avec Schlick et Hertz, la force incontestable de l'œuvre du philosophe des sciences et de la connaissance qui méritait, comme en 1921, qu'on attirât sur elle l'attention du public.

Les œuvres philosophiques de Helmholtz ont fait l'objet de travaux récents, et en particulier d'une édition critique complète coordonnée par Michael Heidelberger, Helmut Pulte et Gregor Schieman sous le titre *Philosophische und populärwissenschaftliche Schriften*[2] en trois volumes. Quel que soit l'intérêt de ces textes, qui pour certains ont déjà fait l'objet de traductions françaises (répertoriées dans la bibliographie), quelle qu'eût été par ailleurs la pertinence d'une traduction de ses œuvres philosophiques complètes, plusieurs raisons ont guidé le choix de nous en tenir à l'édition du centenaire. Tout d'abord, comme le remarquent Schlick et Hertz dans leur propre préface[3], les articles de Helmholtz comportent de nombreuses répétitions, plusieurs développements étant souvent repris *verbatim* d'un texte à l'autre; deuxièmement, cette édition, de par sa qualité et le regain d'intérêt qu'elle a suscité dans les années 1920 pour l'œuvre de Helmholtz, a connu une importance historique non négligeable, qu'on a pu comparer à celle de l'édition par H. Weyl de l'œuvre de Riemann[4]; troisièmement, les seules notes de Schlick et Hertz possèdent un intérêt philosophique, épistémologique et historique de premier ordre, et tissent des liens solides et originaux entre les différents courants de la philosophie de langue allemande du XXe siècle; enfin, l'édition de 1921 présentait une originalité, une actualité ainsi qu'une unité thématique et conceptuelle remarquables qui faisaient de ce volume un tout cohérent et une excellente introduction à l'épistémologie helmholtzienne.

1. Voir *infra*, p. 174.

2. M. Heidelberger, H. Pulte et G. Schieman (Hrsg.), *H. v. Helmholtz. Philosophische und populärwissenschaftliche Schriften*, Hamburg, Meiner, 2017.

3. Voir *infra*, p. 27.

4. B. Riemann, *Über die Hypothesen, welche der Geometrie zu Grunde liegen*, Habilitationsschrift du 10 juin 1854, publiée à titre posthume dans le t. XIII des *Abhandlungen der königliche Gesellschaft zu Göttingen*, 1867; l'édition en question est celle de H. Weyl, avec notes de l'éditeur, Berlin, Springer, 1919; trad. fr. L. L'autel, « Sur les hypothèses qui servent de fondement à la géométrie », *Œuvres mathématiques*, Paris, Gauthier-Villars, 1898, rééd. Paris, J. Gabay, 1992, p. 280-299.

HELMHOLTZ THÉORICIEN DES SCIENCES : PHYSIQUE ET AXIOMES MATHÉMATIQUES

La position que Helmholtz développe dans ces quatre textes consiste à maintenir une double exigence : celle d'un empirisme fort, en vertu duquel même les axiomes de la géométrie doivent pouvoir s'appuyer sur des faits, dans le cadre de ce qu'il conviendra d'appeler une « géométrie physique », et celle d'une fidélité profonde, quoique non dénuée d'ambiguïté, à Kant et à l'idée selon laquelle l'espace demeurerait la forme *a priori* de l'intuition externe.

Si l'on omet provisoirement la référence omniprésente à Kant, le problème de Helmholtz se résume ainsi à la question de savoir dans quelle mesure le développement de la géométrie analytique – dans laquelle le concept d'espace est défini à partir non pas de l'intuition, mais de la notion de multiplicité n-dimensionnelle – s'accorde avec la nécessité pour la physique de pouvoir disposer d'une axiomatique applicable à l'expérience. C'est le statut même des propositions mathématiques qui est ici en jeu, et il n'est pas étonnant que Schlick, qui avait déjà publié sa *Théorie générale de la connaissance*[1], ait trouvé chez Helmholtz les prémisses de ses propres interrogations. Le premier des textes rassemblés par les éditeurs, « De l'origine et de la signification des axiomes géométriques » (1870), a pour principale fonction de poser ce problème. Helmholtz s'y emploie au fil directeur d'une histoire des géométries non euclidiennes interprétée comme la mise en question progressive d'une évidence apparente : celle de l'homogénéité de l'espace de l'expérience et de la valeur nulle de sa mesure de courbure. La source de cette fausse évidence réside dans la difficulté à distinguer *sur le sol de l'expérience de l'espace* ce qui en lui relève de sa forme véritablement *a priori* et ce qui ne nous est donné qu'empiriquement, et en particulier par l'habitude que nous avons du comportement des objets physiques dans l'espace et de ce que nous pouvons *faire* dans l'espace, comme le mesurer à l'aide d'instruments de mesure, y déplacer des objets sans affecter leurs proportions, y effectuer différents types de mouvements comme des rotations, etc. Or, c'est précisément ce que Kant croyait faire dans l'« Esthétique

1. M. Schlick, *Allgemeine Erkenntnislehre*, dans *id.*, *Kritische Gesamtausgabe, herausgegeben von F. Stadler und H.-J. Wendel : Allgemeine Erkenntnislehre*, Ableitung 1, Bd. 1, Wien, Springer, 2009 ; trad. fr. C. Bonnet, *Théorie générale de la connaissance*, Paris, Gallimard, 2009.

transcendantale »[1] en prenant le critère de la « nécessité de pensée » (*Denknotwendigkeit*)[2] comme critère de distinction entre la dimension empirique de l'espace et sa dimension transcendantale. Encore fallait-il pouvoir distinguer clairement entre ce qui relève d'une véritable nécessité de penser, c'est-à-dire ce qu'il est impossible de penser autrement en vertu d'une propriété *a priori* de l'espace, et ce qu'il n'est impossible de penser qu'en vertu de nos limites psychologiques, c'est-à-dire, en dernière instance, de la constitution particulière de nos organes sensoriels. C'est pourquoi le problème du rapport entre la géométrie et la physique se trouve en réalité corrélé, du côté noétique, à celui du rapport entre la psychologie (laquelle n'est jamais indépendante de la physiologie) et la philosophie transcendantale. La fameuse fiction des animaux plats ou « êtres de surface » (*Flächenwesen*) a pour fonction de rendre intuitive la perméabilité de cette frontière entre ce que Helmholtz nommera la géométrie pure et la géométrie physique. Les animaux plats vivant sur une surface bidimensionnelle, il nous est possible, du point de vue de notre espace tridimensionnel, de nous rendre intuitive la courbure de leur espace, ce qui, non seulement possède un grand intérêt pédagogique, mais permet surtout d'établir un constat : si notre espace était courbe, et même s'il n'était pas homogène, il ne nous serait pas forcément possible de nous en rendre compte, pour peu que nous nous en tenions à des considérations purement géométriques. En effet, si nous prenions des mesures des entités spatiales censées nous apparaître déformées, les instruments de mesure se trouveraient également déformés dans des proportions identiques, de sorte que la valeur indiquée sur l'instrument de mesure ne signalerait pas cette déformation. Aussi la forme de l'espace et les axiomes pertinents pour la saisir ne peuvent-ils être déterminés qu'à la condition de considérer certaines propriétés mécaniques des objets qui s'inscrivent dans cet espace : si l'on considère l'élasticité des objets, si l'on sait empiriquement que l'instrument de mesure, parce qu'il est en métal par exemple, n'admet aucune déformation de ses propriétés géométriques sans se briser, alors, et alors seulement, la mesure prise par lui peut valoir comme mesure de la déformation de l'espace lui-même.

1. I. Kant, *Kritik der reinen Vernunft*, A 24/B 38 ; trad. fr. A. Delamarre et F. Marty, *Critique de la raison pure*, dans Kant, *Œuvres philosophiques* [désormais *OP*], « Bibliothèque de la Pléiade », t. I, Paris, Gallimard, 1980, p. 785.

2. Voir *infra*, p. 36.

Le second texte, « Des faits qui sont au fondement de la géométrie » (1868), approfondit dans sa technicité le problème du rapport entre les faits empiriques et les axiomes géométriques. Le texte de Helmholtz fait fond sur les résultats des recherches de Riemann[1] dont il se présente comme le prolongement. Riemann définit l'espace à partir de la notion générale de multiplicité n-dimensionnelle en énonçant les principales caractéristiques de ce que nous nommons intuitivement « l'espace » et qui constituent autant d'hypothèses qu'il faut admettre pour dériver le concept d'espace. En qualifiant ces hypothèses de « faits », Helmholtz accomplit un pas supplémentaire vers l'idée d'une géométrie « physique » dans laquelle les axiomes seraient directement liés à certaines propriétés mécaniques des corps – idée que Paul Hertz décrit comme l'une des sources majeures de la « nouvelle physique » et dont Einstein lui-même reconnaîtra l'importance dans l'émergence de la théorie de la relativité générale. Aux résultats de Riemann, Helmholtz ajoute une caractéristique de l'espace proprement dit par rapport au concept général de multiplicité n-dimensionnelle : la possibilité d'effectuer une rotation de l'objet sans modification des distances entre deux quelconques de ses propres points et permettant un retour à la position de départ sans qu'il soit nécessaire d'effectuer une rotation inverse. Établir cette thèse implique de définir proprement la notion de « fixité », laquelle désigne la propriété que possèdent certains corps de conserver un rapport fixe entre deux, trois ou n de leurs points lors d'un mouvement, rapport défini par un nombre déterminé d'équations. La notion de fixité constitue alors la clé de voûte de la géométrie en tant que cette science comporte un double aspect, « pur » et « physique ».

Aussi était-il fort judicieux, de la part de Schlick et Hertz, de placer l'article de 1887, « Dénombrer et mesurer, d'un point de vue épistémologique », à la suite de ces réflexions. Car derrière son objectif affiché, qui ne serait autre que de reformuler les axiomes de l'arithmétique dans la lignée des travaux des frères Grassmann[2] (dans une perspective fondationnelle qui mériterait probablement d'être approfondie), c'est en réalité à nouveau du lien, qu'on sera tenté de qualifier de *conventionnel*, entre les mathématiques et la physique qu'il est ici question. À partir d'une détermination du concept de nombre « pur », Helmholtz définit en effet le concept de « nombre dénommé » (*benannte Zahl*) – concept nodal puisqu'il rend possible l'application des nombres aux relations physiques. Or, ici encore, il serait erroné de s'en tenir aux apparences et de considérer que les

1. B. Riemann, *Über die Hypothesen, welche der Geometrie zu Grunde liegen*, *op. cit.*

2. H. Grassmann, *Die Ausdehnungslehre* [1844], Leipzig, Wigand, 1878 (2ᵉ éd.) et R. Grassmann, *Die Formenlehre oder Mathematik*, Stettin, Grassmann, 1872.

relations physiques devraient comporter un certain ordre qui impliquerait qu'il soit *a priori* possible d'y appliquer un système d'axiomes qui relèverait de quelque structure du monde ou, *a minima*, de l'esprit humain. Au contraire, dans un retournement que Schlick et surtout Hertz considèrent comme une préfiguration du conventionnalisme de Poincaré, Helmholtz affirme que l'applicabilité des axiomes arithmétiques à certaines relations physiques n'est en réalité que le résultat du fait que *nous ne considérons comme des grandeurs physiques que celles qui obéissent à ce système d'axiomes*. Lorsque nous constatons, empiriquement, que certaines relations physiques obéissent par exemple aux lois d'associativité ou de commutativité de l'addition, nous y appliquons des nombres dénommés – non pas donc en vertu d'une structure *a priori* de notre esprit ou de quelque schématisme qui aurait préalablement ordonné les choses de telle manière que les nombres puissent s'y appliquer, mais en vertu de *faits* physiques. L'arithmétique n'est donc pas logiquement indépendante de la physique et ne vient pas s'y appliquer de l'extérieur, mais elle en est au contraire directement dépendante. L'arithmétique pure subsiste, mais son applicabilité aux relations physiques implique qu'elle puisse s'articuler à une arithmétique physique.

La synthèse de l'empirisme et de la philosophie transcendantale

Le dernier texte de ce volume tranche par son ambition et son ancrage beaucoup plus profond dans les problématiques proprement philosophiques. Dans « Les faits dans la perception » (1878), Helmholtz résume d'une certaine manière les principales avancées de son œuvre scientifique, et en particulier dans le domaine de la psychologie de la perception sonore, visuelle et tactile, tout en s'attachant à les inscrire dans le problème philosophique du rapport entre l'empirisme et l'innéisme dont il faut reconnaître à Kant d'avoir indiqué la voie de sortie. La spécificité de ce texte, par rapport aux précédents, tient à l'articulation qu'y opère Helmholtz entre deux problèmes : celui, déjà étudié, du rapport des axiomes géométriques ou arithmétiques aux faits empiriques, et à travers eux des mathématiques à la physique, et celui de l'ancrage des axiomes eux-mêmes, notamment géométriques, dans la psychologie humaine et dans les structures physiologiques qui la déterminent. Il s'agit en d'autres termes d'une tentative de synthèse des principaux aspects de l'œuvre scientifique et philosophique de Helmholtz.

Or, se dessine dans ce texte une thèse forte et originale, consistant à opérer la synthèse entre *l'empirisme* dont les fondements ont été établis dans les trois textes précédents, le *réalisme* que la pratique de la science ne peut que nous forcer à admettre, et la philosophie *transcendantale* kantienne en vertu de laquelle la forme des phénomènes serait déterminée par les structures *a priori* de l'esprit humain. S'il est possible d'isoler, par nos connaissances physiologiques, l'influence particulière que jouent nos organes dans la détermination des rapports spatiaux tout en reconnaissant qu'il existe des rapports spatiaux indépendamment de cette détermination, ne peut-on pas récupérer un certain accès aux choses en soi ? Certes, chacun de nos organes nous présente un « cercle de qualités » dans lequel les phénomènes apparaissent comme liés les uns aux autres par des déterminations, entre autres spatiales, relatives à notre constitution ; mais si on reconnaît un concept d'espace plus général, indépendant de ces déterminations, et qui jouerait le rôle de condition de possibilité de tous les phénomènes externes, ce concept d'espace ne pourrait-il pas être, véritable hérésie kantienne, l'espace des choses en soi ? Ainsi, si les qualités des sensations, et avec elles les axiomes que nos organes nous imposent d'attribuer à l'espace, sont une condition subjective de l'expérience qui ne nous apprend rien de l'existence des choses en dehors de nous, encore faut-il reconnaître que les phénomènes comportent une « régularité », une « conformité à des lois » (*Gesetzmässigkeit*), et que cette régularité ne peut être que fondée dans les choses en soi, celles qui seules constituent l'intérêt de la science – ces choses qui ne sont donc pas déterminées par les axiomes de notre géométrie euclidienne, mais qui n'en sont pas moins spatiales.

On ne peut qu'être frappés par la modernité de cette thèse : certes, Helmholtz maintient ici l'idée d'une intuition pré-conceptuelle de l'espace qui demeurerait au fondement de notre connaissance de l'espace, s'éloignant ainsi des thèses que Schlick développera dans la *Théorie générale de la connaissance* pour préserver justement cette double exigence empiriste et réaliste ; mais la position de Helmholtz n'en est pas moins proche des problématiques chères aux auteurs de ce qui, quelques années plus tard, deviendra le Cercle de Vienne. Dans un article de 1924 consacré à la tridimensionnalité de l'espace[1], Rudolf Carnap montre par exemple que notre expérience visuelle de l'espace n'est qu'une « expérience de second ordre » (*Erfahrung zweiter Stufe*) qui résulte d'une construction

1. R. Carnap, « Dreidimensionalität des Raumes und Kausalität. Eine Untersuchung über den logischen Zusammenhang zweier Fiktionen », *Annalen der Philosophie*, IV, 1924, p. 105-130, rééd. et trad. angl. dans le premier volume des *Collected Works of Rudolf Carnap* : R. Carnap, *Early Writings*, éd. A. W. Carus *et al.*, Oxford, Oxford University Press, 2019.

arbitraire (et en partie liée à la configuration particulière de notre œil) à partir d'une « expérience de premier ordre » (*Erfahrung erster Stufe*). L'espace tridimensionnel n'est alors qu'une « fiction » (*Fiktion*), mais sa structure est malgré tout déterminée par les relations topologiques qui constituent le véritable donné. À l'espace physique se surajoute donc, comme son fondement, un espace constitué de pures relations topologiques, lesquelles, faute d'appartenir à des « choses en soi », n'en constituent pas moins un niveau pré-empirique.

Il y a, tant dans cette tendance réaliste que dans l'empirisme foncier de Helmholtz, qui le conduira à fonder les axiomes géométriques sur le comportement physique des corps matériels, un geste profondément anti-kantien. On ne pourra donc que s'étonner de la constance avec laquelle Helmholtz s'efforce d'établir le lien entre ses propres thèses et les thèses de la *Critique de la raison pure*, et en particulier de l'« Esthétique transcendantale ». Une première interprétation de cette volonté consisterait à la réduire à la recherche d'un positionnement par rapport à d'autres mouvements philosophiques du XIXe siècle – comme l'idéalisme – dont le fond commun serait précisément la référence à Kant. Aussi Helmholtz, de manière *quasi* scolastique, présenterait-il ses thèses à partir de leur manière particulière de se rapporter aux positions de Kant. D'où une certaine souplesse dans l'interprétation de Kant qui se fait jour dans ces textes, Helmholtz n'hésitant pas par exemple à employer le terme « transcendantal » en un sens très général, quasi indifférenciable du simple *a priori*[1]. Une seconde interprétation consisterait cependant à prendre au sérieux l'intention de Helmholtz, non seulement d'établir une continuité entre sa conception de l'espace et celle de Kant, mais plus encore, de sauver le modèle kantien.

Or, la position de Helmholtz offre effectivement une voie alternative, en particulier, à l'interprétation phénoménologique de Kant, laquelle consisterait à refuser de fonder l'extériorité sur l'intuition de l'espace, mais au contraire à fonder la constitution de l'espace sur une ouverture pré-spatiale du sujet à une extériorité. Ainsi, chez Husserl, la constitution de l'espace est certes au fondement de la constitution de la nature matérielle, mais elle est elle-même fondée sur le rapport intentionnel à un objet posé comme transcendant, et l'intentionnalité naît à son tour dans la temporalisation du flux de vécus[2]. De même, chez Heidegger, et en parti-

1. Schlick attire l'attention à plusieurs reprises sur l'ambiguïté de l'usage par Helmholtz du terme « transcendantal » ; voir *infra* p. 66.

2. Sur ce point, voir l'explication très précise qu'en fait Didier Franck dans son essai, *La constitution du temps*, Paris, Vrin, 2020, p. 53 *sq*.

culier dans l'interprétation de Kant qu'il développe dans les cours contemporains de la publication d'*Être et temps*[1], la spatialité est fondée dans une auto-affection qui aurait presque la forme de la temporalité ek-statique. En d'autres termes, et au prix de ce que Dominique Pradelle nomme la « désubjectivation des facultés transcendantales »[2] et en particulier de la distinction entre le sens interne et le sens externe, l'espace devrait être fondé sur quelque chose comme un être-au-monde ou un rapport intentionnel à la *Realität* au lieu d'être la condition de l'apparition d'un objet comme extérieur.

La reformulation helmholtzienne de la question transcendantale consisterait, par contraste avec la reformulation phénoménologique, à maintenir le caractère véritablement premier de l'espace, ce qui, au prix de quelques écarts importants, serait en réalité bien plus cohérent, non pas avec la lettre, mais au moins avec l'esprit de l'« Esthétique transcendantale ». Dans une lecture qui annonce l'interprétation de la *Critique de la raison pure* de Hermann Cohen[3], Helmholtz semble en effet suggérer que la pointe de l'argument de Kant dans l'« Esthétique » tient au fait que, contrairement à ce qu'il soutenait dans des textes précritiques, l'« Exposition métaphysique » du concept d'espace est tout de suite orientée par l'« Exposition transcendantale », c'est-à-dire que l'espace présenté comme l'espace *intuitif* sur lequel se trouve fondée l'appréhension d'un objet comme extérieur est immédiatement investi des structures en vertu desquelles la géométrie pourra être fondée comme science *a priori*. En cherchant à établir une intuition de l'espace qui ne serait pas déjà structurée de manière euclidienne, il s'agit bien pour Helmholtz d'adapter le modèle kantien à la géométrie moderne, non sans une certaine fidélité à l'« Esthétique transcendantale » ainsi interprétée.

La fidélité de Helmholtz à Kant se manifeste également sur un autre plan, à savoir dans le lien entre les grandeurs extensives à partir desquelles la physique, notamment, peut mathématiser le monde, et les grandeurs intensives qui déterminent des degrés dans la sensation. Ainsi, quoique

1. Voir par exemple M. Heidegger, *Phänomenologische Interpretation von Kants Kritik der reinen Vernunft*, éd. I. Görland, Frankfurt, Klostermann, 1995, *in Gesamtausgabe*, Bd. 25; trad. fr. F. Martineau, *Interprétation phénoménologique de la « Critique de la raison pure » de Kant*, Paris, Gallimard, 1982; pour une contextualisation précise de cette interprétation de Kant dans l'œuvre de Heidegger, voir l'article d'I. Römer, « Les interprétations heideggériennes de Kant », *Archives de philosophie*, 81, 2018/2, p. 329-352.

2. *Cf.* D. Pradelle, *Par-delà la révolution copernicienne : sujet transcendantal et facultés chez Kant et Husserl*, Paris, P.U.F., 2012, p. 169.

3. H. Cohen, *Kants Theorie der Erfahrung*, 2e éd., Berlin, Dümmler, 1885. Voir à ce sujet H. Dussort, *L'École de Marbourg*, Paris, P.U.F., 1963, p. 92.

reposant sur la notion, anti-kantienne car intellectualisant la perception, d'« inférence inconsciente », les travaux de Helmholtz sur la physiologie des sens et la psychologie de la perception prolongent les analyses de Kant dans les « Anticipations de la perception ». Or ce même texte, tiré ici du côté de la fondation de la physique dans la physiologie, a pu par ailleurs être considéré comme l'aboutissement de la dimension transcendantale de la philosophie kantienne. C'est ce que montre Jocelyn Benoist pour qui l'interprétation phénoménologique de la *Critique de la raison pure* impliquerait de fonder l'extériorité du sens externe et de sa condition de possibilité, l'espace, dans la réalité même de la sensation[1] – ce qui, ici encore, rejoint l'argument de Hermann Cohen[2]. Aussi les textes de Helmholtz réunis dans ce volume permettent-ils d'établir une filiation entre le premier post-kantisme, et en particulier celui du Fichte de la *Doctrine de la science* de 1794[3] à qui Helmholtz reconnaît le mérite d'avoir thématisé la notion de « cercle de qualités », les travaux de Johannes Müller et en particulier sa théorie de l'énergie spécifique des organes sensoriels, Helmholtz et de nombreux psychologues de la fin du XIXe siècle, de Wundt à la *Gestalt-psychologie.*

LES NOTES DE MORITZ SCHLICK ET PAUL HERTZ : HELMHOLTZ ET LA SCIENCE DU XXe SIÈCLE

On peut ainsi déceler dans ces textes de Helmholtz de nombreux fils, souvent encore noués et difficilement séparables les uns des autres, à partir desquels se développeront plusieurs des grands courants philosophiques de la première moitié du XXe siècle. La référence à Hermann Cohen indique par exemple l'importance pour le néokantisme de Marbourg des déplacements accomplis par Helmholtz par rapport au kantisme strict, et en particulier de la tentative de reformulation de la question transcendantale pour rendre compte, dans un cadre globalement kantien, des géométries non euclidiennes. Le néokantien Paul Hertz, co-auteur de la préface et auteur des notes très précises et techniques portant sur le deuxième et le

1. J. Benoist, *Kant et les limites de la synthèse. Le sujet sensible*, Paris, P.U.F., 1997, p. 234-235.

2. H. Cohen, *Kants Theorie der Erfahrung*, *op. cit.*, p. 422 *sq.*

3. J. G. Fichte, *Grundlage der gesamten Wissenschaftslehre* (*1794-1795*), Hamburg, Meiner, 1997 ; trad. fr. A. Philonenko, *Les principes de la doctrine de la science* (*1794-1795*), dans *Œuvres choisies de philosophie première ; Doctrine de la science* (*1794-1797*), Paris, Vrin, 1999.

troisième texte de l'ouvrage, se situe dans la continuité de cette lecture Kant. On remarquera par ailleurs l'insistance avec laquelle il s'attache à reconnaître chez Helmholtz une forme encore rudimentaire mais très ferme de conventionnalisme, préfigurant non seulement Poincaré, cité à plusieurs reprises, mais même en un certain sens Cassirer.

La phénoménologie husserlienne n'est pas non plus sans trouver un certain ancrage dans les thèses développées dans ces textes, probablement par l'intermédiaire de la psychologie du XIXe siècle et tout particulièrement de Brentano. Non seulement, en effet, Husserl fait référence, par exemple dans la *Krisis*, à la fiction des êtres de surface[1], mais plus généralement sa description de la constitution de l'espace prolonge la voie ouverte par Helmholtz. Dans le cours de 1907 intitulé « Chose et espace », Husserl appuie en effet la constitution de l'espace sur l'articulation des sensations oculaires avec des sensations kinesthésiques[2]. Aussi l'espace sphérique bidimensionnel obtenu par mouvement de la tête autour d'un point fixe n'est-il projeté dans un espace tridimensionnel euclidien que lorsque le corps (*Leib*) du sujet percevant se déplace. Certes, l'analyse de Husserl diffère profondément de celle de Helmholtz puisque ce processus ne peut être ramené à une construction intellectuelle que Helmholtz semble hériter lointainement de la *Dioptrique* de Descartes[3]. Mais il n'en demeure pas moins indéniable que, dans son détail technique, la description phénoménologique est ici redevable des percées accomplies par Helmholtz dans le domaine de la psychologie de la perception et de la modélisation géométrique de cette dernière.

L'influence de Helmholtz sur l'épistémologie du XXe siècle déborde largement le néokantisme et la phénoménologie, mais est souvent médiatisée par l'œuvre des scientifiques dont il aura plus ou moins directement marqué les travaux. Que ces textes aient été réédités en 1921 est, de ce point de vue, révélateur : tandis que l'influence d'Ernst Mach, fervent admirateur de Helmholtz, était encore très prégnante – rappelons que le nom officiel du Cercle de Vienne, fondé deux ans plus tard, allait devenir « Verein Ernst Mach » –, la théorie de la relativité générale d'Einstein était au contraire toute récente. Le touchant enthousiasme de Schlick et Hertz

1. E. Husserl, *Die Krisis der Europäischen Wissenschaften und die transzendentale Phänomenologie. Eine Einleitung in die phänomenologische Philosophie*, éd. W. Biemel, La Haye, Martinus Nijhoff, 1954 [Hua VI]; trad. fr. G. Granel, *La crise des sciences européennes et la phénoménologie transcendantale*, Paris, Gallimard, 1976.

2. E. Husserl, *Ding und Raum, Vorlesungen 1907* [Hua XVI], éd. U. Claeges, 1973; trad. fr. J.-F. Lavigne, *Chose et espace. Leçons de 1907*, Paris, P.U.F., 1989.

3. R. Descartes, *Dioptrique*, dans *Œuvres complètes*, éd. Adam-Tannery, t. VI, Paris, Vrin, 1996.

envers cette théorie (qui, espèrent-ils alors, pourrait être confirmée!) explique leurs efforts constants pour la confronter aux intuitions de Helmholtz, et pour montrer que ces dernières ne sont pas remises en cause par la « nouvelle physique ». Plus encore, il apparaît dans les notes de Schlick et Hertz que plusieurs thèses de Helmholtz (et en particulier celles relatives au rapport entre les axiomes géométriques et arithmétiques à la mécanique et, plus généralement, aux propriétés physiques des corps), incomprises de son temps, préparaient ce qui, en 1921, était déjà perçu comme la plus grande révolution de la physique moderne. Traduire ces textes aujourd'hui, cent ans plus tard, ne pouvait que constituer une invitation à poser les mêmes questions et interroger l'apport de Helmholtz à la physique et à l'épistémologie contemporaines.

On peut être sensible, à la lecture des notes de Schlick et Hertz, aux divergences entre les deux auteurs et remarquer qu'ils en avaient eux-même conscience au point de se répartir les textes plutôt que de les traiter conjointement[1]. Mais il ne faudrait pas négliger pour autant un fait essentiel et révélateur de la position de Helmholtz – ainsi, peut-être, que de l'ambiguïté ou de l'indétermination de certaines de ses thèses : le fait que deux philosophes de traditions aussi diverses que Moritz Schlick et Paul Hertz aient pu trouver dans l'œuvre de Helmholtz certains fondements essentiels de leurs propres recherches. On peut voir dans cette communauté d'intérêt la confirmation de la position de Helmholtz comme plaque tournante de l'épistémologie du XIXe siècle, mais aussi de l'importance de sa tentative de réappropriation empiriste de Kant. Peut-être Helmholtz a-t-il été un des premiers à prendre la mesure du fait que l'épistémologie et même la science ne pouvaient plus se passer de la référence à Kant, et que toute philosophie, même empiriste, devait s'efforcer de se confronter à la *question transcendantale*[2].

1. Voir *infra*, p. 29.

2. De ce point de vue, plusieurs membres du Cercle de Vienne lui auront emboîté le pas. Schlick, aussi bien dans la *Théorie générale de la connaissance* que dans des conférences telles que la célèbre « Gibt es materiales Apriori? » de 1931 (*Gesammelte Aufsätze 1926-1936*, Wien, Gerold & Co, 1938, p. 19-30), aura eu soin de confronter sa conception de la distinction entre l'*a priori* et l'*a posteriori* avec celle de Kant. Quant à Carnap, ses œuvres des années 1920, de *Der Raum* à l'*Aufbau*, semblent massivement ancrées dans des problématiques transcendantales. Voir à ce sujet J. Benoist, « L'*Aufbau* comme phénoménologie », dans S. Laugier (éd.), *Carnap et la construction logique du monde*, Paris, Vrin, 2001, ainsi J. Farges, J.-B. Fournier et D. Pradelle (éd.), *Édifier un monde : la notion d'* Aufbau *chez Carnap et en phénoménologie,* Paris, SUP, 2022, et mon livre *Carnap et la question transcendantale,* Paris, Vrin, 2021.

REMARQUES SUR CETTE TRADUCTION

L'édition du centenaire avait déjà fait l'objet, dans les années 1970, d'une traduction anglaise précise, assortie d'une bibliographie conséquente, et intitulée *Epistemological Writings, The Paul Hertz/Moritz Schlick Edition of 1921, with Notes and Comments by the Editors*[1]. En outre, deux de ces articles et conférences étaient déjà traduits en français, quoique sans les notes de Schlick et Hertz : le premier, « Sur l'origine et la signification des axiomes géométriques » avait été publié dans ma traduction par la revue *Philosophie*[2], précédé d'une courte présentation ; et le dernier « Les Faits dans la perception », avait fait l'objet d'une remarquable traduction par Christophe Bouriau et Gerhard Heinzmann dans la revue *Philosophia Scientiae*[3], à laquelle s'ajoutait une excellente traduction des « Suppléments » par Alexis Bienvenu dans la *Revue de métaphysique et de morale*[4] (le premier Supplément étant demeuré inédit). J'ai repris ces traductions dans ce volume, sans y apporter la moindre modification, mais en y ajoutant les notes des éditeurs qui n'avaient jamais été traduites. De là quelques divergences dans la traduction de certains termes, en particulier « Gesetzmässigkeit », qui dans les trois premiers textes de ce volume correspond simplement à la « régularité » dans les phénomènes, mais qui reçoit un sens bien plus prégnant dans « Les Faits dans la perception », où il désigne les régularités en tant qu'elles signalent l'obéissance à des lois, et que Christophe Bouriau traduit par l'expression « ce qui est nomologique ».

Plus généralement, nous avons tâché de traduire le double ancrage de la langue de Helmholtz dans la technicité scientifique et l'histoire de la philosophie, en particulier kantienne. Il a parfois été impossible de maintenir cette double fidélité, ce qui a rendu nécessaire de signaler entre crochets certains termes allemands : aussi l'emploi de « Verknüpfung » pour désigner une relation physique d'un type particulier, à savoir une composition additive dans un domaine de valeurs physiques, ne pouvait-il être véritablement rendu en français, puisque le terme approprié n'était autre que « relation ». Mais le vocable « relation », pertinent dans ce contexte

1. *Epistemological Writings, The Paul Hertz/Moritz Schlick Edition of 1921, with Notes and Comments by the Editors*, éd. R. S. Cohen et Y. Elkana, Berlin, Springer, 1977.

2. H. v. Helmholtz, « De l'origine et de la signification des axiomes géométriques », trad. fr. et présentation J.-B. Fournier, *Philosophie*, 134, 2017, p. 3-37.

3. H. v. Helmholtz, « Les faits dans la perception », trad. fr. C. Bouriau et préface de G. Heinzmann, *Philosophia Scientiae*, 7/1, 2003, p. 49-78.

4 . A. Bienvenu, « Helmholtz, critique de la géométrie kantienne », *Revue de métaphysique et de morale*, 35, 2002/3, p. 379-398.

physico-mathématique mais qui traduit également d'autres termes allemands, ne rend pas compte de l'héritage kantien que porte le terme « Verknüpfung », lequel désigne chez Kant une liaison qui « implique une appartenance mutuelle nécessaire »[1] et qui serait donc davantage une « connexion » qu'une simple « relation ».

Le terme « Gleichheit » pose dans ces textes un problème bien particulier. En effet, dans la plupart des passages où ce terme intervient, il désigne l'« égalité » au sens que ce mot reçoit dans les mathématiques traditionnelles; mais dans le troisième article, « Dénombrer et mesurer, d'un point de vue épistémologique », Helmholtz emploie « Gleichheit » en un sens beaucoup plus large, dont l'égalité mathématique ne serait qu'un des usages, et qui désigne plutôt quelque chose comme une identité. Les traducteurs de l'édition anglaise ont fait le choix d'une traduction systématique mais faible de « gleich » par « like » ou « alike », choix que le terme « identique », beaucoup plus fort en français, rendait difficilement tenable – c'est pourquoi nous avons restreint l'usage de ce terme aux cas où il était véritablement nécessaire. Cependant, la traduction par « égalité », plus naturelle dans ce contexte et pour laquelle nous avons finalement opté, ne permet pas de transposer en français le jeu sur les termes « Gleichung » (équation), « Gleichsetzen » (poser comme égal), « Gleichartig » (du même type), « Vergleichen » (comparer), etc. qui structurent et confèrent une véritable unité au texte allemand. Au contraire, il était possible de rendre en français le jeu sur le terme « Zahl » (nombre) en distinguant « Anzahl », sur le modèle de la traduction anglaise, par l'expression « nombre cardinal » et en traduisant le verbe « zählen » par « dénombrer » plutôt que « compter ».

Un des intérêts majeurs de l'ouvrage étant la confrontation de deux périodes du développement des mathématiques et de la physique, au milieu du XIXe siècle, dans la continuité des travaux de Riemann, et dans les années 1920, peu après la formulation de la théorie de la relativité générale, nous avons conservé dans la mesure du possible les termes techniques parfois désuets : aussi trouvera-t-on l'expression « quotient différentiel » pour désigner la dérivée d'une fonction, ou encore, par exemple, « loi associative de l'addition » pour désigner son associativité. Certains termes non techniques sont également employés à dessein par Helmholtz, afin de rendre son discours plus intuitif aux non-spécialistes : ainsi, il était important de traduire « die geradeste Linie » par « la ligne la plus droite » et non par la « géodésique ». Nous n'avons dérogé à cette règle que pour éviter des lourdeurs importantes et inutiles, comme dans le cas de

1. I. Kant, *Kritik der reinen Vernunft*, B 201 ; trad. fr. *OP*, I, p. 901.

l'expression « *n*-fach ausgedehnte Mannigfaltigkeit » que nous avons traduit par « multiplicité étendue *n* fois » lors de la première occurrence, puis que nous nous sommes contentés de traduire par « multiplicité *n*-dimensionnelle » par la suite. L'index en fin de volume permettra au lecteur de se repérer dans ces choix de traduction.

À cet index s'ajoute une bibliographie des œuvres citées par Helmholtz ou par Schlick et Hertz ainsi que des œuvres de Helmholtz citées comportant, quand elles existent, la référence aux traductions françaises. Ces traductions sont également citées en note, au risque de donner l'impression, évidemment fausse, que Schlick ou Hertz se réfèrent à une traduction française. Notons enfin que, dans l'édition allemande du texte, les notes de Schlick et Hertz étaient entrecalées entre les quatre articles. Par commodité de lecture, et pour conférer une plus grande importance à ces notes, nous avons choisi de les insérer directement sous le texte ; aussi les appels de note en chiffres arabes correspondent-ils aux remarques des éditeurs, et ceux en chiffres romains aux quelques notes de Helmholtz ainsi qu'aux rares remarques qu'il m'a été nécessaire d'introduire pour clarifier certains points.

Qu'il me soit permis de remercier très chaleureusement tous ceux qui ont contribué à cette traduction : Dominique Pradelle pour m'avoir invité à traduire le premier de ces textes pour la revue *Philosophie*, ainsi que pour sa confiance et son soutien indéfectibles ; Christian Bonnet qui a pour la première fois attiré mon attention sur Helmholtz ; Solenn Vaupré pour son regard et ses conseils de physicien ; Julien Farges, Fausto Fraisopi et Alexander Schnell pour leurs conseils précieux ; Christophe Bouriau, Gerhard Heinzmann et Alexis Bienvenu pour m'avoir permis de reprendre leurs remarquables traductions des « Faits dans la perception » et de leurs suppléments, ainsi qu'à la *Revue de métaphysique et de morale* et la revue *Philosophia Scientiae* pour avoir donné leur accord pour cette reprise. Je remercie en outre vivement Vincent Carraud et l'UR 3552 : « Métaphysique : histoire, transformations, actualité » pour l'aide reçue pour la publication de ce volume. Enfin, j'adresse mes sincères remerciements à Hourya Benis-Sinaceur pour le soutien qu'elle m'a apporté durant la gestation de ce projet, pour les conseils qu'elle m'a prodigués et pour la confiance qu'elle m'a accordée en acceptant cet ouvrage dans cette belle collection. Merci également à Anne-Marie et Denis Arnaud pour leurs bienveillance et conseils toujours précieux, ainsi qu'à toute l'équipe des éditions Vrin pour leur beau travail d'édition. Merci, enfin, comme toujours, à Marion pour son soutien indéfectible.

Jean-Baptiste FOURNIER
Juillet 2021

TEXTES TRADUITS

Les textes traduits ici, dans l'ordre de leur apparition dans la table des matières, sont les suivants :

« Préface de 1921 » (M. Schlick et P. Hertz).

« De l'origine et de la signification des axiomes géométriques » : « Über den Ursprung und die Bedeutung der geometrischen Axiome » (conférence prononcée lors de l'Académie du 12 février 1870), *Vorträge und Reden*, II, 5. Auflage, p. 1-31.

« Des faits qui sont au fondement la géométrie » : « Über die Tatsachen, die der Geometrie zugrunde liegen », *Nachrichten von der königlichen Gesellschaft der Wissenschaften zu Göttingen*, n°9, 3 juin 1868, repris dans *Wissenschaftliche Abhandlungen*, Bd. II, p. 618-639.

« Dénombrer et mesurer, d'un point de vue épistémologique » : « Zählen und Messen, erkenntnistheoretisch betrachtet », *Philosophische Aufsätze Eduard Zeller zu seinem fünfzigjährigen Doktorjubiläum gewidmet*, Leipzig, Fues' Verlag, 1887, p. 17-52; repr. dans *Wissenschaftliche Abhandlungen*, Bd. III, p. 356-391.

« Les faits dans la perception » : « Die Tatsachen in der Wahrnehmung » (conférence donnée à l'occasion de l'anniversaire de la fondation de la Friedrich Wilhelm Universität à Berlin en 1878), repr. dans *Vorträge und Reden*, Bd. II, p. 215-247 et p. 387-406.

suivi de trois suppléments :

I. De la localisation des sensations des organes internes

II. L'espace peut être transcendantal sans que les axiomes le soient

III. L'applicabilité des axiomes au monde physique

L'article « Les faits dans la perception » a été traduit par C. Bouriau et G. Heinzmann, ses suppléments par A. Bienvenu, sauf les notes des éditeurs. Ces dernières ainsi que les autres textes de ce volume ont été traduits par J.-B. Fournier.

Les notes appelées par des chiffres arabes sont les notes des éditeurs de l'édition de 1921, Schlick et Hertz ; les notes de Jean-Baptiste Fournier sont en outre signalées [N.d.T.].

Les notes appelées par les lettres de l'alphabet sont les notes de Helmoltz.

PRÉFACE (1921)

par

Moritz SCHLICK et Paul HERTZ

C'est une vérité souvent répétée que le meilleur testament des grands hommes réside dans leurs propres œuvres. On ne peut célébrer mieux ni plus dignement la mémoire d'un génie qu'en se réjouissant de ses créations et en attirant l'attention du public sur leur valeur pour le monde contemporain. Aussi semblait-il s'imposer de marquer le centième anniversaire de Helmholtz en perpétuant la mémoire de ce géant de l'esprit (Maxwell le qualifiait d'« intellectual giant ») par la publication d'une nouvelle édition de ses écrits encore si influents.

À cette fin, il n'était pas envisageable d'éditer ses œuvres complètes. Les deux grands ouvrages classiques sur l'optique psychologique et l'acoustique, ces deux monuments imposants, devront demeurer à part; quant à ses innombrables articles de taille plus réduite, ils concernent pour une grande part des questions de physique et de psychologie qui n'ont plus grand rapport avec les problèmes modernes de ces disciplines, puisque dans ces deux sciences, en particulier en physique, les dernières descennies ont connu de telles avancées que de nombreuses questions de l'époque de Helmholtz se sont perdues dans l'horizon d'un champ profondément modifié. Justement, dans le domaine de la physique où son talent s'exprimait dans toute son étendue, où son intérêt le portait avec le plus d'ardeur, et où il obtint ses résultats les plus éclatants, on ne peut que constater que cet homme extraodrinaire perfectionna plus qu'il ne stimula ou découvrit. Ses travaux classiques sur la physique – on pourrait par exemple penser au principe énergie ou à son travail sur le mouvement de tourbillon – sont *l'aboutissement* d'une chaîne de découvertes. Aussi donnent-ils aux nouvelles possibilités de découverte un fondement solide, mais la physique moderne, tout en acceptant avec reconnaissance les fondements élaborés durant l'époque « classique », n'en doit pas moins chercher avant tout des solutions à ses nouvelles questions brûlantes, et considère ces écrits comme quelque chose qui se tiendrait à l'extérieur de son propre champ de problèmes. Il pourrait bien sûr se faire qu'un jour la physique doive en revenir aux intuitions de Helmholtz et produire ainsi le fruit qui était enfermé dans la graine; mais dans l'état actuel de la science, son œuvre apparaît comme quelque chose d'achevé à quoi on aurait tourné le dos.

Il n'y a qu'un point, et non des moindres, pour lequel cela ne se produit pas : cela ne vaut pas des travaux de Helmholtz sur la théorie de la connaissance. Les problèmes que Helmhotz a traités comme théoricien de la connaissance ne débordent pas seulement de son époque sur la nôtre, mais connaissent aujourd'hui, pour partie d'entre eux, une nouvelle vie, car ils reçoivent une signification qui, alors, n'avait pas encore été aperçue. Il s'agit des problèmes relatifs aux fondements ultimes de la connaissance mathématique que Kant avait déjà perçus comme la clé du problème de la connaissance en général, et qui constituent aujourd'hui un centre d'intérêt bien plus élevé que du temps de Helmholtz. Il s'est confronté à ces questions sous leur aspect relatif à la physiologie des sens, Riemann sous celui des mathématiques, et la recherche moderne sous l'angle de physique. C'est dans cette dernière voie que la portée philosophique de ces problèmes a atteint son plus haut degré de clarté et a attiré l'attention générale, mais Helmholtz en avait déjà pleinement conscience et a mis un point d'honneur à populariser les résultats de ces recherches « métamathématiques » au cours de conférences publiques. Aujourd'hui encore sa présentation est parfaitement adaptée pour introduire à ces problèmes et pour dégrossir l'ensemble des questions que posent les géométries non euclidiennes, lesquelles ont acquis, dans la théorie moderne de la relativité, une importance éminente pour la compréhension des relations physiques dans le monde. La théorie de la relativité générale a apporté une confirmation éclatante de la vraie portée des cheminements intellectuels de Riemann et de Helmholtz, qui avaient jadis été si souvent exposés à l'hostilité et qui sont encore aujourd'hui souvent représentés comme un simple jeu conceptuel vain qu'il serait impossible d'appliquer au monde réel.

C'est donc surtout à travers les écrits de Helmholtz sur la théorie de la connaissance géométrique que les idées de cet esprit exceptionnel peuvent demeurer vivantes dans la pensée contemporaine : ils devaient occuper la majeure partie de ce volume. Helmholtz a traité ces problèmes en relation étroite avec d'autres questions relatives à la théorie de la connaissance, lesquelles forment une des meilleures voies d'accès vers la philosophie, à savoir les questions de la théorie de la perception – et ce n'est que justice que ses réflexions sur ce thème comptent, par leur clarté et leur clairvoyance, parmi les présentations classiques auxquelles il sera constamment fait référence dans le futur. Il fallait représenter cet aspect de la créativité de Helmholtz de la manière la plus exhaustive possible dans notre travail, afin que celui-ci puisse atteindre son but et constituer un tout achevé.

Même si ce centième anniversaire n'en avait pas donné une occasion extérieure, il eût été temps, pour une raison interne, de rassembler les travaux de Helmholtz sur la théorie de la connaissance en une même publication. Si la science moderne de la nature se sent obligée, en vertu de la généralité logique de ses principes, de renouer un lien intime avec la philosophie, alors Helmholtz l'avait devancée depuis une époque non philosophique : son nom est le symbole d'une réunion fructueuse entre la science et une philosophie orientée vers la théorie de la connaissance, au sujet de laquelle il dit, dans un passage célèbre, qu'elle n'a d'autre but que d'« examiner les sources de notre connaissance et le degré de sa légitimation, tâche qui demeurera toujours philosophique et à laquelle nulle époque ne peut se soustraire impunément » (*Vorträge und Reden*, I, p. 88). C'est pourquoi les éditeurs, sous l'impulsion du directeur de *Naturwissenschaften*, le Dr. Berliner, à qui nous exprimons notre reconnaissance, ont volontiers entrepris ce travail dont le résultat est présenté dans ce volume.

Le principe suprême qui nous a servi de guide dans le choix et l'explication des articles a été de considérer le sujet, les problèmes débattus. Il ne s'agit pas pour nous d'aborder des questions historiques ou philologiques : il ne s'agit donc pas de suivre développement chronologique des découvertes de Helmholtz, ni de proposer un aperçu critique de la littérature helmholtzienne, ni non plus de reproduire et énumérer exhaustivement tous les passages où Helmholtz pose une question de théorie de la connaissance ; au contraire, les articles sont présentés ici en vertu de la vérité qu'ils contiennent ou que nous pouvons conquérir à travers eux. Il n'était pas rare que Helmholtz traitât un même thème avec une telle constance qu'il en vînt à répéter mot pour mot de longs passages d'un de ses exposés dans un autre ; ne serait-ce que pour cette raison, la reprise systématique de tous les passages de son œuvre consacrés à la théorie de la connaissance n'eût pas servi l'intérêt de ce volume. Ce n'est qu'après avoir examiné l'ensemble des documents que nous avons sélectionné les articles que nous rassemblons ici, puisqu'ils contenaient la présentation la plus exhaustive, mais aussi la plus claire et la plus cohérente, des réflexions de Helmholtz sur la théorie de la connaissance. Seuls certains points relativement peu nombreux nécessitaient d'être complétés par des passages d'autres écrits de Helmholtz pour donner une image véritablement exhaustive de sa théorie de la connaissance; on trouvera ces passages reproduits dans nos explications.

De même, notre commentaire fut guidé par le seul intérêt pour l'objet en question : la reproduction et l'explication les plus complètes et les plus fidèles possible des vues de Helmholtz n'ont pas d'intérêt pour elles-mêmes, mais valent seulement pour servir la cause de la connaissance et de la vérité; c'est pourquoi il fallait enrichir les simples remarques par des approfondissements voire, quand elles s'imposaient, par des rectifications. Par-dessus tout, il fallait montrer le lien entre les réflexions de Helmholtz et l'état actuel de la recherche; de nombreuses remarques donnaient l'occasion d'offrir un aperçu sur les problèmes modernes, et il était cohérent avec l'objectif de ce livre de ne pas laisser de côté de tels points de rencontre avec les questions contemporaines. Nous espérons néanmoins que personne ne trouvera que les explications prennent une place trop importante par rapport au texte, mais qu'elles ont davantage pour effet de renforcer les paroles du maître que de les affaiblir.

Nous nous sommes efforcés de rendre ce volume aussi compréhensible que possible pour le plus grand nombre, c'est-à-dire de veiller à ce qu'il s'adresse à un cercle de lecteurs comparable à celui auquel Helmholtz destinait ses conférences et ses interventions populaires. Mais il n'eût pas été légitime de laisser de côté tout ce qui n'était compréhensible que par les professionnels, au seul prétexte que cela contrevenait au principe de popularité; le but de cette édition exigeait au contraire de pénétrer dans les fondations proprement scientifiques données par Helmholtz. C'est pourquoi nous avons par exemple intégré le court exposé mathématique « Über die Tatsachen, die der Geometrie zugrunde liegen ». Sa publication dans cette collection semblait d'autant plus justifiée que l'article de Riemann sur le même thème, republié récemment par H. Weyl, a suscité un intérêt extraordinaire. Aussi était-il nécessaire, dans les notes, de dépasser sur quelques points le seul intérêt des non professionnels, et c'est pourquoi certaines explications (y compris dans les articles populaires) sont de nature à s'adresser plutôt aux savants. Il n'était cependant pas nécessaire de signaler d'une manière ou d'une autre les passages non populaires du volume, puisque le lecteur qui ne serait pas intéressé par ces questions particulières aura tôt fait de les repérer et pourra aisément les laisser de côté.

Chacun des deux éditeurs a inscrit ses initiales à la fin des parties du commentaire dont il avait la responsabilité (M. S. pour I et IV, P. H. pour II et III); cela ne doit pas être interprété comme un travail strictement séparé, car nous avons, dans la mesure où la voie épistolaire le permettait, travaillé ensemble et nous nous sommes entendus sur des questions particulières. Mais des raisons externes – et par-dessus tout le peu de temps alloué pour ce travail – et internes – liées à nos divergences occasionnelles sur la théorie de la connaissance – semblaient justifier de diviser les tâches de la manière indiquée. Que telle ou telle question en puisse venir à être abordée deux fois, cela ne devrait pas nous éloigner de l'objectif de ce livre, mais au contraire être à son avantage, puisqu'on gagne en clarté à aborder la même chose par différents points de vue.

La numérotation des notes recommence à zéro à chaque article; pour citer une note d'un autre article, il sera donc fait référence à l'article en question par le chiffre romain correspondant (par ex. note II, 25).

Sur des questions particulières, nous avons sollicité les conseils amicaux de F. Klein, des Dr. Bernay et Behmann à Göttingen, du Pr. Engel à Giessen et du Pr. Katz à Rostock; qu'ils soient ici chaleureusement remerciés, ainsi que C. Stumpf à Berlin, par l'intermédiaire de qui nous avons pu avoir accès à l'édition de la *Preussische Akademie der Wissenschaften* de l'écrit posthume de B. Erdmann, « Die philosophischen Grundlagen von Helmholtz' Wahrnehmungstheorie ».

Nous espérons que l'utilisation de ce livre – que ce soit pour une lecture personnelle ou pour des séminaires philosophiques – prouvera la pertinence des lignes directrices adoptées par les éditeurs. Puissent les lecteurs autant que les étudiants toujours trouver dans la confrontation avec le théoricien de la connaissance qu'était Helmholtz une source inépuisable de profit intellectuel et de plaisir !

DE L'ORIGINE ET DE LA SIGNIFICATION DES AXIOMES GÉOMÉTRIQUES *

Notes de Moritz SCHLICK

Parmi toutes les questions fondamentales qui ont suscité l'intérêt de la théorie de la connaissance, on a toujours porté une attention particulière au fait qu'une science comme la géométrie puisse exister et qu'il soit possible de la développer. Dans toutes les branches du savoir humain, il n'y a pas d'autre science qui, comme elle, surgisse toute faite comme Minerve tout armée d'airain de la cuisse de Zeus; aucune autre devant l'égide impitoyable de laquelle la Contradiction et le Doute n'osent ouvrir les yeux. Il ne lui échoit donc d'aucune manière la tâche longue et laborieuse de rassembler des données d'expérience, comme doivent le faire les sciences de la nature au sens restreint, mais sa méthode scientifique ne prend qu'une forme : la déduction [*Deduktion*][1]. Une conclusion s'obtient à partir d'une autre conclusion, et pourtant aucun être sain d'esprit ne doutera que ces propositions géométriques doivent trouver une application pratique dans la réalité effective qui nous entoure. L'arpentage comme l'architecture, l'art

* Cette traduction est parue pour la première fois, sans les notes de Schlick, dans la revue *Philosophie*, 134, printemps 2017. Je remercie les Éditions de Minuit ainsi que le directeur de la revue, Dominique Pradelle, d'avoir donné leur accord pour la reprise de ma traduction dans ce volume [N.d.T.].

1. On entend par « déduction », en logique, la dérivation d'un jugement à partir de jugements plus englobants, à savoir des jugements de validité plus générale. Elle constitue le seul procédé véritablement solide pour fonder une vérité sur d'autres vérités. La forme la plus commune de déduction est le syllogisme (*cf.* [n. 43 p. 173]). Son contraire est l'« induction » logique qui, à partir de vérités déterminées et uniques, cherche à conclure à des vérités de valeur plus générale, et qui doit à cette fin entreprendre la tâche « longue et laborieuse » de rassembler les faits de l'expérience, tâche dont parle Helmholtz dans cette même phrase. La certitude absolue fait défaut à l'inférence inductive, car dans la mesure où elle étend par généralisation une proposition tirée d'un nombre limité de cas individuels à des cas non encore observés, elle déborde ce qui était effectivement contenu dans les présuppositions. Les propositions obtenues inductivement ne peuvent prétendre qu'à une valeur de *vraisemblance* (quoique celle-ci soit souvent très forte).

de construire des machines aussi bien que la physique mathématique, toutes ces disciplines calculent constamment, d'après des propositions géométriques, les rapports spatiaux les plus divers; elles s'attendent à ce que le résultat de leurs constructions et de leurs essais obéisse à ces calculs, et on ne connaît aucun cas où elles aient été déçues dans cette attente, à condition que le calcul ait été correct et effectué à partir de données suffisantes.

Ainsi, le fait que la géométrie existe et fonctionne de la sorte a toujours été utilisé – dans la querelle sur la question autour de laquelle s'opposent les différents systèmes philosophiques – comme un exemple obligé prouvant qu'est possible une connaissance de propositions ayant un contenu réal [*Sätze realen Inhalts*], mais sans fondement correspondant qui soit puisé dans l'expérience. En particulier, pour répondre à la célèbre question kantienne[2] « Comment des jugements synthétiques *a priori* sont-

2. Dans cette question, Kant résume le problème de sa *Critique de la raison pure*. Par « jugement synthétique », il entend une proposition qui attribue à un objet un prédicat qui n'appartient pas déjà à l'objet en vertu de sa définition; au contraire, un « jugement analytique » n'affirme d'un sujet que ce qui est déjà contenu en lui par définition. Si par exemple j'entends toujours par « corps » quelque chose d'étendu, alors la proposition « tout corps est étendu » est évidemment analytique, alors qu'on énoncerait un jugement synthétique en disant « tout corps subit, à la surface de la Terre, une accélération d'environ 981 cm/s^2 ». Le premier jugement découle simplement de la définition du concept de corps; le second ne peut en être dérivé, et seule l'expérience peut nous apprendre si et avec quelle accélération les objets qu'on désigne par le concept de « corps » tombent à terre. Kant nomme *a priori* un jugement dont la validité est entièrement indépendante de toute expérience; quand il ne vaut qu'en vertu de l'expérience, il s'appelle alors *a posteriori*. Il s'ensuit que tout jugement analytique est *a priori*, car il n'est besoin d'aucune expérience pour comprendre sa validité, mais il suffit de segmenter son concept, lequel est entièrement donné dans sa définition. Il s'ensuit également que la plupart des jugements synthétiques de la vie quotidienne comme de la science sont *a posteriori* puisqu'ils expriment le résultat d'expériences. – Existe-t-il donc aussi des jugements synthétiques *a priori*, c'est-à-dire des propositions qui affirment plus de leur objet que ce qui est contenu dans son concept, sans pour autant tenir ce « plus » de l'expérience ? On voit aisément l'importance prodigieuse de cette question. Il n'y a en effet de véritable avancée dans la connaissance qu'à travers les jugements synthétiques; ils sont les seuls à élargir notre connaissance, alors que les jugements analytiques ne font que préciser ce que nous avons déjà mis à l'intérieur de nos concepts. Mais si les jugements synthétiques n'étaient qu'*a posteriori*, ils ne permettraient pas à la connaissance d'avancer avec la valeur d'une certitude absolue, car ce dont la validité repose sur l'expérience ne peut pas dépasser celle de cette expérience elle-même, et peut être infirmé par une nouvelle observation. Nous ne sommes certains de la valeur universelle et nécessaire d'une proposition que si elle vaut *a priori*. La nécessité et l'absence d'exceptions sont donc la marque de l'apriorité. Kant reconnaissait cette marque dans les axiomes géométriques et il ne doutait pas non plus, comme Helmholtz le remarque dans le texte, que ceux-ci fussent synthétiques. Il croyait également en l'existence effective des jugements synthétiques *a priori* et ne faisait que se

ils possibles?», les axiomes géométriques constituent apparemment l'exemple parfait pour montrer avec évidence que les propositions synthétiques *a priori* sont possibles en général. De plus, aux yeux de Kant, le fait que de telles propositions existent et s'imposent avec nécessité à notre conviction vaut pour preuve que l'espace est une forme donnée *a priori* de notre intuition externe[3]. Il semble donc qu'au sujet de ces formes données *a priori*, Kant ne recoure pas seulement à leur caractère de schème formel pur et en lui-même vide de tout contenu[4], donc susceptible d'accueillir n'importe quel contenu d'expérience, mais qu'il inclue également certaines particularités de ce schème, qui ont précisément pour effet d'introduire pour ainsi dire légitimement en lui un contenu limité et intuitif[a].

C'est précisément cet intérêt de la géométrie pour la théorie de la connaissance qui me pousse à aborder devant vous certaines questions de géométrie, bien que peu d'entre vous soient familiers des études mathématiques, là où le cours que j'ai donné en présupposait la connaissance. Fort heureusement, il vous suffira d'avoir les connaissances géométriques que l'on acquiert généralement au lycée pour vous rendre au moins intelligible le sens des propositions dont nous allons parler.

demander : comment sont-ils possibles ? Comment puis-je affirmer avec certitude d'un objet quelque chose qui ne suive pas de sa définition sans pour autant provenir de l'expérience ? La recherche de Helmholtz porte, comme nous le montrerons, sur la question de savoir si, comme Kant le prétend, les axiomes de la géométrie doivent véritablement être considérés comme des jugements synthétiques *a priori*.

3. En concevant l'espace comme une « forme de l'intuition », donc comme une légalité caractérisique de notre conscience intuitionnante, Kant voulait expliquer la possibilité des jugements synthétiques *a priori* sur l'espace. Tout ce que nous percevons et pouvons représenter intuitivement doit nécessairement se conformer aux lois de notre intuition, si bien que, d'après Kant, ces lois doivent valoir *a priori* pour tout ce dont nous faisons l'expérience.

4. « … schème vide de tout contenu ». Il faudra aborder ce point en détail plus tard (*cf.* [n. 33 p. 166]).

a. Dans son livre *Über die Grenzen der Philosophie* (Berlin, Müller, 1875), W. Tobias affirme que des propositions que j'avais formulées il y a quelque temps, mais qui allaient dans le sens de mon présent propos, constituaient un contresens sur l'idée de Kant. Mais Kant cite justement les propositions comme celle qui affirme que la ligne droite est la ligne la plus courte [entre deux points] (*Critique de la raison pure*, « Introduction » V, B 16) ou que l'espace a trois dimensions (*ibid.*, « Esthétique transcendantale », § 3, B 41, trad. fr. *OP* I, p. 93) ou qu'entre deux points il ne peut passer qu'une seule ligne droite (*ibid.*, Axiomes de l'intuition, A 163/B 204, trad. fr. *OP* I, p. 210) comme des propositions « qui expriment les conditions de l'intuition sensible a priori » (*ibid.*). Quant à savoir si ces propositions sont originairement données dans l'intuition spatiale, ou si celle-ci ne donne que les points de repères à partir desquels nous pouvons développer notre compréhension de ces propositions *a priori*, ce point, auquel mon détracteur accorde de l'importance, est sans conséquence sur mon présent propos.

Je souhaite en effet vous faire un compte rendu d'une série de travaux mathématiques récents, liés les uns aux autres et qui traitent des axiomes géométriques, de leurs rapports avec l'expérience et de la possibilité logique de les remplacer par d'autres.

Les travaux originaux des mathématiciens – à première vue, une simple suite de preuves destinées aux experts d'un domaine qui, plus que tout autre, requiert un très haut degré d'abstraction – sont en effet à peu près inaccessibles au non-mathématicien, et c'est pourquoi je chercherai à vous rendre intuitif ce dont il s'agit. Inutile de préciser que le résumé que je vais vous en faire ne doit ni ne peut fournir de preuve de la vérité de ces nouvelles théories. Si vous voulez ces preuves, il vous faudra prendre la peine d'étudier les travaux originaux.

Quiconque a pénétré jusqu'au seuil des premières propositions élémentaires de la géométrie, c'est-à-dire de la doctrine mathématique de l'espace[5], trouve devant lui, et ce pour toute la suite de son cheminement, cette chaîne de conséquences sans lacune dont j'ai déjà parlé et grâce auxquelles les formes spatiales multiples et complexes reçoivent leurs lois. Mais dans chaque élément premier, on pose un certain nombre de propositions que la géométrie elle-même reconnaît ne pas pouvoir démontrer; qu'elle ne doive cependant compter que sur elles, c'est ce que concédera quiconque comprend le sens de ces propositions. Il s'agit des axiomes de la géométrie. Parmi eux, on compte la proposition selon laquelle si l'on appelle « ligne droite » la ligne la plus courte pouvant être tracée entre deux points, alors il passe entre deux points une et une seule ligne de ce type. Un autre axiome consiste à dire que par trois points quelconques de l'espace qui n'appartiennent pas à la même ligne droite passe un plan – c'est-à-dire une surface qui contient entièrement toute ligne droite reliant deux de ses points. Un autre axiome, dont on parle souvent, affirme que par un point situé en dehors d'une ligne droite, il passe une et une seule ligne droite parallèle à la première. On qualifie en outre de parallèles deux lignes situées sur le même plan et qui ne se coupent jamais, aussi loin qu'on puisse les prolonger. Les axiomes géométriques expriment en outre les propositions qui déterminent le nombre de dimensions de l'espace, mais aussi de ses surfaces, lignes ou points, et expliquent le type de continuité de

5. À ce stade, la définition de la géométrie comme « doctrine de l'espace » est suffisante, quoiqu'elle suscite de nombreuses questions, et par-dessus tout la question de la possibilité d'une détermination plus précise de ce qu'on doit entendre par « espace ». Il pourrait se faire par exemple que le mathématicien, le physicien et le psychologue ne visent pas la même chose lorsqu'ils parlent d'« espace ». Les recherches de Helmholtz conduiront d'elles-mêmes à cette question.

ces figures – comme la proposition qui affirme que la limite d'un solide est une surface, celle d'une surface une ligne et celle d'une ligne un point, et que le point est indivisible; également les propositions qui affirment que le mouvement d'un point décrit une ligne, que le mouvement d'une ligne décrit une ligne ou une surface, le mouvement d'une surface, une surface ou un solide, et que le mouvement d'un solide décrit à nouveau un solide[6].

D'où proviennent donc ces propositions, indémontrables [*unabweisbar*] et pourtant indubitablement correctes [*richtig*], dans une science où par ailleurs tout est soumis au régime de la déduction[7]? Sont-elles puisées à la source divine de notre raison, comme le pensent les philosophes idéalistes[8], ou est-ce que les mathématiciens des générations passées et présentes n'ont pas eu suffisamment de sagacité pour en trouver une preuve? Tout novice en géométrie, tout frais et plein de zèle pour cette science, cherche naturellement à réussir là où ont échoué tous ses prédécesseurs. Il est d'ailleurs bien normal que chacun puisse se lancer à nouveaux frais dans cette recherche; car c'est seulement en constatant l'échec de sa propre entreprise que l'on peut se convaincre qu'il est impossible, dans l'état actuel des choses, de trouver une preuve[9]. On trouve hélas

6. Cette énumération d'« axiomes » doit évidemment être considérée comme une simple collection d'exemples destinée à montrer ce dont il est question. Helmholtz n'entend évidemment pas affirmer que ces propositions précises et formulées exactement de cette manière doivent être prises pour axiomes dans un système complet de géométrie.

7. Les résultats majeurs de la méthode d'inférence logique en mathématique expliquent le souhait de donner une preuve pour tout, ainsi que la croyance dans le succès de cette entreprise (un souhait auquel, dans le domaine de la philosophie, les systèmes de Fichte et Reinhold doivent leur origine; tous deux cherchaient à dériver un système entier à partir d'une unique proposition). Mais la simple considération du fait que toute conclusion exige des prémisses montre l'impossibilité de tout prouver et la nécessité de faire des présuppositions. Ces points de départ de la pensée logique sont les axiomes dont il s'agit ici de rechercher l'origine.

8. L'incarnation du philosophe idéaliste est Platon. Il explique l'évidence des axiomes mathématiques par l'hypothèse d'une « anamnèse » ou réminiscence. Dans un stade de son existence antérieur à sa naissance terrestre, l'âme humaine a découvert les vérités mathématiques par une intuition immédiate et les connaît maintenant sans l'aide de l'expérience terrestre, par une pure réminiscence.

Peut-être s'impose-t-il de préciser que dans cette doctrine platonicienne, c'est bel et bien l'expérience qui constitue le fondement de l'explication, mais pas au sens de l'expérience de la vie terrestre, mais d'une expérience d'un tout autre type, durant une préexistence mythique.

9. Ces réflexions ne fournissent certes pas encore une preuve solide de la stérilité de ces recherches. De manière générale, pour prouver l'impossibilité de dériver une proposition de certains axiomes (c'est-à-dire « l'indépendance » de cette proposition par rapport à ces axiomes, ce qui implique de considérer cette proposition comme un nouvel axiome, à côté des précédents), il faut abandonner la proposition en question ou la remplacer par une autre et, tout en maintenant les autres axiomes, vérifier l'absence de contradiction du système d'axiomes qui en résulte. Ainsi, par exemple, on peut prouver l'indépendance de l'axiome des parallèles

également de temps en temps des chercheurs solitaires qui s'embarquent dans des suites tortueuses de raisonnements, si longues et compliquées qu'ils ne sont plus capables de détecter leurs erreurs, et croient avoir résolu le problème.

La difficulté majeure dans ces recherches est, et a toujours été, que tant que la seule méthode suivie est la méthode intuitive d'Euclide[10], des données de l'expérience de tous les jours viennent bien trop facilement s'immiscer, avec l'apparence de nécessités de la pensée, dans le développement logique des concepts. Il est tout particulièrement difficile, en suivant cette méthode, d'avoir partout l'évidence que dans aucune des étapes nécessaires à la démonstration on n'a utilisé, involontairement ou inconsciemment, des données de l'expérience qui nous auraient été enseignées par la possibilité d'effectuer certaines étapes de l'opération. À chaque fois qu'un géomètre expérimenté trace une ligne pour les besoins d'une démonstration, il se demande s'il est en outre toujours possible de tracer une ligne de ce type. On sait le rôle essentiel que joue le travail de construction dans le système de la géométrie. À première vue, les constructions apparaissent comme de simples opérations pratiques introduites pour permettre aux écoliers de s'exercer, mais en réalité ces opérations posent l'existence de certaines entités [*Gebilde*]. Elles montrent au moins la possibilité des points, lignes droites ou cercles que l'exercice imposait de construire, soit inconditionnellement, soit en déterminant d'éventuelles exceptions. L'objet des recherches qui vont suivre est précisément de cette nature. Le fondement de toute preuve, dans la méthode d'Euclide, consiste à établir la congruence de droites, d'angles, de figures planes, de solides, etc. Et pour que cette congruence devienne intuitive, il faut reporter les objets en question l'un sur l'autre[11], sans toucher bien sûr

par rapport aux autres axiomes d'Euclide par le fait qu'en abandonnant cette proposition, on obtient le système de Bolyai-Lobatchevski ou celui de Riemann. On peut alors montrer que ces deux géométries non euclidiennes ne contiennent aucune contradiction, *si l'on admet* que la géométrie euclidienne n'en contient pas non plus. On peut démontrer le caractère non contradictoire de cette dernière (dont on n'a à vrai dire jamais vraiment douté) en admettant que la structure de la théorie des nombres – l'arithmétique – n'est pas contradictoire. La vérité de cette présupposition n'a jusqu'à présent jamais été strictement démontrée.

10. Le mathématicien grec Euclide a rassemblé autour de 300 av. J.-C. la connaissance de son temps en un ouvrage si remarquable qu'il est parfois encore utilisé de nos jours (par exemple dans les écoles anglaises) pour fonder l'enseignement de la géométrie.

11. Parler, comme le fait ici Helmholtz, de « mouvement » comme quelque chose de factuellement expérimentable, comme d'un processus effectif, implique d'entendre par « figures géométriques » des modèles corporels rigides, et non pas de pures lignes et surfaces mathématiques en tant que simples figures abstraites. Se pose alors la question très importante de savoir dans quelle mesure on peut en général distinguer les figures « géométriques » des

à leur forme ni à leurs dimensions. Que cela soit de fait possible et réalisable, nous en avons tous fait l'expérience dans notre prime jeunesse. Mais s'il s'agit de construire des nécessités de pensée sur cette hypothèse d'une libre mobilité de figures déterminées sans changement de forme à n'importe quelle place de l'espace, nous devons nous demander si cette hypothèse ne comporte aucun présupposé que la logique aurait laissé sans preuve. Nous verrons par la suite qu'elle en comporte bel et bien un, et qui plus est d'une importance capitale. Le cas échéant, toute preuve par congruence reposerait en réalité sur la seule expérience de certains états de choses[12].

L'objectif premier de ces remarques est de faire apparaître les difficultés auxquelles nous nous heurtons en entreprenant l'analyse complète de tous les présupposés que nous admettons en suivant la méthode intuitive. Nous les évitons en appliquant à la recherche des principes la méthode analytique de la nouvelle géométrie algébrique[13]. Tout le procédé de calcul est une pure opération logique[14]; aucune relation entre les grandeurs soumises au calcul ne peut être prise en compte, qui ne soit déjà contenue dans les équations sur lesquelles repose le calcul. Les nouvelles recherches déjà mentionnées ont donc été menées presque entièrement au moyen de la méthode purement abstraite de la géométrie analytique.

Cependant, après que la méthode abstraite nous a appris la nature des points en question, on peut également avoir une sorte d'intuition de ces points; et ce d'autant mieux que l'on prendra en compte un domaine plus étroit que celui du monde spatial qui nous est propre. Imaginons – il n'y a là aucune impossibilité logique – des êtres doués d'entendement, mais de seulement deux dimensions, vivant et se déplaçant sur la surface d'un de nos corps solides. Supposons qu'ils n'aient pas la capacité de percevoir quoi que ce soit en dehors de cette surface, mais qu'ils soient par ailleurs doués de perceptions parfaitement semblables aux nôtres, dans la limite de

figures « corporelles », donc le problème de la relation entre la géométrie et la physique, sur lequel Helmholtz, à la fin de la conférence, adopte une position très précise.

12. Remarquons que la conclusion esquissée par Helmholtz dans cette dernière phrase n'est admissible qu'à condition qu'il soit vrai que toute présupposition soit ou bien fondée logiquement, ou bien dérivée de l'expérience, et qu'elle ne puisse pas provenir d'une tierce source.

13. La géométrie « analytique » ramène ainsi toutes les preuves à des calculs en désignant tout point de l'espace par trois nombres (les coordonnées), en donnant par exemple leurs distances par rapport à trois plans perpendiculaires les uns aux autres (*cf.* p. 46 du texte). De cette manière, il est possible de traiter de manière purement calculatoire les relations entre les figures dans l'espace comme des relations numériques (à savoir entre les coordonnées de leurs points).

14. « pure opération logique » signifie ici déduction; *cf.* [n. 1 p. 31].

la surface sur laquelle ils se déplacent. Si de tels êtres inventaient une géométrie, ils n'attribueraient évidemment que deux dimensions à leur espace. Ils découvriraient qu'un point qui se déplace décrit une ligne et qu'une ligne qui se déplace décrit un plan, ce qui pour eux constituerait la configuration spatiale la plus complète possible. Mais ils seraient tout aussi peu capables de se représenter la figure spatiale plus vaste produit par le mouvement d'une surface hors de son espace superficiel, que nous le sommes de nous représenter la figure que produirait le mouvement d'un solide en dehors de l'espace que nous connaissons. Par l'expression souvent employée à tort et à travers « se représenter » ou « être capable de penser comment s'est produit quelque chose »[15], j'entends – et je ne vois guère comment on pourrait la comprendre autrement, sans la priver de tout sens – que l'on peut se figurer la série des impressions sensibles que l'on devrait avoir si un cas de ce type venait à se présenter. Or, puisqu'on ne connaît aucune impression sensible qui corresponde à un tel phénomène, que personne n'a jamais pu observer – comme c'est pour nous le cas du passage à une quatrième dimension de l'espace et, pour les êtres de surface, du passage à la troisième dimension que nous connaissons –, on peut dire qu'un tel « acte de se représenter » est impossible, de la même manière qu'un aveugle de naissance ne saurait se « représenter » les couleurs, même si quelqu'un venait à lui en proposer une description conceptuelle.

Nos êtres de surface seraient en outre capables de tracer les lignes les plus courtes dans leur espace de surface. Ces lignes ne correspondraient pas nécessairement à nos lignes droites, mais plutôt à ce que, dans la terminologie de la géométrie, nous nommerions les *lignes géodésiques* de la surface sur laquelle ils vivent, lignes décrites par un fil tendu le long de la surface, et glissant sur elle sans obstacle. Je m'autoriserai à désigner dans les pages qui suivent ces lignes comme étant les lignes *les plus droites* [*die* geradsten *Linien*][16] d'une surface donnée (donc d'un espace donné), afin de mettre en évidence l'analogie avec les lignes droites dans le plan.

15. Comme il est préférable de réserver le terme « penser » aux opérations logiques du jugement et de l'inférence, la première des deux formulations, « se représenter », est sans aucun doute préférable. Il ne faut pas se méprendre sur le sens de la première explication donnée par Helmholtz dans cette phrase apparemment simple. « Représentable » désigne ce qui est reproductible intuitivement au sens de la psychologie. Qu'une certaine subjectivité ou relativité affecte cette détermination des différences individuelles de la faculté de représentation, cela ne devrait pas changer la signification *principielle* de la limitation du concept « représentable ».

16. Le concept de chemin « le plus court » joue aussi un rôle central dans la mécanique de Heinrich Hertz.

J'espère que cette expression permettra, sans prêter à confusion, de rendre ce concept intuitif à mes auditeurs non mathématiciens.

Si les êtres de ce type vivaient sur un plan infini, alors leur géométrie serait exactement notre planimétrie. Ils affirmeraient qu'entre deux points ne peut passer qu'*une* seule ligne droite, que par un troisième point situé en dehors de cette ligne ne peut passer qu'une seule droite parallèle à la première, qu'une droite peut être prolongée à l'infini sans que jamais ses extrêmités se rencontrent, et ainsi de suite. Leur espace pourrait s'étendre à l'infini, mais même s'ils parvenaient aux limites de leur capacité de se déplacer et de percevoir, ils pourraient se représenter intuitivement un prolongement au-delà de ces limites. Dans cette représentation, l'espace leur semblerait s'étendre à l'infini, exactement comme le nôtre pour nous, bien que nous ne puissions avec notre corps nous échapper de la surface de la Terre, et que notre regard ne puisse pénétrer plus loin que les étoiles fixes visibles.

Imaginons à présent que de tels êtres intelligents vivent sur la surface d'une sphère. Leur ligne la plus courte ou la plus droite entre deux points serait alors un arc du grand cercle qui passerait par les points en question. Tout grand cercle passant par deux points est par là même divisé en deux parties. Lorsque les deux parties sont de longueur différente, la plus petite de ces parties est de toute évidence le chemin le plus court pour relier les deux points sur la sphère. Le plus grand des deux arcs est cependant également une ligne géodésique ou ligne la plus droite, puisque chacune de ses parties est le chemin le plus court entre ses extrémités. Cela nous interdit donc d'identifier purement et simplement le concept de ligne géodésique ou de ligne la plus droite avec celui de ligne la plus courte. Imaginons maintenant que les deux points donnés soient les extrémités d'un même diamètre de la sphère; dans ce cas, tous les plans passant par ce diamètre découpent des demi-cercles dans la sphère, lesquels constituent tous le chemin le plus court entre les deux extrémités. Dans ce cas, il existe une infinité de lignes qui, au même titre, constituent le chemin le plus court entre les deux points donnés. Ainsi, l'axiome selon lequel il existe une et une seule ligne qui soit la plus courte entre deux points donnés, ne vaut pas sans exception pour les habitants de la sphère.

Quant aux lignes parallèles, les habitants de la sphère ne connaîtraient rien de tel. Ils affirmeraient que deux lignes droites quelconques, si on les prolonge suffisamment, finissent par se couper non en un point, mais en deux. La somme des angles d'un triangle serait plus grande que celle de deux droits, et grandirait à mesure qu'augmenterait la surface du triangle. Ils ne posséderaient donc pas le concept géométrique de similitude [*Ähnlichkeit*] de forme entre une grosse et une petite figure du même type[17], puisque les angles d'un grand triangle seraient nécessairement différents de ceux d'un plus petit triangle. Leur espace serait certes illimité, mais s'avérerait fini, ou devrait au moins être représenté comme tel.

Il est évident que les êtres vivant sur la sphère, quoique doués des mêmes facultés logiques que nous, devraient posséder un tout autre système d'axiomes géométriques que des êtres vivant sur un plan, ou que nous-mêmes dans notre espace à trois dimensions. Ces exemples montrent suffisamment que des êtres dont les capacités intellectuelles seraient comparables aux nôtres admettront des axiomes géométriques différents selon l'espace qu'ils habitent.

Mais allons plus loin. Imaginons des êtres dont l'existence se déroulerait à la surface d'un corps en forme d'œuf. Entre trois points d'une telle surface, il serait possible de tracer les lignes les plus courtes, et de construire un triangle. Si l'on voulait construire des triangles congruents à différents endroits de cette surface, on pourrait voir que deux triangles aux côtés égaux auraient des angles inégaux. Au sommet le plus pointu de l'œuf, la somme des angles du triangle se distinguera davantage de deux angles droits qu'elle ne le ferait pour un même triangle tracé sur le somment le plus large de l'œuf; il s'ensuit que sur une telle surface, même une figure aussi simple qu'un triangle ne peut se déplacer d'un lieu à un autre lieu sans que sa forme en soit modifiée. On observerait également que si l'on construisait sur une telle surface des cercles de même rayon – la longueur des rayons se mesurant toujours en fonction des lignes les plus courtes tracées sur la surface –, leur périmètre serait plus grand au niveau du sommet large qu'au niveau du sommet pointu.

Il s'ensuit que la possibilité de déplacer des figures sur une surface sans modification d'aucune des mesures de leurs lignes ou de leurs angles, constitue une propriété géométrique déterminée de la surface en question, et qu'il dépend du type de surface que tel soit ou non le cas. Gauss, dans son célèbre traité sur la courbure des surfaces, avait déjà défini les conditions

17. J. Wallis (1614-1703) substituait à l'axiome euclidien des parallèles la proposition : « pour toute figure, il existe une figure semblable de grandeur arbitraire » (*cf.* R. Bonola et H. Liebmann, *Die nichteuklidische Geometrie*, Leibzig, G. J. Göschen, 1908, p. 14 *sq.*).

pour qu'une surface possède cette propriété importante. La condition est que ce qu'il nomme la « mesure de la courbure » [*Maß der Krümmung*] – à savoir la réciproque du produit des deux rayons de courbure extrêmes – doit être partout égale sur l'ensemble de la surface.

Gauss a montré en même temps que cette « mesure de la courbure » ne changeait pas si la surface était courbée sans dilatation ou contraction d'aucune de ses parties. Il est donc possible de tordre une feuille de papier plane en cylindre ou en cône sans que soit modifiée aucune des mesures prises sur les figures tracées sur la surface de la feuille. On peut de même tordre sur elles-mêmes les demi-sphères obtenues en coupant en deux une vessie de porc pour obtenir une figure en forme de fuseau, sans pour autant modifier aucune des mesures prises sur cette surface. Sur une surface cylindrique, on aura donc la même géométrie que dans le plan. Seulement, dans ce cas, il faut imaginer qu'une infinité de couches de cette surface reposent les unes sur les autres, comme les couches d'un papier retourné sur lui-même, et qu'à chaque fois qu'on opère un tour complet du cylindre, on obtient une nouvelle couche, différente de celle sur laquelle on se trouvait précédemment.

Ces remarques ont pour fonction de vous donner une représentation d'un type de surface dont la géométrie est dans l'ensemble analogue à celle du plan, mais où l'axiome des parallèles n'est pas valide. Il s'agit d'un type de surface courbe qui se comporte géométriquement comme le contraire d'une sphère, et qui s'est donc vu attribuer le nom de *surface pseudo-sphérique* par le grand mathématicien italien E. Beltrami[a], qui s'est intéressé à ses propriétés. C'est une surface en forme de selle, dont nous ne pouvons représenter dans notre espace que des morceaux ou des bandes de dimensions limitées reliées les unes aux autres, mais qu'on peut cependant se représenter comme susceptibles d'être prolongés à l'infini dans toutes les directions, puisque chaque morceau posé à la limite d'une partie de la surface peut être ramené en son milieu, ce que l'on peut concevoir comme une forme de prolongement[18]. Le morceau de surface doit donc changer de

18. D. Hilbert (*Grundlagen der Geometrie*, Leipzig und Berlin, Teubner, 1909 (3e éd.), p. 251 ; trad. fr. P. Rossier, *Les fondements de la géométrie*, Paris, Dunod, 1971, repr. Paris, Gabay, 1997) a prouvé « qu'il n'existe pas de surface analytique de courbure négative constante sans singularité et partout régulière. Dans cette mesure, on doit également apporter une réponse négative à la question de savoir si on peut réaliser dans l'espace le plan de

a. E. Beltrami, « Saggio di Interpretazione della Geometria Non-Euclidea », *Giornale di Matematiche*, VI, 1868, p. 284-322 ; *id.*, « Teoria Fondamentale degli Spazii di Curvatura Costante », *Annali di Matematica*, II, Série 2, 1868, p. 232-255.

courbure, mais non de dimensions, exactement comme lorsqu'on fait glisser une feuille de papier sur un plan enroulé sur lui-même en forme de cône. Cette feuille s'adapte parfaitement à la surface du cône, mais plus elle s'approche du sommet du cône, plus elle se resserre, sans jamais pouvoir se déplacer au-delà du sommet, tout au moins en continuant à la fois à s'adapter à la surface du cône et à suivre son prolongement idéal au-delà du sommet.

Tout comme les plans et les sphères, les surfaces pseudo-sphériques ont une courbure constante, de sorte que chacun de leurs morceaux peut s'appliquer complètement sur n'importe quel autre endroit de la surface, et que toute figure construite à un emplacement donné de la surface peut se déplacer à n'importe quel autre emplacement en conservant une forme parfaitement congruente et des dimensions parfaitement égales. La mesure de la courbure mise au point par Gauss, positive pour la sphère et nulle pour le plan, aurait pour la surface pseudo-sphérique une valeur négative constante, car les deux courbures principales d'une figure semblable à une selle ont leurs concavités opposées l'une à l'autre[19].

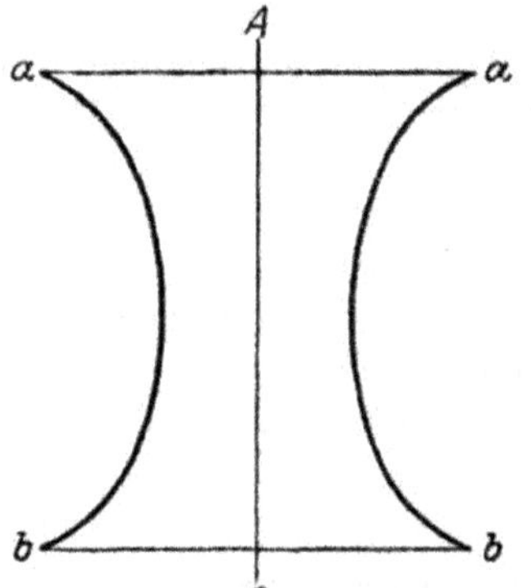

Fig. 1

Lobatchevski dans son ensemble à la manière de Beltrami par une surface analytique régulière». Ce résultat mathématique auquel Riehl se réfère également (*Helmholtz in seinem Verhältnis zu Kant*, Berlin, Reuther und Reichard, 1904, p. 37) ne revêt pas une importance capitale pour la théorie de la connaissance développée par Helmholtz dans cette conférence.

19. … et les radians de la courbure prennent par conséquent des signes opposés.

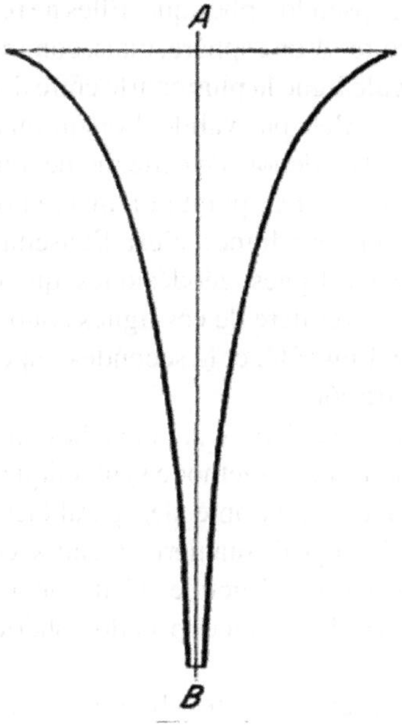

Fig. 2

On peut représenter une partie de surface pseudo-sphérique comme la surface intérieure d'un anneau. Imaginez une surface (comme la surface *aabb* de la fig. 1) tournant autour de son axe de symétrie AB ; les deux arcs *ab* décriraient alors une surface pseudo-sphérique en forme d'anneau. Aux extrémités, au-dessus de *aa* et en-dessous de *bb*, la surface tendrait vers l'extérieur avec une courbe de plus en plus forte, jusqu'à devenir perpendiculaire à l'axe, et former ainsi une courbe infiniment forte. Par ailleurs, on peut également enrouler une surface pseudo-sphérique de manière à lui donner la forme d'une coupe de champagne dont les bords se prolongeraient à l'infini, avec un écart de plus en plus réduit, comme sur la fig. 2. Mais de l'autre côté, il est nécessaire qu'elle soit bornée par un rebord saillant au-delà duquel la surface ne peut se prolonger de manière continue à l'infini. C'est seulement en détachant chaque morceau du rebord et en le déplaçant le long de la surface que l'on peut imaginer placer ces morceaux à des endroits de la surface où la courbe est telle que l'on puisse continuer à les prolonger.

De cette manière, on peut aussi prolonger à l'infini les lignes géodésiques d'une surface pseudo-sphérique. Elles ne reviennent pas sur elles-mêmes comme les droites d'une sphère, mais, comme dans le plan, il existe toujours une et une seule ligne la plus courte entre deux points. Cependant, l'axiome des parallèles n'est pas valide. Lorsqu'on prend une ligne droite de la surface et un point en dehors de cette même ligne, tout un faisceau de lignes géodésiques passe par ce point qui, même prolongées à l'infini, ne coupent jamais la première ligne; c'est l'ensemble des lignes qui se trouvent entre les deux lignes géodésiques qui délimite le faisceau : prolongée à l'infini, la première de ces lignes coupe la première à l'infini quand on la prolonge d'un côté, et la seconde coupe la même ligne quand on la prolonge de l'autre côté.

À Kasan, le mathématicien N. J. Lobatchevski[a] avait complètement élaboré dès 1829, à partir de la méthode synthétique d'Euclide[20], une telle géométrie qui abandonne l'axiome des parallèles. Il observait que ce système pouvait être déployé de manière tout aussi cohérente et dépourvue de contradiction que celui d'Euclide. Cette géométrie est en complet accord avec la géométrie des surfaces pseudo-sphériques récemment développée par Beltrami.

Nous voyons là qu'en géométrie bidimensionnelle, c'est la présupposition selon laquelle toute figure peut se déplacer dans toutes les directions sur une surface sans aucune modification de ses dimensions, qui définit la surface en question comme plan, sphère ou surface pseudo-sphérique. L'axiome selon lequel il n'existe qu'une ligne la plus courte entre deux points, distingue le plan et la surface pseudo-sphérique de la sphère, et l'axiome des parallèles distingue le plan de la pseudo-sphère. Ces trois axiomes sont donc nécessaires et suffisants pour définir comme plan, par opposition à toutes les autres entités spatiales [*Raumgebilde*] bidimensionnelles, la surface à laquelle se rapporte la géométrie euclidienne.

Cela fait longtemps qu'est devenue claire et évidente la différence entre la géométrie plane et celle des surfaces sphériques, mais on n'a pu comprendre le sens de l'axiome des parallèles qu'après que Gauss a découvert le concept des surfaces que l'on peut courber sans extension, ainsi que la possibilité de prolonger à l'infini des surfaces pseudo-sphériques. Nous, qui vivons dans un espace à trois dimensions et possédons des organes sensoriels pour percevoir toutes ces dimensions, pouvons nous représenter les différents cas où des êtres bidimensionnels

20. La « méthode synthétique d'Euclide » est identique à ce que Helmholtz avait nommé, à la page 36, « méthode de l'intuition ».

a. N. J. Lobatchewski, *Prinzipien der Geometrie*, Kasan, 1829-1830.

auraient à développer leur intuition spatiale, car à cette fin nous n'avons qu'à limiter nos propres intuitions à un domaine plus restreint. Les intuitions que l'on a, il est toujours aisé de s'en débarrasser; mais des intuitions dont on n'a jamais eu aucun *analogon*, il est extrêmement difficile de se les représenter d'une manière douée de sens. Quand donc nous passons à l'espace tridimensionnel, nous nous trouvons limités dans notre pouvoir de représentation par la structure de nos organes ainsi que par les expériences acquises par leur moyen, lesquelles ne conviennent qu'à l'espace au sein duquel nous vivons.

Il y a cependant une autre voie pour parvenir à un traitement scientifique de la géométrie. Tous les rapports spatiaux que nous connaissons sont mesurables, ce qui signifie qu'on peut les ramener à des déterminations de grandeur (lignes, angles, surfaces, volumes). On peut par conséquent résoudre les problèmes de la géométrie en cherchant les méthodes de calcul [*Rechnungsmethoden*] qui permettent de dériver les grandeurs spatiales inconnues des grandeurs connues. C'est ce qui se produit en *géométrie analytique*, dans laquelle toutes les figures spatiales sont uniquement traitées comme des grandeurs et déterminées à l'aide d'autres grandeurs. Même les axiomes traitent de grandeurs spatiales[21]. La ligne droite est définie comme *la plus courte* entre deux points, ce qui est une détermination de grandeur. L'axiome des parallèles énonce que si deux lignes droites ne se coupent pas dans le même plan (donc si elles sont parallèles), alors les angles alternes ou opposés qu'elles font avec une troisième ligne qui les croise sont égaux entre eux. Or cette proposition pourrait encore s'exprimer ainsi : que la somme des angles d'un triangle est égale à deux droits. Il s'agit là également de déterminations de grandeurs.

On pourrait également partir de cet autre aspect du concept d'espace, selon lequel la position d'un point – par rapport à une certaine configuration spatiale considérée comme fixe (système de coordonnées) – peut être déterminée par la mesure de certaines grandeurs; on peut ensuite se demander quelles déterminations particulières reviennent à notre espace tel qu'il s'expose dans les mesures qui doivent être effectuées *de facto*, et s'il existe des mesures par lesquelles il se distingue d'autres grandeurs

21. Il s'agit des axiomes de notre géométrie usuelle, métrique. On peut aussi se représenter un système géométrique dans lequel n'interviendrait aucun concept de grandeur. C'est le cas de l'*analysis situs*. Elle ne traite que des propriétés des figures spatiales qui ne contiennent aucun concept métrique. Aussi Poincaré qualifie-t-il l'*analysis situs* de véritable « géométrie qualitative » (*La valeur de la science*, Paris, Flammarion, 1905, p. 49).

semblables qui sont des multiplicités extensives. C'est Riemann[22] – cet esprit bien trop prématurément disparu pour la science – qui, à Göttingen[a], fut le premier à frayer cette voie. Celle-ci présente l'irremplaçable avantage de ne comporter que des opérations qui sont des déterminations de grandeurs par le calcul; on évite ainsi totalement le danger de prendre des faits habituels de l'intuition pour des nécessités de pensée.

Le nombre de mesures nécessaires pour déterminer la position d'un point est égal au nombre de dimensions de l'espace en question. Pour déterminer la position d'un point sur une ligne, il suffit de connaître sa distance par rapport à un point fixe, donc une seule grandeur; sur une surface, il faut en connaître les distances par rapport à deux points fixes; dans l'espace, par rapport à trois points fixes; nous avons besoin soit, comme sur Terre, d'une longitude, d'une latitude et d'une altitude par rapport au niveau de la mer – soit, comme il est d'usage en géométrie analytique, des distances dans trois plans de coordonnées. Riemann nomme *multiplicité étendue n fois* ou *multiplicité à n dimensions* un système de différences dans lequel un objet individuel peut être déterminé par *n* mesures. Ainsi, l'espace dans lequel nous vivons est une multiplicité de points à trois dimensions[b], une surface, une multiplicité de points à deux dimensions, une ligne, une multiplicité de points étendue à une seule dimension, de même que le temps. Le système des couleurs aussi constitue une multiplicité à trois dimensions, dans la mesure où chaque couleur se présente, d'après les travaux de Thomas Young et Maxwell[c], comme un mélange de trois couleurs primaires, dont chacune constitue un *quantum* déterminé. Le cercle des couleurs permet de dériver effectivement ces mélanges et ces mesures.

On pourrait de la même façon traiter le domaine des tons simples[d] comme une multiplicité à deux dimensions, si nous les distinguions seulement selon la hauteur et l'intensité, en laissant de côté les différences de timbre[24]. Cette généralisation du concept est tout à fait appropriée pour

22. L'article de Riemann a été republié récemment avec des explications détaillées de H. Weyl, Berlin, 1919, 1921 (2ᵉ éd.).

23. Ainsi, dans la multiplicité des couleurs, les trois quantités des couleurs de base qui sont nécessaires pour générer une couleur déterminée, peuvent être représentées comme les trois « coordonnées » de cette dernière (voir [n. 8 p. 77]; [n. 29 p. 137]); dans la multiplicité des tons, l'intensité et la hauteur de chaque ton sont ses deux coordonnées.

a. B. Riemann, « Über die Hypothesen, welche der Geometrie zu Grunde liegen », *op. cit.*

b. L'expression allemande (« *n*-fach ausgedehnte Mannigfaltigkeit ») signifie mot-à-mot « multiplicité étendue *n* fois ». Dans la suite du texte, nous la traduirons plus simplement par « multiplicité à *n* dimensions » ou « *n*-dimensionnelle » [N.d.T.].

c. *Cf.* H. v. Helmholtz, *Vorträge und Reden*, Braunschweig, Vieweg, 1884, Bd. I, p. 307.

d. *Ibid.*, p. 141.

mettre au jour ce par quoi l'espace se distingue d'autres multiplicités à trois dimensions[24]. Dans l'espace, comme vous le savez d'expérience, nous pouvons comparer la distance entre deux points étagés verticalement l'un par rapport à l'autre avec la distance horizontale entre deux points de l'axe des abscisses, parce que nous pouvons mesurer séparément l'une et l'autre distance. Mais nous ne pouvons pas comparer la distance entre deux tons de même hauteur, mais d'intensité différente, avec la distance entre deux tons de même intensité, mais de hauteur différente. Riemann a montré, dans des considérations de cet ordre, que le fondement essentiel de toute géométrie est l'expression qu'elle donne de la distance de deux points éloignés l'un de l'autre dans n'importe quelle direction, et, en premier lieu, de deux points séparés par un intervalle infiniment petit. C'est à la géométrie analytique qu'il a emprunté la forme générale de cette expression[a], que l'on obtient en laissant totalement arbitraire le type de mesure par lequel on détermine le lieu qui est propre à chaque point. Il a ensuite montré que le type de liberté de mouvement sans déformation dont sont susceptibles les corps dans notre espace n'est possible que lorsque certaines grandeurs obtenues par calcul[b] – lesquelles, dans l'optique des rapports au sein des surfaces, correspondent à la mesure gaussienne de la courbure des surfaces – ont partout la même valeur. C'est pourquoi Riemann nomme ces grandeurs déterminées par le calcul – lorsque, pour une place déterminée, elles ont la même valeur dans toutes les directions – mesure de courbure [*Krümmungsmaß*] de l'espace en question à cet endroit. Pour éviter tout malentendu, je soulignerai une fois encore que ladite mesure de courbure de l'espace est une grandeur obtenue par le calcul de manière purement analytique, et que le fait de l'introduire ne requiert nullement de laisser s'immiscer des rapports qui n'auraient de sens

24. Le critère de distinction indiqué par Helmholtz dans la suite est certes nécessaire mais pas suffisant pour déterminer la spécificité de « l'espace » par rapport à d'autres multiplicités tridimensionnelles. Dans quelle mesure peut-on parler en général d'une « définition » de l'espace ? Ce qu'est l'extension spatiale au sens intuitif psychologique du terme, nous l'apprenons par nos vécus de perception ; on peut aussi peu le définir qu'un aveugle de naissance pourrait donner une représentation de ce qu'est le « rouge ». Seules peuvent être considérées comme définissables les propriétés de l'espace qui relèvent de l'analyse mathématique. Ce sont cependant les seules propriétés dont la physique ait besoin ; et on peut en tirer des conclusions importantes.

a. À savoir, pour le carré de la distance de deux points infiniment proches, une fonction homogène du second degré des différentielles de leurs coordonnées.

b. Il s'agit d'une expression algébrique, composée des coefficients de chacun des termes de l'expression du carré de la distance de deux points contigus et de leurs quotients différentiels.

que dans l'intuition sensible. Son nom, en tant que désignation simple de rapports complexes, est emprunté au cas où une intuition sensible correspond à la grandeur ainsi désignée[25].

Maintenant, si la mesure de courbure de l'espace a partout une valeur nulle, l'espace en question correspond en tous points aux axiomes d'Euclide. On peut dans ce cas le nommer *espace plat* [*ebener Raum*], par opposition à d'autres espaces constructibles analytiquement que l'on se doit de nommer courbes, puisque la mesure de leur courbure possède une valeur non nulle. Pour des espaces de ce dernier type, la géométrie analytique peut être développée de façon complète et conséquente, au même titre que la géométrie habituelle de notre espace plat effectivement existant[26].

Si la mesure de la courbure est positive, nous avons affaire à l'espace *sphérique*, dans lequel les lignes droites reviennent sur elles-mêmes et où il

25. Il est difficile d'attirer suffisamment l'attention sur ce que Helmholtz tente de mettre en avant : l'expression « mesure de la courbure », appliquée à l'espace, ne devrait être comprise que métaphoriquement ; on ne doit rien désigner par là qui corresponde à ce qu'on peut intuitivement percevoir ou imaginer comme une courbure. On trouve un exemple typique de ce contresens dans l'ouvrage polémique d'Albrecht Krause, *Kant und Helmholtz*, Lahr, Schauenburg, 1878. On y trouve à la page 84 : « Les lignes, les surfaces, les corps dans l'espace ont une orientation et donc aussi une mesure de courbure, mais l'espace en tant que tel n'a pas d'orientation, précisément parce que tout est orienté dans l'espace, et il ne peut donc *pas* avoir de mesure de courbure ; mais ce n'est pas la même chose qu'avoir une mesure de courbure *égale à zéro* ». Un autre contresens, qu'on rencontre fréquemment, est lié à celui-ci. Puisque nous ne pouvons nous représenter qu'une surface courbe dans notre espace à trois dimensions, on en déduit souvent qu'une multiplicité à trois dimensions présuppose l'existence d'une multiplicité à quatre dimensions. Si cela était juste, alors l'espace euclidien « plat » ne pourrait également être représenté qu'au sein d'un espace à quatre dimensions : il serait alors évident qu'on ne pourrait imaginer de surface plate autrement que dans l'espace, puisqu'il est certainement possible pour notre représentation de quitter la surface plate, tout comme dans le cas d'une surface courbe, en se déplaçant d'un autre côté de l'espace. Le profane oublie trop facilement que la « courbure » au sens de Gauss est une propriété entièrement *interne* de la surface, et qu'une surface courbe n'est ni plus ni moins une structure bidimensionnelle qu'une surface plate. Helmholtz a donc raison de dire que dans le cas d'une surface la « courbure » exprime une intuition sensible. Mais il n'est pas vrai que toute surface qui est courbe pour l'intuition le soit également au sens mathématique. Notamment les surfaces d'un cône ou d'un cylindre, par exemple, ont une mesure de courbure égale à zéro.

26. Helmholtz parle de notre espace « effectivement existant » [*tatsächlich bestehenden Raum*] ; il n'a jamais douté du fait que l'espace physique fût, non pas le résultat d'une construction intellectuelle partiellement arbitraire, mais quelque chose d'effectif dont les propriétés pouvaient être confirmées par l'observation. En quel sens cette présupposition est fondée et justifiée, c'est ce qui ressortira des propres affirmations de Helmholtz. Il décrit ici l'espace existant factuellement comme « plat » ; à la page 55, il ajoute qu'outre un espace plat, une mesure de courbure faible, très proche de zéro, serait également compatible avec l'expérience.

n'y a pas de parallèles. Un tel espace serait illimité comme la surface d'une sphère, mais ne serait pas infiniment grand. Une mesure constante et négative de la courbure donnerait au contraire un espace *pseudo-sphérique*, dans lequel les lignes géodésiques se prolongent à l'infini sur chaque surface, et pour lequel, sur chaque surface plane, il passe par tout point un faisceau de lignes géodésiques qui ne coupent pas une autre ligne géodésique donnée de cette surface[27].

Ces derniers rapports, Beltrami les a rendus accessibles à l'intuition[a] en montrant que les points, lignes et surfaces d'un espace pseudo-sphérique tridimensionnel peuvent se représenter à l'intérieur d'une sphère de l'espace euclidien d'une manière telle que chaque ligne géodésique [*jede geradste Linie*] de l'espace pseudo-sphérique soit représentée [*vertreten*] par une ligne droite [*gerade Linie*] dans la sphère, et que chaque surface la plus plane de l'espace pseudo-sphérique le soit par un plan dans la sphère. La surface de la sphère elle-même correspond ainsi aux points infiniment distants de l'espace pseudo-sphérique; les différentes parties de celui-ci diminuent d'autant plus dans leur représentation sphérique qu'elles se situent plus près de la surface de la sphère, et encore plus rapidement dans le sens des rayons de la sphère que dans les directions perpendiculaires à ceux-ci. Les lignes droites dans la sphère, qui ne se coupent qu'à l'extérieur de la surface de la sphère, correspondent aux lignes géodésiques [*geradeste Linien*] de l'espace pseudo-sphérique, qui ne se coupent nulle part.

Il apparut ainsi que l'espace, considéré comme domaine des grandeurs mesurables, ne correspond nullement au concept le plus général de multiplicité tridimensionnelle, mais comporte encore des déterminations particulières qui sont conditionnées par la mobilité complètement libre des corps solides sans déformation, vers n'importe quel lieu et pour tous les changements de direction possibles. En outre, cela dépend de la valeur déterminée de la mesure de la courbure, laquelle pour notre espace effectif est nulle ou, du moins, ne se distingue pas notablement de la valeur nulle. Cette dernière définition est donnée par les axiomes qui valent pour les lignes droites et les parallèles.

Tandis que Riemann pénétrait dans ce nouveau domaine par le biais des questions fondamentales les plus générales de la géométrie analytique, j'étais moi-même parvenu à des conclusions analogues – d'un côté, par le biais de recherches sur l'exposition spatiale du système des couleurs, donc par la comparaison d'une multiplicité tridimensionnelle avec une autre,

27. Parmi les autres formes d'espace, on trouve l'espace elliptique ou l'espace de Klein-Clifford; *cf.* [n. 30 p. 97].

a. E. Beltrami, *Teoria fondamentale degli Spazii di Curvatura costante*, *op. cit.*

de l'autre, par le biais de recherches sur l'origine de notre étalon de mesure oculaire pour l'appréciation des distances dans le champ visuel. La démarche de Riemann consiste à prendre pour point de départ l'expression algébrique mentionnée ci-dessus, qui expose sous la forme la plus générale la distance entre deux points infiniment proches l'un de l'autre, puis à en déduire les propositions portant sur la mobilité de figures spatiales solides. Pour ma part, je suis parti du fait observable[28] que dans notre espace, le mouvement de figures spatiales solides est possible avec le degré de liberté que nous lui connaissons, et c'est de ce fait que j'ai déduit la nécessité de l'expression algébrique prise pour axiome par Riemann. Les hypothèses qu'il m'a fallu prendre pour fondement du calcul étaient les suivantes[29].

Premièrement, afin de rendre tout simplement possible le traitement arithmétique, on doit admettre que la position de tout point *A* peut être déterminée, par rapport à certaines figures spatiales considérées comme fixes et invariables, à l'aide de mesures de certaines grandeurs spatiales – que celles-ci soient des lignes, des angles entre des lignes, ou encore des angles entre des surfaces, etc. Nul n'ignore que ces mesures nécessaires pour déterminer la position d'un point *A* se nomment ses *coordonnées*. Le nombre de coordonnées nécessaires en général pour déterminer complètement la position de chaque point détermine le nombre de dimensions de l'espace en question. On supposera par la suite que le mouvement du point *A* modifie de manière continue les grandeurs spatiales utilisées comme coordonnées.

Deuxièmement, on doit donner la définition d'un corps solide, à savoir un système de points, telle qu'elle est requise pour rendre possible la comparaison des grandeurs spatiales par congruence. Puisque nous ne devons pas encore présupposer de méthode particulière pour la mesure des grandeurs spatiales[30], nous pouvons nous contenter dans un premier temps

28. Helmholtz décrit comme un « fait observable » [*Tatsache der Beobachtung*] le fait qu'un mouvement de figures spatiales fixes, c'est-à-dire un changement de lieu de corps solides, soit possible. Nous expliquerons plus bas ([n. 40 p. 57]) dans quelle mesure cela peut être véritablement considéré comme un fait observable.

29. Le lecteur trouvera dans l'article « Sur les faits qui sont au fondement de la géométrie » le détail des découvertes mathématiques dont Helmholtz rappelle ici succinctement les résultats. Pour une critique plus précise des présupposés de Helmholtz, laquelle n'a cependant aucune incidence sur ces développements épistémologiques, voir nos explications relatives à cet article.

30. La caractéristique des corps fixes exposée par Helmholtz dans la suite du texte (la distance invariable entre deux points du corps) donne le fondement de toute mesure physique, car en dernière instance, une mesure se produit par la répétition de l'application d'un instrument de mesure. Mais un instrument de mesure est un corps sur lequel sont marqués au moins deux points dont on suppose que la distance est constante. « Appliquer » un

de définir un corps solide par la caractéristique suivante: entre les coordonnées de deux points quelconques qui appartiennent à un corps solide, il doit exister une équation qui, pour tout mouvement du corps, exprime la relation spatiale invariable entre ces deux points (laquelle s'avère *in fine* être la *distance* qui les sépare), et qui est la même pour toute paire congruente de points. Sont alors congruentes des paires de points qui peuvent coïncider successivement dans l'espace avec la même paire de points fixes[31].

En dépit du caractère apparemment indéterminé de cette formulation, cette détermination s'avère riche de conséquences, puisque quand on augmente le nombre de points, le nombre d'équations augmente bien plus rapidement que le nombre de coordonnées de points qu'elles déterminent. Cinq points, *A, B, C, D*, donnent dix paires de points différentes :

AB, AC, AD, AE,
BC, BD, BE,
CD, CE,
DE,

donc dix équations, qui, dans un espace tridimensionnel, comportent quinze coordonnées variables, mais parmi lesquelles six doivent rester arbitraires, si le système de cinq points doit pouvoir entrer librement en mouvement ou en rotation. Ainsi, pour dix équations données seulement neuf coordonnées peuvent être déterminées, comme fonctions des

instrument de mesure sur un objet à mesurer signifie : faire coïncider ces deux points avec deux points déterminés de l'objet.

31. Cette définition ramène la congruence (l'égalité de deux distances [*Strecken*] à la coïncidence de paires de points d'un corps solide « avec la même paire de points fixes dans l'espace », ce qui suppose qu'on puisse distinguer des « points dans l'espace » et les tenir pour fixes. Helmholtz a explicité cette condition dans ses résultats antérieurs, mais il fallait encore supposer que soient données « certaines figures géométriques invariables et considérées comme fixes » (p. 50). L'invariance et la fixité (qu'on désigne aujourd'hui par le terme « rigidité ») ne peuvent en retour être définies en vertu d'une définition de la congruence, sans quoi on s'enfermerait visiblement dans un cercle. Cette définition ne paraît donc pas satisfaisante d'un point de vue logique. On n'évite le cercle qu'en stipulant par convention que certains corps seront considérés comme rigides, et le choix de ces corps n'est guidé que par le choix du système permettant la description la plus simple possible de la nature (H. Poincaré, *La valeur de la science, op. cit.*). On trouve aisément des corps qui (en éliminant la température et d'autres paramètres) s'approchent en pratique suffisamment de cet idéal pour le satisfaire. On peut donc définir (avec A. Einstein) la congruence de la manière suivante sans soulever d'objections : « Nous appellerons la somme des deux signes marqués sur un corps pratiquement rigide une *droite*. Imaginons deux corps pratiquement rigides sur chacun desquels une droite est tracée. Ces deux droites seront considérées comme *égales*, si les signes de l'une coïncident d'une façon permanente avec les signes de l'autre » (trad. fr. M. Solovine, *La géométrie et l'expérience*, Paris, Gauthier-Villars, 1921, p. 9).

six variables. Pour six points, on obtient quinze équations pour douze grandeurs variables, pour sept points, vingt et une équations pour quinze variables, etc. Maintenant, à partir de *n* équations indépendantes les unes des autres, nous pouvons déterminer *n* grandeurs contenues en elles. Si nous avons plus de *n* équations, les équations superflues doivent être dérivées des *n* premières. Il s'ensuit que ces équations qui existent entre les coordonnées de n'importe quelle paire de points d'un corps solide, doivent être d'un type particulier : si, dans un espace tridimensionnel, de telles équations sont satisfaites par neuf paires de points formées par cinq points, alors l'équation correspondant à la dixième paire en découle de manière identique. C'est là-dessus que repose le fait que notre définition de la solidité est suffisante pour déterminer le type d'équations qui existent entre les coordonnées de deux points reliés l'un à l'autre de manière fixe.

Troisièmement, il est apparu qu'il fallait encore poser au fondement du calcul, à titre de fait, une spécificité particulière du mouvement d'un corps solide – laquelle nous est si familière que, sans ces recherches, nous n'en serions peut-être jamais venus à la considérer comme quelque chose qui pourrait aussi bien ne pas être. En effet, si dans notre espace tridimensionnel nous maintenons fixes deux points d'un corps solide, ce corps ne peut effectuer qu'une rotation autour de la droite qui relie ces deux points, considérée comme axe de la rotation. Faisons-lui accomplir un tour complet, et il revient à la position dans laquelle il se trouvait au départ. Que la rotation sans retour en arrière d'un corps solide le ramène toujours à sa position de départ, voilà un fait qui mérite d'être particulièrement souligné[32]. Une géométrie où tel ne serait pas le cas est tout à fait possible. C'est dans le cas de la géométrie plane que c'est le plus facile à voir. Supposons qu'à chaque rotation d'une figure plane, ses dimensions linéaires augmentent proportionnellement à l'angle de rotation; alors à chaque rotation complète de 360 degrés, la figure ne serait plus congruente avec ce qu'elle était initialement. Cependant, une seconde figure quelconque qui était congruente avec la première dans sa position initiale peut également être rendue congruente avec la première figure dans sa position finale, pour peu qu'on imprime également à la seconde figure une rotation de 360 degrés. Un système de géométrie cohérent serait possible en partant de cette hypothèse, sans pour autant être de forme riemannienne.

32. C'est ce qu'on appelle le principe de monodromie. *Cf.* à ce sujet l'article II [« Des faits qui sont au fondement de la géométrie »] de ce volume et les notes afférentes.

Par ailleurs, j'ai montré que prises ensemble, ces trois étapes étaient suffisantes pour servir de fondement à ce que Riemann prenait pour point de départ de ses recherches, et donc également à tous les résultats découlant de son travail, et qui se rapportent à la distinction de différents espaces en fonction de la mesure de leur courbure.

Se posait cependant encore la question de savoir si les lois du mouvement et de sa dépendance vis-à-vis des forces motrices peuvent sans contradiction s'appliquer à un espace sphérique ou pseudo-sphérique. Cette recherche a été menée par Lipschitz, de l'Université de Bonn[a]. On peut ainsi montrer que l'expression complète des lois de la dynamique, le principe de Hamilton[33], s'applique directement à des espaces dont la mesure de la courbure n'est pas nulle. Y compris donc de ce côté, on constate que les différents systèmes de géométrie ne conduisent à aucune contradiction.

Nous allons à présent devoir nous demander d'où proviennent ces déterminations spécifiques de notre espace puisque, comme nous l'avons montré, elles ne sont pas comprises dans le concept général d'une grandeur extensive tridimensionnelle, ni de la libre mobilité d'une figure finie contenue en elle. Ce ne sont pas des *nécessités de pensée*[34] qui dériveraient du concept d'une telle multiplicité et de sa mesurabilité, ou encore du concept général d'un objet solide contenu en elle et de sa libre mobilité.

33. Le « principe de Hamilton » exprime les lois de la nature de manière si générale et englobante qu'il résiste à toutes les nouvelles découvertes en physique. Selon lui, tous les processus physiques se déroulent de telle sorte que, dans le passage de l'état initial à l'état final, une fonction donnée des grandeurs qui déterminent le processus possède une valeur minimale (et dans certains cas une grandeur maximale).

34. « Nécessités de pensée ». On ne peut qualifier de *nécessaires* les résultats de notre pensée que s'ils ont été atteints par une déduction (*cf.* [n. 1 p. 31]). Or comme les déterminations de notre espace factuel ne peuvent être déduites du pur concept de multiplicité tridimensionnelle, Helmholtz leur retire à juste titre la nécessité de pensée. Dans la terminologie kantienne, il faudrait formuler ce résultat de la manière suivante : les propositions qui affirment ces propriétés déterminées de notre espace (à savoir les axiomes géométriques) ne sont pas analytiques. Car les jugements qu'on appelle analytiques sont ceux qui n'exprimaient d'un objet que ce qui était déjà contenu dans son concept et pouvait donc être déduit de lui.

a. R. Lipschitz, « Untersuchungen über die ganzen homogenen Funktionen von x Differentialen », *Borchardts Journal für Mathematik*, LXX, 1869, p. 71 et LXXII, 1870, p. 1 ; « Untersuchung eines Problems der Variationsrechnung », *Borchardts Journal für Mathematik*, LXXIV, 1872.

Examinons donc maintenant l'hypothèse opposée sur cette question[35], et demandons-nous si l'origine de ces déterminations est empirique, si elles dérivent de faits d'expérience, si ces derniers sont susceptibles de les prouver, de les tester, voire peut-être de les réfuter. Cette dernière éventualité impliquerait également que nous fussions capables de nous représenter une série de faits d'expérience observables qui permettraient d'indiquer, de la mesure de la courbure, une valeur autre que celle que possède l'espace plat d'Euclide. Mais si d'autres types d'espace (au sens que nous avons indiqué) sont représentables, cela contredit l'idée que les axiomes de la géométrie seraient les conséquences nécessaires de la forme transcendantale donnée *a priori* de notre intuition, au sens kantien[36].

35. Helmholtz fait cependant un pas de plus et pose la question de savoir si les axiomes ne sont pas des propositions d'expérience, c'est-à-dire des jugements synthétiques *a posteriori*. Il semble alors n'exposer que ces deux possibilités : soit analytiques, soit synthétiques *a posteriori*. (cf. *supra* [n. 12 p. 37]). Il semble donc, dans un premier temps, ne simplement pas tenir compte de *la* classe de jugements dont il est précisément question ici, à savoir les jugements synthétiques *a priori*. Les propositions d'expérience, que Helmholtz oppose aux jugements *nécessaires pour la pensée* [*denknotwendigen*] et donc analytiques, sont en vérité le contraire des jugements *nécessaires tout court* [*notwendigen schlechthin*] ; chez Kant au contraire, les jugements synthétiques *a priori*, pour autant qu'ils existent, n'étaient pas à proprement des nécessités de pensée, mais représentaient des nécessités *intuitives*. Même d'après la doctrine kantienne, les systèmes d'axiomes non euclidiens seraient parfaitement *pensables*, c'est-à-dire qu'ils pourraient être construits sans contradiction. Mais ils ne seraient pas *représentables*, c'est-à-dire forgeables comme produits de la représentation intuitive, et ils ne trouveraient aucune application dans la réalité physique, dans la mesure où cette réalité, en tant qu'elle est perceptible intuitivement, serait soumise aux lois régissant notre mode d'intuition. Si les axiomes d'Euclide faisaient partie de ces lois, alors nous ne pourrions aucunement percevoir ou imaginer le monde corporel autrement qu'ordonné dans un espace euclidien. Les kantiens ont objecté à Helmholtz qu'il ne distinguait pas entre la nécessité intuitive et la nécessité de pensée, et il est vrai qu'il omet ici de rappeler cette distinction importante. Mais il était pleinement conscient, en réalité, du fait que la résolution de ce problème dépendait précisément de la question de savoir si la géométrie était *intuitivement représentable* [*anschaulich vorstellbar*] en dehors de la géométrie euclidienne. C'est ce qui devient clair dès la phrase suivante du texte puisque Helmholtz y emploie le terme « représenter » dont il a expliqué le sens plus haut (*cf.* [n. 15 p. 38]). Il accorde une grande importance à cette définition, et à juste titre, puisqu'il y revient à plusieurs reprises (p. 62 de cet article, et ci-après « Les faits dans la perception », p. 170 ; voir aussi *Abhandlung* II, p. 644).

36. Cette phrase fomule précisément le problème et demeure parfaitement correcte. Si « d'autres formes d'espace au sens indiqué précédemment » (*cf.* note précédente) sont représentables, alors l'espace euclidien ne comporte aucune nécessité intuitive pour nous ; et puisque les axiomes d'Euclide, comme Helmholtz l'a montré plus haut, ne possèdent eux non plus aucune nécessité de pensée, on pourrait montrer qu'ils ne sont pas du tout nécessaires et par conséquent (*cf.* [n. 2 p. 32]), ne valent pas *a priori*. Ils devraient en fait trouver leur origine dans l'expérience, et être *a posteriori*. Helmholtz se consacre dans la suite du texte à

La différence entre les géométries euclidienne, sphérique et pseudo-sphérique repose, comme nous l'avons vu ci-dessus, sur la valeur d'une constante que Riemann nomme mesure de la courbure de l'espace considéré, et dont la valeur doit être nulle pour que soient valides les axiomes d'Euclide. Si elle n'est pas nulle, alors les triangles de grande surface devront nécessairement avoir la somme de leurs angles autre que celle de petits triangles : plus grande dans un espace sphérique, plus petite dans un espace pseudo-sphérique. De plus, la similitude géométrique entre les petits et les grands corps ou figures n'est possible que dans l'espace euclidien. Tous les systèmes de mesure géométrique utilisés en pratique pour mesurer les trois angles de triangles rectilignes de grandes dimensions – en particulier tous les systèmes de mesure astronomique, lesquels considèrent comme nulle la parallaxe[37] des étoiles fixes situées à une distance grande mais non mesurable (dans un espace pseudo-sphérique, les points infiniment éloignés doivent aussi avoir une parallaxe positive) – confirment empiriquement[38] l'axiome des parallèles et montrent que, par

démontrer que les espaces non euclidiens sont en réalité représentables. Les paragraphes suivants commencent par des considérations préliminaires.

37. Par la parallaxe d'une étoile fixe, on entend l'angle sous lequel le grand axe de l'orbite terrestre apparaît depuis l'étoile. Les deux extrémités de l'orbite terrestre et l'étoile fixe forment ensemble les trois points d'un triangle très allongé ; l'angle du sommet est la parallaxe. Puisque la somme des angles d'un triangle euclidien est égale à deux droits, on obtient la valeur de la parallaxe en soustrayant la somme des deux angles de la base de ce triangle à la somme de deux angles droits. Pour les étoiles situées à une distance non mesurable, les deux longs côtés du triangle deviennent parallèles, la somme des angles de la base devient égale à deux droits, et la parallaxe est nulle. Puisque la somme des angles d'un triangle pseudosphérique est inférieure à deux droits, la somme des angles de la base ne peut pas atteindre ce total ; si donc on la soustrait à deux droits, le résultat doit toujours demeurer positif, même pour les étoiles les plus lointaines, comme Helmholtz l'affirme entre parenthèses. Dans l'espace sphérique, au contraire, on obtiendrait même une valeur négative de cet angle, puisque la somme des deux angles d la base peut dépasser celle de deux droits.

38. Que les observations astronomiques puissent « confirmer empiriquement » l'axiome des parallèles et, ainsi, la structure euclidienne de l'espace, c'est ce qu'on ne peut admettre qu'à certaines conditions, et en particulier si on présuppose que les rayons lumineux puissent être considérés comme des lignes droites. Si les déterminations de la parallaxe avaient par exemple une valeur négative, il serait alors toujours possible d'expliquer ce résultat aussi bien par la conception curvilinéaire de la propagation de la lumière que par l'hypothèse d'une courbure positive de l'espace. Cela a été noté avec insistance par H. Poincaré qui dit par rapport à ce cas (*La science et l'hypothèse*, Paris, Flammarion, 1906, p. 74) : « on aurait donc le choix entre deux conclusions : nous pourrions renoncer à la géométrie euclidienne ou bien modifier les lois de l'optique et admettre que la lumière ne se propage pas rigoureusement en ligne droite ». C'est sans conteste une erreur dans la présentation helmholtzienne de ne pas suffisamment souligner la seconde possibilité et de ne pas suffisamment confronter ces deux alternatives l'une avec l'autre. Il semble ainsi se présenter comme une cible facile aux attaques des kantiens. Nous reviendrons sur ce point et nous verrons alors qu'il avait

application de notre méthode de mesure, la mesure de la courbure de notre espace ne paraît pas se distinguer de zéro. Certes, demeure ouverte la question posée par Riemann : en irait-il autrement si, à la place de nos lignes de référence limitées (dont l'axe le plus grand est l'orbite terrestre), nous pouvions utiliser d'autres lignes de référence plus grandes ?

Cependant, nous ne devons pas oublier que presque toutes les mesures géométriques reposent sur le principe de congruence[39]. Nous mesurons la distance entre deux points en y appliquant un compas, une règle ou un mètre-étalon. Nous mesurons des angles en faisant glisser des sections de cercle ou un théodolite jusqu'à leur sommet. Nous déterminons en outre que des lignes sont droites en les comparant avec des rayons lumineux dont nous savons par expérience qu'ils sont rectilignes; cependant, le fait que la lumière suive toujours le plus court chemin d'un point à un autre tant qu'elle reste dans un milieu homogène uniforme, resterait vrai y compris dans des espaces dont la mesure de courbure serait autre que celle du nôtre. Toutes nos mesures géométriques reposent donc sur la présupposition que nos instruments de mesure, que nous tenons pour fixes, sont

parfaitement et clairement exposé la situation. Poincaré a tout à fait tort d'affirmer quelque part : « Inutile d'ajouter que tout le monde trouverait cette solution extravagante » (*ibid.*). Le succès de la théorie de la relativité générale d'Einstein, qui détruit la validité des axiomes d'Euclide, démontre le caractère égarant de l'affirmation de Poincaré, et on peut affirmer avec certitude qu'il la retirerait volontiers aujourd'hui au vu de ces succès. Il pensait que la géométrie euclidienne devrait toujours conserver son statut privilégié en physique car elle était la « plus simple ». Mais ce qui importe n'est pas la simplicité d'une branche particulière de la science ou d'un de ses outils, mais il s'agit en dernière instance de la simplicité du *système* de la science, qui est identique à l'*unité* de la connaissance naturelle. Cette simplicité maximale est plus aisément atteinte en abandonnant la géométrie euclidienne plutôt qu'en la conservant. L'observation selon laquelle les planètes ne suivent pas un parcours elliptique keplérien autour du soleil mais décrivent une figure autrement plus complexe, a bel et bien rendu la représentation du monde plus simple, car elle a permis d'attribuer à la loi newtonienne de la gravitation une validité plus précise. Comme Poincaré le reconnaissait : « La simplicité des lois de Képler n'est qu'apparente » (*op. cit.*, p. 152); sans doute dirait-il aujourd'hui : la simplicité de la géométrie euclidienne dans son application à la nature n'est qu'apparente. Helmholtz, à la suite de Riemann, a affirmé la possibilité de ce point de vue clairement et distinctement; quant à sa justification philosophique, il en sera question plus tard.

39. La « congruence » est établie par l'observation de la coïncidence de points matériels. Toutes les mesures physiques peuvent se ramener à ce même principe, car sur n'importe lequel de nos instruments, la lecture fonctionne en faisant coïncider la partie mobile avec les points de l'échelle. La proposition de Helmholtz peut être étendue à la vérité selon laquelle aucune occurrence ne peut être constatée physiquement autrement qu'en faisant se rencontrer des points, et Einstein en a tiré la conséquence que toutes les lois physiques peuvent au fond être tenues pour des propositions sur des coïncidences de ce type. Les paragraphes suivants de l'article de Helmholtz contiennent des affirmations qui vont dans le même sens.

effectivement[40] des corps de forme invariable, ou du moins qu'ils ne subissent pas d'autre variation de forme que celles, très faibles, que nous leur connaissons – comme celles qui découlent de changements de température, ou de la modification de la force de gravité liée à un changement de position.

Lorsque nous mesurons, nous ne faisons pas autre chose que ce que nous faisons toujours déjà en observant par la vue ou le toucher, ou en arpentant, mais nous le faisons avec les moyens les meilleurs et les plus fiables que nous connaissions. Dans le premier cas, c'est notre corps qui est l'organe de la mesure que nous transportons d'un point à un autre de l'espace. C'est tantôt notre main, tantôt tel ou tel de nos os qui devient le segment de notre compas, ou, dans toutes les directions, ce sont nos yeux qui sont notre théodolite, car c'est avec eux que, dans notre champ visuel, nous mesurons des arcs de cercle et des angles.

Toute comparaison de grandeur ou toute mesure d'objets spatiaux repose donc sur une présupposition concernant le comportement physique de certains corps de la nature, qu'il s'agisse du corps humain ou d'autres instruments de mesure. Cette présupposition peut avoir le plus haut degré de vraisemblance[41] et se trouver en accord avec toutes les relations physiques connues de nous ; elle n'en déborde pas moins le domaine de la pure intuition spatiale.

40. Ce petit mot « effectivement » [*wirklich*] contient le problème philosophique essentiel de l'article. Quel sens cela peut-il avoir, en parlant d'un corps, de dire qu'il est « effectif » ? D'après la définition donnée par Helmholtz (p. 51) d'un corps fixe, on pourrait supposer qu'il serait possible de parler de la distance de points « d'espace » sans référence aux corps ; mais sans doute serait-il impossible de déterminer et de mesurer cette distance sans aucun corps. On retombe donc sur la difficulté mise au jour [n. 31 p. 51]. Si le contenu du concept d'« effectif » doit être tel qu'il puisse être éprouvé et constaté par expérience, il ne reste plus que la solution suggérée dans cette note, à savoir : décrire ces corps comme « rigides », ce qui conduit à la physique *la plus simple* si on les utilise comme instruments de mesure. Ce sont précisément les corps qui remplissent la condition exprimée par Einstein (*cf.* [n. 31 p. 51]). Ce qui vaut comme « effectivement » rigide ne sera donc pas déterminé par une nécessité logique de pensée ou par l'intuition, mais par une convention, une définition.

41. Il semble ici que Helmholtz considère le concept d'instrument de mesure rigide comme quelque chose d'absolu, qui ne dépendrait pas de nos conventions, car on ne peut parler de la vraisemblance ou de la vérité d'une affirmation que si sa justesse peut par principe être prouvée ; on ne peut appliquer le concept de vraisemblance à des définitions. Mais il est évident que nous ne devons voir dans cette formule qu'une concession aux capacités de compréhension du lecteur que Helmholtz n'introduit que progressivement aux conséquences les plus strictes de sa pensée radicale.

En réalité, on peut imaginer un comportement[42] des objets qui nous apparaissent comme des corps solides, un comportement tel que les mesures se présenteraient *dans l'espace euclidien* comme si elles étaient disposées dans un espace pseudo-sphérique ou sphérique. Afin d'illustrer cette idée[43], je rappellerai au lecteur que si toutes les dimensions linéaires d'un corps donné étaient diminuées par exemple de moitié ou au contraire dédoublées en même temps et dans les mêmes proportions que celles de mon propre corps, nous ne pourrions pour ainsi dire pas nous apercevoir du changement, étant donné notre mode d'intuition spatiale. Ce serait également le cas si la contraction ou la dilatation était différente dans différentes directions, à supposer que notre propre corps se modifierait dans la même proportion, voire qu'un corps en rotation, à chaque instant, sans subir ni exercer la moindre résistance physique, admettrait un certain degré de dilatation de ses diverses dimensions, correspondant à sa position instantanée[44]. Pensons au reflet du monde dans un miroir convexe. Les sphères argentées qui ornent les jardins montrent les phénomènes essentiels d'une telle image, bien que déformés par quelques irrégularités optiques. Un miroir convexe de bonne qualité, dont l'ouverture n'est pas trop importante, offre de tous les objets posés face à lui un reflet qui a l'apparence d'un corps situé dans une certaine position et à une certaine distance de la surface du miroir. Mais les images de l'horizon lointain et du soleil dans le ciel se trouvent à une distance limitée derrière le miroir, égale à la distance focale du miroir. Entre ces images et la surface du miroir, on trouve les images de tous les autres objets posés devant lui, mais de telle manière que les images sont d'autant plus rétrécies ou aplanies que leurs objets sont éloignés du miroir. Cet aplanissement, c'est-à-dire le rétrécissement de la dimension de profondeur, est relativement plus important que le rétrécissement des dimensions de surface. Cependant, toute ligne droite

42. Ce comportement n'est pas précisé dans ce paragraphe purement introductif, mais dans les suivants.

43. Pour ce qui suit, on peut se référer aux développements de la même réflexion par J. Delbœuf, *Prolégomènes philosophiques de la géométrie*, Liège, Desoer, 1860; P. Mongré, *Das Chaos in kosmischer Auslese*, Leipzig, Naumann, 1898, chap. V; H. Poincaré, *La valeur de la science*, Paris, Flammarion, 1910, p. 46 *sq.*; *id.*, *Science et méthode*, Paris, Flammarion, 1908, p. 96 *sq.*; *id.*, *Dernières pensées*, Paris, Flammarion, 1913, p. 37 *sq.*; M. Schlick, *Raum und Zeit*, Berlin, Springer, 1920, chap. III.

44. Dans le langage mathématique, on exprime les modifications que Helmholtz décrit ici de la manière suivante : imaginons qu'on déforme le monde de telle sorte que son nouvel aspect dérive de l'ancien par une transformation de ses points un-à-un, continue, mais par ailleurs tout à fait arbitraire, alors le nouveau monde serait en réalité absolument indistinct du premier. L'exemple du miroir suivant dans le texte décrit un cas particulier d'une telle transformation. *Cf.* la littérature répertoriée [n. 43].

du monde extérieur sera représentée en image par une ligne droite, et tout plan, par un plan. L'image d'un homme mesurant avec une règle une ligne droite sur le miroir rétrécirait d'autant plus que l'original s'éloigne, mais avec sa règle de plus en plus petite, l'homme du reflet mesurerait exactement le même nombre de centimètres que l'homme de la réalité; de manière générale, toutes les mesures géométriques de lignes ou d'angles effectuées à l'aide de reflets (se modifiant conformément à une loi) des instruments réels, donneraient exactement les mêmes résultats que celles que l'on obtient dans le monde extérieur. En ce qui concerne les images obtenues quand on juxtapose les corps en question, toutes les congruences se produiraient exactement comme dans le monde extérieur – toutes les lignes de vue dans le monde extérieur seraient remplacées par des lignes de vue droites dans le miroir. Bref, je ne vois pas comment les hommes dans le miroir pourraient découvrir que «leurs» corps ne sont pas des corps solides, et que leurs expériences ne sont pas de bons exemples en faveur de la rectitude [*Richtigkeit*] des axiomes d'Euclide. S'ils étaient capables de porter le regard au-delà du miroir vers notre monde comme nous le faisons pour le leur sans pour autant pouvoir franchir la frontière entre les deux mondes, ils devraient expliquer notre monde comme étant une image dans un miroir convexe, et parleraient de nous exactement comme nous parlons d'eux; et si les hommes des deux mondes pouvaient parler entre eux, aucun des deux, pour autant que je puisse en juger, ne pourrait convaincre l'autre que c'est lui qui connaît les vraies proportions [*die wahren Verhältnisse*] et que l'autre n'a que les proportions déformées. En effet, je ne vois pas vraiment le sens que peut avoir une telle question[45], tant qu'on n'introduit pas de considérations mécaniques[46].

45. Il est de la plus haute importance, pour le problème général du texte, de reconnaître l'absence de sens de la question de savoir lequel des deux mondes ainsi décrits est «effectif» et lequel est déformé. Il n'y a aucune différence «effective» entre les deux mondes mais seulement une question de description, dans la mesure où dans un cas comme dans l'autre un système de coordonnées différent est posé au fondement (*cf.* à nouveau la revue de la littérature de la [n. 43 p. 58]). En d'autres termes : on a affaire dans les deux cas à la même réalité [*Wirklichkeit*] objective, laquelle se présente dans deux systèmes de signes différents.

46. Si par cette formule Helmholtz entend que les hommes des deux mondes constateraient des lois mécaniques différentes, alors il a de toute évidence tort, dans la mesure où il n'abandonne pas le présupposé selon lequel dans le monde du miroir tous les instruments de mesure prennent également part à la distorsion des corps. Sinon, toutes les mesures, toutes les lectures de l'instrument, devraient en effet aboutir au même résultat que dans le monde d'origine; toutes les coïncidences de points demeurent constantes (*cf.* [n. 39 p. 56]). Mais une loi est l'expression d'une compilation de résultats de mesure; aussi les lois physiques ne diffèrent-elles pas dans les deux mondes. Peut-être cependant Helmholtz conçoit-il les choses de la manière suivante: l'observateur dans le monde déformé recevrait d'une manière ou

L'idée de Beltrami[47] consistant à représenter l'espace pseudo-sphérique dans une sphère pleine de l'espace euclidien est tout à fait similaire, si ce n'est que la surface servant d'arrière-plan n'est pas un plan, comme dans le cas du miroir convexe, mais une surface sphérique, et que la proportion dans laquelle les images des objets qui se rapprochent de la sphère se contractent n'a pas la même expression mathématique. Imaginons à présent, à l'inverse, qu'à l'intérieur de la sphère (dans l'espace interne de laquelle les axiomes d'Euclide sont valides) des corps se déplacent, qu'ils se contractent à chaque fois qu'ils s'éloignent du centre de la même manière que le font les reflets du miroir convexe, et ce de telle sorte que leur reflet dans l'espace pseudo-sphérique conserve ses dimensions inchangées; dans ce cas, des observateurs dont le corps serait également régulièrement soumis au même changement obtiendraient, par les mesures géométriques qu'ils seraient capables de faire, le même résultat que s'ils vivaient eux-mêmes dans l'espace pseudo-sphérique.

Nous pouvons faire un pas supplémentaire en inférant de tout cela la manière dont les objets d'un monde pseudo-sphérique apparaîtraient à un observateur dont la mesure oculaire et les expériences spatiales auraient été acquises, comme les nôtres, dans un espace plat – si tant est qu'il soit possible pour lui d'entrer dans un tel monde. Cet observateur continuerait à voir les lignes des rayons lumineux ou les lignes de vue comme des lignes droites, comme elles se rencontrent dans l'espace plat, et comme elles sont effectivement dans la représentation sphérique de l'espace pseudo-sphérique. L'image visuelle des objets dans l'espace pseudo-sphérique ferait donc sur lui la même impression que s'il était au centre de la sphère de Beltrami[48]. Il croirait voir les objets les plus éloignés de lui dans l'espace à

d'une autre des données de mesure qui ne prendraient pas part à la déformation et avec lesquelles celui-ci pourrait comparer la mesure de son corps de manière continue. Dans ce cas il serait capable de constater des lois déterminées du mouvement et il pourrait en conclure qu'il est plus raisonnable de considérer que c'est l'autre monde qui n'est pas déformé, puisqu'il admet (relativement à l'instrument de mesure) une mécanique bien plus simple.

47. F. Klein a introduit de manière purement projective la détermination de mesures non euclidienne à l'intérieur d'une surface de second degré (cf. *Gesammelte mathematische Abhandlungen*, Bd. 1, Berlin, Springer, 1921, p. 287 *sq.*).

48. Quel que soit l'endroit où se situe l'observateur B, il existe une projection [*Abbildung*] de la sphère euclidienne telle que B soit le centre de la sphère. Soit P un point de l'espace non euclidien et Q son image dans l'espace de la sphère. Soient AA' les yeux de l'observateur dans l'espace non euclidien et BB' leurs projections, que l'on suppose très proches les uns des autres, alors les angles non euclidiens PAA' et $PA'A$ doivent être égaux aux angles QBB' et $QB'B$, et ce jusqu'à une grandeur infiniment petite d'ordre supérieur; c'est pourquoi Q apparaîtrait dans le lointain pour qui est habitué à l'espace euclidien, comme c'est effectivement le cas dans l'image sphérique à la Beltrami.

une distance finie tout autour de lui, disons par exemple à une distance de cent pieds[a]. Si cependant il cherchait à aller jusqu'à ces objets, alors ils se dilateraient sous ses yeux (quoique de manière plus importante en profondeur qu'en surface); quant aux objets situés derrière lui, ils rétréciraient. Il se dirait qu'en suivant la mesure oculaire, il a jugé faussement. S'il voyait deux lignes droites qui, à ses yeux, resteraient parallèles jusqu'à cette distance de 100 pieds où son monde semble prendre fin, et s'il cherchait à les suivre, il s'apercevrait qu'au fur et à mesure qu'il avancerait, elles s'éloigneraient l'une de l'autre, sous l'effet de la dilatation des objets dont il s'approcherait; derrière lui, au contraire, leur distance semblerait diminuer, si bien qu'elles lui paraîtraient diverger de plus en plus et s'éloigner de plus en plus l'une de l'autre au fur et à mesure qu'il avancerait. Mais deux lignes droites qui, depuis sa première position, paraissaient converger en un certain point de l'arrière-plan situé à cette distance de 100 pieds, continueraient à donner cette impression aussi loin qu'il aille; si bien qu'il ne pourrait jamais atteindre leur point de rencontre.

Maintenant, nous pouvons obtenir des représentations fort similaires dans notre monde effectif, si nous plaçons devant nos yeux une grosse lentille convexe de distance focale adaptée, ou encore deux verres de lunette convexes qui se comporteraient prismatiquement comme deux pièces d'une grande lentille qui les engloberait toutes deux. Avec elles, comme dans le miroir convexe, nous voyons les objets distants plus proches qu'ils ne sont, et les plus distants n'apparaissent pas plus loin que le point focal de la lentille. Si nous nous déplaçons avec cette lentille devant les yeux, nous observons que les objets se dilatent au fur et à mesure que nous nous rapprochons d'eux, exactement comme je l'ai décrit pour l'espace pseudo-sphérique. Si donc quelqu'un mettait devant ses yeux une telle lentille, non plus cependant une lentille de 100 pieds, mais même une lentille bien plus forte dont la distance focale serait de seulement six pouces, il verrait du premier coup d'œil que les objets lui paraissent plus proches qu'ils ne le sont. Mais après un court moment l'illusion s'estomperait, et il jugerait correctement des distances malgré la fausseté des images. Nous avons toutes les raisons de penser qu'il en irait pour nous dans l'espace pseudo-sphérique exactement comme cela se passe en quelques heures chez un patient qui commence à porter des lunettes. En un mot, l'espace pseudo-sphérique nous paraîtrait relativement peu étrange, et ce n'est que dans un tout premier temps que nous serions sujets à des

a. La réciproque négative du carré de cette distance serait la mesure de courbure de l'espace pseudo-sphérique.

illusions en cherchant à mesurer à vue la grandeur et la distance d'objets éloignés d'après l'impression visuelle qu'ils produisent.

L'illusion inverse serait de prendre un espace sphérique à trois dimensions et de l'aborder avec des yeux habitués aux mesures acquises dans l'espace euclidien. Nous prendrions les objets éloignés pour plus éloignés et plus grands qu'ils ne sont; en allant vers eux, nous constaterions que nous arrivons plus vite à leur niveau que leur image le laissait penser. Mais nous verrions aussi devant nous des objets que nous ne pourrions fixer que par des lignes de vision divergentes; à savoir tous les objets distants de plus du quadrant d'un grand cercle. C'est à peine si ce type de vision nous paraîtrait inhabituel, puisque nous pouvons aussi en avoir un exemple avec des objets de ce monde simplement en plaçant devant nos yeux un verre de forme légèrement prismatique, et en tournant sa partie la plus épaisse vers notre nez. Dans ce cas aussi les yeux doivent se mettre à diverger pour fixer un objet éloigné. Cela entraîne une sensation inhabituelle de tiraillement dans les yeux, mais n'altère en rien l'image visuelle de l'objet ainsi perçu. La partie la plus étrange du monde sphérique serait cependant derrière notre tête, là où viendraient se croiser une seconde fois toutes les lignes de vision, pourvu qu'aucun objet n'arrête leur prolongement – ce lieu qui constitue l'arrière-plan le plus lointain de toute l'image perspective.

Il faut en outre encore remarquer que, de même qu'un petit disque élastique, comme par exemple une plaque de caoutchouc, ne peut s'adapter à la surface légèrement courbée d'une sphère que par contraction relative de ses bords et dilatation de son centre, de même nos corps, engendrés dans l'espace euclidien, ne pourraient entrer dans un espace courbe sans subir une contraction et une dilatation semblables de leurs parties, lesquelles ne pourraient rester collées ensemble que dans la mesure où leur élasticité les autoriserait à se courber sans déchirement ni cassure. Le type de distorsion devrait être le même que lorsque nous prenons un petit corps situé au centre de la sphère de Beltrami et que nous passons à son image sphérique ou pseudo-sphérique. Afin qu'un tel passage soit possible, il nous faut toujours présupposer que le corps en question est suffisamment élastique et relativement petit par rapport au rayon de courbure réel ou imaginaire de l'espace courbe dans lequel il doit s'intégrer.

Tout cela est suffisant pour montrer comment, selon la méthode proposée, on peut, à partir des lois connues de nos perceptions sensibles, dériver la série d'impressions sensibles que nous donnerait un monde sphérique ou pseudo-sphérique, s'il existait. Ce faisant, nous n'avons jamais rencontré d'inconséquence ou d'impossibilité, pas plus que dans le calcul de ses proportions. Nous pouvons nous former une image d'un monde pseudo-sphérique dans toutes les directions, aussi bien que nous pouvons en développer le concept. Nous ne pouvons donc admettre que les axiomes de notre géométrie soient fondés sur la forme donnée de notre faculté d'intuition, voire qu'ils soient de quelque façon liés à cette dernière[49].

49. Dans ce paragraphe, Helmholtz formule le résultat épistémologique principal de sa recherche. Après avoir montré que les impressions sensibles que nous recevrions dans un monde non euclidien pourraient tout à fait être représentées intuitivement, il en infère que l'espace euclidien n'est pas la forme inévitable de notre faculté d'intuition, mais le produit de l'expérience. Cette conclusion est-elle vraiment irréfutable ? Les philosophes kantiens ont particulièrement contesté ce point (*cf.* A. Riehl, *Hermann von Helmholtz in seinem Verhältnis zu Kant*, *op. cit.*, p. 35 *sq.*), leur objection étant qu'il n'y avait aucune nécessité à interpréter les différentes séries de perceptions décrites par Helmholtz comme des éléments d'un espace non euclidien, mais qu'on pouvait également les concevoir (comme la thèse même défendue par Helmholtz le prouve) comme des changements particuliers de place et de forme dans l'espace euclidien. Et cette dernière forme d'interprétation – en laquelle les philosophes aprioristes continuent de croire – est celle que notre intuition nous pousse à admettre. C'est ce qui nous oblige, lorsqu'on observe le comportement inhabituel d'un corps, à considérer sa constitution et ses propriétés physiques comme responsables de ce comportement, et c'est ce qui nous interdit de rechercher au contraire le fondement de ce comportement dans une structure de l'espace qui différerait de celle de l'espace euclidien. Nous avons déjà plusieurs fois mis l'accent sur le fait que ces deux possibilités d'interprétation existent, côte à côte. Mais Helmholtz était à ce point certain de choisir l'interprétation géométrique pour expliquer certaines expériences de perception et de mesure, qu'il ne chercha même pas à réfuter explicitement l'autre possibilité. Il était de toute évidence capable de se libérer des habitudes d'intuition les plus profondément ancrées au point que sa propre observation lui montrait immédiatement l'absence d'une soi-disant intuition pure. Mais tout le monde n'est pas capable de parvenir aussi aisément à cette attitude ; un trou s'ouvre donc au sein de la preuve. On pourrait réfuter le point de vue aprioriste selon lequel nous n'avons à notre disposition, pour notre interprétation de la réalité effective, que des hypothèses physiques et non seulement géométriques, dans la mesure où ces dernières, quoique possibles en pensée, sont exclues par une contrainte intuitive. Ce trou dans la preuve peut être comblé de diverses manières. Ainsi, Poincaré rend extrêmement plausible, dans son livre de théorie de la connaissance, que, par exemple, les lignes que nous appelons « droites » ne se distinguent pas des autres lignes par des propriétés intuitives données immédiatement, mais seulement par le rôle qu'elles jouent dans la réalité physique ; et ce résultat est, en vérité, décisif. En outre – et ce point est particulièrement important – on peut remarquer que nous ne possédons pas du tout d'intuition purement géométrique, dans la mesure où par exemple des surfaces sans épaisseur, sans couleur, etc., ne sont tout simplement pas représentables (*cf.* aussi F. Klein, conférence du 14 octobre 1905 devant la Philosophische Gesellschaft der Universität Wien ; M. Pasch, *Vorlesungen über neuere Geometrie*, Leipzig, Teubner, 1882. Avant cela, Stuart Mill et avant lui Hume, *Traité*, I, II, 4). Dans ce cas, seules les structures physico-corporelles sont accessibles à notre imagination intuitive-sensible, et il s'ensuit que, dans notre géométrie intuitive, le physique et le géométrique sont déjà inextricablement liés, au point de coïncider avec la « géométrie pratique ». C'était sans aucun doute l'opinion de Helmholtz. Aussi remplit-il la

Il en va autrement des trois dimensions de l'espace. Comme tous nos moyens d'intuition sensible se limitent à un espace tridimensionnel, et qu'une quatrième dimension n'est pas une simple modification du donné, mais quelque chose de parfaitement nouveau, nous nous trouvons, en vertu de notre organisation corporelle, dans l'impossibilité absolue de nous représenter de manière intuitive une quatrième dimension[50].

Pour finir, je voudrais une fois de plus souligner que les axiomes de la géométrie ne sont pas de simples propositions qui appartiendraient à la doctrine pure de l'espace[51]. Comme je l'ai déjà noté, ils parlent de

lacune découverte ici dans l'Appendice III des « Faits dans la perception » ; cf. *infra* p. 201 ; sur la question de l'existence d'une pure intuition, *cf.* M. Schlick, *Allgemeine Erkenntnislehre* (Wien, Springer, 2009 ; trad. fr. C. Bonnet, *Théorie générale de la connaissance*, Paris, Gallimard, 2009), § 37.

50. De nombreux mathématiciens vont plus loin que Helmholtz sur ce point et sont d'avis que la capacité de se représenter un monde spatialement quadridimensionnel ne peut pas nous être retirée aussi facilement. Pensons par exemple à Poincaré. Il observe (*Science et hypothèse*, *op. cit.*, p. 70) que la tridimensionnalité de notre monde visuel repose entre autres sur le fait que les perceptions simultanées, originairement bidimensionnelles, de chaque œil obéissent à des lois tout à fait déterminées – à savoir les règles de la perspective ; il note ensuite la représentation d'un monde à quatre dimensions spatiales pourrait apparaître d'elle-même si l'observation indiquait que les transformations des aspects tridimensionnels des corps obéissaient à des lois déterminées ; ces aspects devraient alors apparaître comme des aperçus perspectifs tridimensionnels sur des figures quadridimensionnelles, qui deviendraient alors intuitives au même sens que dans le cas de la troisième dimension de l'espace visuel pour un borgne. Si cela vaut pour l'espace visuel auquel Helmholtz restreint ici ses considérations, il semblerait que pour les autres représentations sensibles – comme le sens gustatif ou musculaire – il faille encore moins supposer qu'ils doivent nécessairement apparaître comme ordonnés dans une multiplicité tridimensionnelle. En tout cas, la question de la représentabilité d'une quatrième dimension doit au moins être considérée comme un problème digne du plus grand intérêt.

51. Cette proposition contient l'idée fondamentale, déjà suggérée par Riemann et qui s'est récemment révélée si fructueuse dans la théorie de la relativité générale, selon laquelle la géométrie devrait être considérée comme une partie de la physique, et non pas comme la science de pures figures idéales au sens où l'arithmétique est la théorie des nombres. Les phrases suivantes du texte fondent cette intuition de manière irréprochable. La formulation de la phrase est peut-être moins heureuse, dans la mesure où Helmholtz semble y présenter la géométrie comme une « doctrine pure de l'espace » [*reine Raumlehre*] sans pour autant expliquer comment délimiter le concept d'une doctrine pure de l'espace. Nous dirions plutôt aujourd'hui que cette « doctrine de l'espace » est en réalité carrément une science empirique, à savoir, si l'on suit Einstein, la partie de la physique qui traite des « possibilités de positionnement » [*Lagerungsmöglichkeiten*] des corps. Newton lui-même avait déjà envisagé cela, comme le prouve Helmholtz en le citant ailleurs (p. 214 de ce volume). La pure discipline mathématique de la géométrie, contrairement à cette discipline pratique ou physique, n'est rien d'autre qu'une structure de théorèmes qui dérive, par un procédé purement formel-logique, d'une série d'axiomes sans qu'on s'intéresse à l'existence des objets (par ex. les figures géométriques) pour lesquels valent ces axiomes (*cf.* M. Schlick, *Allgemeine*

grandeurs. On ne peut parler de grandeurs que si l'on connaît une méthode (ou si on en a une en vue) pour comparer ces grandeurs, les diviser en parties ou les mesurer. Toutes les mesures d'espace, et en général tous les concepts de grandeur s'appliquant à l'espace, présupposent donc la possibilité de mouvoir les figures spatiales, dont on tient la forme et la grandeur pour invariables en dépit du mouvement. En géométrie, on a généralement l'habitude de désigner ces formes spatiales comme étant seulement des corps, surfaces, angles, lignes géométriques, et ce parce qu'on y fait abstraction de toutes les autres différences que comportent les corps naturels, physiques ou chimiques; on en retient cependant une propriété physique : la solidité. La solidité d'un corps et d'une figure spatiale n'a d'autre critère que le suivant : quels que soient l'instant et le lieu où on l'applique, et quelle que soit la rotation qu'on lui aura fait subir, il manifestera toujours à nouveau les mêmes congruences qu'auparavant. Que les deux corps appliqués l'un sur l'autre aient ou non varié de la même manière, c'est ce qu'on ne peut trancher par une voie purement géométrique, sans introduire de considération mécanique[52].

Si cela pouvait être utile à quelque fin, nous pourrions en toute conséquence considérer l'espace dans lequel nous vivons comme semblable à l'espace de reflets situé de l'autre côté d'un miroir convexe avec son arrière-plan rétréci et contracté; ou bien nous pourrions considérer une sphère finie de notre espace au-delà de laquelle nous ne pourrions plus rien percevoir, comme un espace pseudo-sphérique infini. Nous devrions alors n'attribuer qu'aux corps qui nous paraissent solides, et en même temps à notre propre corps, les dilatations et les rétrécissements en question, et nous devrions dans le même temps modifier du tout au tout le système de nos principes mécaniques; car même la proposition selon laquelle un point mobile persiste de manière rectiligne et uniforme dans son mouvement si aucune force ne s'exerce sur lui n'est plus valable dans l'image du monde que nous avons dans le miroir convexe. Le trajet serait certes rectiligne, mais la vitesse dépendrait du lieu[53].

Erkenntnistheorie, *op. cit.*, § 7). Cette « géométrie » pure et dure ne porte donc pas bien son nom et ne peut prétendre être une « doctrine de l'espace ». Qu'il n'y ait pas de « pure » doctrine de l'espace, c'est ce que Helmholtz avait en vue comme on le voit aisément à ses remarques p. 203 *sq*.

52. *Cf.* [n. 46 p. 59].

53. Contrairement à des passages moins précis (*cf.* [n. 31 p. 51, n. 40 p. 57, n. 41 p. 57]), ce paragraphe montre avec quelle clarté Helmholtz percevait la relation entre la géométrie et la physique : il explique fort justement que nous pouvons très bien nous représenter l'espace factuel de notre monde comme non euclidien si nous introduisons en même temps des lois (*Gesetzmässigkeiten*) physiques totalement nouvelles. Pourquoi privilégions-nous toujours en pratique, par ex. dans la technique, la géométrie euclidienne ? Kant aurait répondu : tout

Les axiomes géométriques ne concernent donc pas seulement les rapports dans l'espace, mais en même temps aussi le comportement mécanique de nos corps solides dans leurs mouvements[54]. On peut d'ailleurs présenter le concept d'un objet géométrique solide comme un concept transcendantal, qui serait formé indépendamment de toute expérience effective et auquel celle-ci n'aurait pas nécessairement besoin de correspondre, pas plus que « nos » corps dans la nature ne correspondent *de facto* purement et sans déformation aux concepts abstraits que nous formons par induction à partir d'eux. En prenant le concept de solidité ainsi formé comme un pur idéal, un kantien strict pourrait certainement considérer les axiomes géométriques comme des propositions, données *a priori* grâce à une intuition transcendantale[55] – propositions qui ne pourraient être ni

simplement parce que notre intuition *a priori* de l'espace n'est rien d'autre que cela ! Poincaré dirait : parce que la géométrie devient la science des possibilités de positionnement de nos corps fixes et que c'est ainsi que nos formules physiques reçoivent leur forme la plus simple. Naturellement, c'est aussi ce que Helmholtz voulait dire : pour lui aussi, comme le montre la première ligne du paragraphe, le critère de choix n'est autre que l'*utilité* pour la science.

54. Ce paragraphe insiste : la doctrine de l'espace n'est pas une pure discipline mathématique, mais une doctrine de la situabilité des corps solides ou, comme la nomme Einstein, une « géométrie pratique ». Helmholtz la désigne également par l'expression « géométrie physique » ; cf. *infra* p. 202.

55. Le mot « transcendantal » n'est pas employé ici proprement au sens kantien ; Helmholtz le confond en particulier souvent, comme dans ce passage, avec « *a priori* ». – Le sens des phrases suivantes mérite d'être expliqué en quelques mots tant le sujet en est important. Après que Helmholtz a nié l'existence d'une intuition *a priori* de l' « espace », il soulève la question de savoir si nous ne possèderions pas éventuellement une intuition *a priori* des « corps fixes ». Quel en serait la conséquence, demande-t-il ? Les propositions de la géométrie intuitive qui existerait alors seraient certes *a priori*, mais *analytiques*, car on pourrait les déduire des propriétés des ces corps solides idéaux dont la géométrie pourrait traiter les possibilités de positionnement. Quant à savoir ce qu'il en serait des possibilités de positionnement des corps *effectifs*, elle ne pourrait rien nous apprendre sur cette question de géométrie pratique ; les propositions de cette dernière seraient comme précédemment des jugements synthétiques *a posteriori*. Admettons un instant que cette géométrie *a priori* que nous imaginons soit euclidienne, la seule conséquence en serait que nous ne pourrions appeler solides que les corps dont les lois de positionnement suivraient les règles euclidiennes ; quant à savoir si nos instruments de mesure sont effectivement rigides en ce sens, ce serait une pure question factuelle d'expérience. Cette intuition *a priori* serait donc superflue, elle n'apporterait rien à la connaissance de la réalité effective et ne remplirait donc aucunement la tâche que lui avait attribuée Kant ; oui, elle constituerait bel et bien un frein et une ombre pour notre connaissance, aussitôt qu'il apparaîtrait (comme c'est de toute évidence le cas aujourd'hui) que nous ne pouvons conserver la conception strictement euclidienne des possibilités de positionnement qu'au prix de l'abandon de la beauté et de la complétude de notre système de physique. Bref, de ce point de vue, la conception d'une intuition *a priori* des corps rigides serait une erreur scientifique. Helmholtz développe des réflexions similaires dans un autre texte. Cf. *infra*, p. 203 *sq*.

confirmées ni infirmées par l'expérience, car il faudrait d'abord trancher la question de savoir s'il faut considérer les corps de la nature comme des corps solides. Il faudrait alors affirmer que selon cette conception, les axiomes de la géométrie ne seraient pas des propositions synthétiques au sens kantien. En effet, celles-ci n'énonceraient rien d'autre que ce qui découlerait analytiquement du concept d'objet géométrique nécessairement fixe pour la mesure, étant donné qu'on ne peut reconnaître comme objets fixes que ceux qui satisfont les axiomes.

Cependant, si nous ajoutons aux axiomes géométriques également les propositions relatives aux propriétés mécaniques des corps naturels – ne fût-ce que la loi d'inertie, ou encore la loi selon laquelle les propriétés mécaniques et physiques d'un corps ne dépendent pas, toutes choses égales par ailleurs, du lieu où il se trouve –, alors le système de propositions comporte un contenu effectif qui peut être confirmé ou infirmé par l'expérience, et qui donc peut aussi être obtenu par expérience[56].

Du reste, ce n'est naturellement pas mon opinion que l'humanité soit parvenue à des intuitions de l'espace qui satisfassent les axiomes d'Euclide à l'aide de systèmes de mesures géométriques rigoureusement développés. C'est bien plutôt une suite d'expériences quotidiennes – en particulier, l'intuition de la similitude géométrique entre corps grands et petits, laquelle n'est possible que dans l'espace plat – qui conduisit à rejeter comme quelque chose d'impossible toute intuition géométrique qui contredirait cet état de choses. Pour ce faire, il n'était besoin d'aucune connaissance de la cohésion conceptuelle entre le fait observé de la similitude géométrique et les axiomes; mais il suffisait, grâce à d'innombrables observations exactes des rapports spatiaux, d'acquérir une connaissance intuitive de leur comportement typique; une intuition du même genre que celle que possède l'artiste des objets qu'il veut représenter, et grâce à laquelle il tranche avec certitude et finesse la question de savoir si une nouvelle combinaison recherchée convient ou non à la nature de l'objet représenté. Dans notre langue, nous n'avons guère d'autre terme pour désigner cela que celui d'« intuition » ; mais il s'agit là d'une connaissance obtenue dans notre mémoire par agrégation et renforcement d'impressions semblables et récurrentes, et non d'une forme d'intuition transcendantale[a]

56. Ce paragraphe répète à nouveau que la géométrie appliquée à la réalité effective – laquelle naît de la discipline abstraite dès l'instant qu'on lui offre un point quelconque de rencontre avec la réalité, conférant ainsi un contenu réel à ses concepts vides – que cette géométrie pratique, donc, est de part en part une science empirique.

a. Rappelons ici la n. 55 p. 66 dans laquelle Schlick critique l'usage par Helmholtz du terme « transcendantal » comme synomyme d' « *a priori* » [N.d.T.].

qui serait donnée avant toute expérience. De telles intuitions d'un comportement typique sont empiriques, et n'ont pas encore été amenées à la clarté d'un concept déterminé ; mais que souvent les métaphysiciens aient pu les prendre pour des propositions données *a priori*, voilà un fait sur lequel je n'ai pas besoin de m'appesantir.

DES FAITS QUI SONT AU FONDEMENT DE LA GÉOMÉTRIE [1]

Notes de Paul HERTZ

Mes recherches sur les intuitions spatiales dans le champ visuel m'ont conduit à engager également des recherches sur la question de l'origine et de l'essence de nos intuitions générales de l'espace. La question qui s'est alors imposée à moi, et qui appartient de toute évidence au domaine des sciences exactes, n'était autre que la suivante : combien des propositions de la géométrie possèdent-elles une valeur objective ? Combien au contraire ne sont que des définitions ou des suites de définitions, ou dépendent de la forme de la présentation ? Il n'est pas à mon avis si aisé de répondre à cette question, car en géométrie, nous n'avons affaire qu'à des figures idéales,

1. Les positions de Helmholtz ont été critiquées et précisées par S. Lie (*Theorie der Transformationsgruppen*, Leipzig, Teubner, 1873, Bd. 3, p. 437-523), qui les a présentées à l'aide de la théorie des groupes. Il est apparu que pour pouvoir conserver les calculs de Helmholtz, il fallait exprimer ses axiomes de manière quelque peu différente ([n. 15 p. 81]). Ils comportent en outre des éléments qui peuvent être éliminés ([n. 24 p. 89]).

Tout comme Helmholtz, S. Lie s'intéresse aux mouvements d'espaces (de corps rigides). Les nouvelles coordonnées du point (matériel) en mouvement deviennent ainsi des fonctions des anciennes. Mais Lie considère que ces fonctions doivent être supposées différentiables. D. Hilbert (*Grundlagen der Geometrie*, Leipzig, Teubner, 1909 (4ᵉ éd.), 4ᵉ Appendice, p. 163) a libéré la présentation axiomatique à l'aide de la théorie des groupes de cette restriction ainsi que d'une autre, quoique cela implique qu'on s'en tienne à la planimétrie. Il présuppose pour l'essentiel ceci :

Deux transformations continues du plan (donc la différentiabilité n'est pas requise) se suivant l'une l'autre donnent à nouveau une transformation (les mouvements constituent un groupe). Une rotation (mouvement en maintenant un point fixe) conduit un des points en mouvement vers un nombre infini d'autres points. À cela s'ajoute une exigence de continuité.

Récemment, H. Weyl (*Raum, Zeit, Materie*, Berlin, Springer, 1921 (4ᵉ éd.), p. 124) a donné des axiomes issus de la théorie des groupes à d'autres multiplicités bien plus générales que les multiplicités euclidiennes ou riemaniennes.

dont la représentation corporelle ne fait jamais que s'approcher de ce qu'exige le concept, et que nous ne pouvons donc déterminer si un corps est fixe, si ses surfaces sont planes, ou si ses angles sont droits, qu'au moyen des propositions mêmes dont il s'agissait de prouver la justesse factuelle[2]. Dans le cadre de ces recherches, je m'étais pour l'essentiel engagé dans la même voie que Riemann[3] dans sa célèbre thèse d'habilitation[4].

2. Cette phrase souligne la difficulté à cause de laquelle toute théorie empiriste sur l'origine de la géométrie « physique » court le risque de s'enfermer dans un cercle. On ne peut en fait l'éviter qu'en admettant que certains jugements qui ne proviennent pas de l'expérience sont à son fondement. Riehl pense (« Helmholtz in seinem Verhältnis zu Kant », *Kantstudien*, 9, 1904, p. 276) que Helmholtz, par cette affirmation, « a concédé à Kant tout ce qu'il considère relever de l'apriorité de la géométrie ». Cependant, ces propositions pourraient bien jouer le rôle de définitions pour la géométrie « physique », quoiqu'en un autre sens du terme que ce que veut l'usage – alors Helmholtz ne serait pas non plus en droit de parler de leur « justesse factuelle » –, mais elles pourraient constituer ensemble un système de définitions implicites (voir par ex. M. Schlick, *Erkenntnislehre*, *op. cit.*, § 7) qui serait soumis dans son ensemble à l'épreuve de l'expérience.

3. B. Riemann, *Über die Hypothesen, welche der Geometrie zugrunde liegen*, *op. cit.*, p. 272 ; nouvelle édition par H. Weyl, Berlin, Springer, 1919.

4. Comme le système d'axiomes de Helmholtz ne fut pas le premier à avoir été construit (cela est bien connu), on se doit de se demander ce qui pouvait justifier une nouvelle tentative de fondation. Nous devons traiter cette question de manière plus complète que Helmholtz ne le fait lui-même.

Si des phénomènes sont connectés par un système de propositions, alors il suffit d'en poser certains au commencement comme propositions fondamentales. Les autres peuvent alors être dérivés à partir d'eux. Le choix de ces propositions peut cependant se produire selon certaines conditions :

1) peuvent être posées en premier (dans les domaines pour lesquelles cette distinction a un sens) les propositions qui ne sont pas seulement les fondements logiques des autres, mais aussi leurs fondements « objectifs ». L'importance de ce concept a été mise au jour d'abord par Leibniz, mais surtout par B. Bolzano (*Wissenschaftslehre*, Sulzbach, 1837, Bd. 2, p. 339-350 ; trad. fr. F. Ruscher, *Théorie de la science*, t. I et II, Paris, Vrin, 2022). Les fondements logiques de la loi d'action de masse sont par ex. les lois de la thermodynamique, tandis que leurs fondements logiques sont, d'après la théorie cinétique des gaz, les propositions de la mécanique. Le concept de fondement objectif ne peut être précisé davantage qu'en relation avec le concept de cause.

2) Les axiomes posés au commencement doivent être choisis de telle sorte qu'un aussi petit nombre que possible en soit requis.

Que plusieurs propositions puissent être représentées dans un plus petit nombre est possible :

a) parce que certaines propositions découlent logiquement d'autres propositions en tant que prémisses,

b) parce que la forme fonctionnelle autorise à unifier plusieurs propositions individuelles en *une seule* plus englobante.

Le traitement analytique de la question de ce qui distingue l'espace des autres grandeurs mesurables (*abmessbaren*), à plusieurs dimensions

3) On peut vouloir partir de lois élémentaires (les lois différentielles). Alors la condition 2 est également satisfaite. Qu'un plus petit nombre de relations individuelles soient représentées par un tel système d'axiomes, c'est ce qu'on pourrait facilement négliger puisque les lois ainsi épargnées sont, dans l'autre formulation, unifiées à d'autres lois dans une forme fonctionnelle (cf. plus haut, 2b).

4) Jusqu'à présent, on présuppose qu'un système de proposition nous est donné. La question peut se poser de savoir comment nous sommes parvenus à lui ; mais nous poserons alors au commencement les propositions qui s'offrent elles-mêmes de prime abord (immédiatement) dans l'expérience.

Avant que nous appliquions ces réflexions à notre problème, demandons-nous si les relations géométriques peuvent être en rapport avec un fondement réel [*Realgrund*]. Une relation géométrique, par ex. le fait que l'extension *a* soit égale à l'extension *b* se manifeste dans une relation causale entre des coïncidences (*cf.* [n. 9, p. 78]). Mais nous considèrerons cette relation elle-même comme quelque chose de différent de la relation causale. Même lorsqu'elle est membre d'une relation purement géométrique (par ex. que de $a = b$, $b = c$, il suit que $a = c$), elle n'intervient pas dans une relation causale, quoique cette relation (principe de l'être [*Grund des Seins*], d'après Schopenhauer) soit fortement liée à une relation en rapport à un fondement réel. On ne peut donc pas appliquer le concept de fondement objectif à la relation qu'entretiennent les propositions géométriques les unes avec les autres.

Il ne reste donc, outre la seconde condition, qui est évidente, que les deux suivantes :

1) Poser des lois élémentaires (lois différentielles)

2) Des lois qui puissent s'offrir de prime abord (immédiatement) dans l'expérience.

À quoi donc le système de propositions que nous appelons géométrie fait-il référence ? En partie aux relations métriques qu'on rencontre dans les choses extérieures, en partie aux images de notre représentation. Nous nous en tiendrons tout d'abord ici à la géométrie sous ce premier aspect ; mais même dans ce cas, les relations métriques, l'égalité, etc. peuvent être considérées soit comme pouvant être découvertes immédiatement dans le donné, soit comme quelque chose qui serait fixé par la mesure. Choisissons tout d'abord ce second point de vue.

Riemann satisfait alors la première des conditions posées ci-dessus : il donne une loi élémentaire (loi différentielle). Mais on ne peut pas l'atteindre immédiatement dans l'expérience. À l'inverse, Helmholtz formule ses axiomes pour des systèmes de points séparés par une distance finie, car ce n'est qu'à leur sujet qu'on peut affirmer quelque chose expérimentalement. C'est là qu'apparaît la dimension empiriste de l'entreprise helmholtzienne, ainsi que sur un autre point :

On part habituellement du concept d'égalité [*Gleichheit*] comme s'il était irréductible à d'autres concepts. On peut en effet faire appel à l'intuition. On ajoute alors des propositions qui établissent la signification de ce concept pour les événements physiques. Si on ne veut s'occuper que des résultats de mesures, on peut alors commencer par entreprendre une explication des concepts fondamentaux, développer le système géométrique (de sorte que les concepts fondamentaux soient donnés par une définition implicite ; M. Schlick, *Allgemeine Erkenntnistheorie*, *op. cit.*, §7) et enfin ajouter la physique. Indirectement, on a donc défini ainsi les concepts fondamentaux de la géométrie par certains phénomènes physiques. Au contraire, Helmholtz pose dès le début des états de choses découverts expérimentalement à la place de certains de ces concepts.

(*mehrfach ausgedehnten*) [a] et continues, se justifie dans ce cas précisément parce qu'il ne possède aucune intuitivité, et qu'il n'est donc pas soumis aux déceptions, si difficiles à éviter dans ce domaine, liées aux limites de notre intuition. En outre, il présente l'avantage d'offrir aisément une vue d'ensemble sur la possibilité d'une dérivation déductive d'un système d'axiomes alternatif.

Mon premier objectif était alors, comme pour Riemann, de rechercher quelles propriétés de l'espace appartiennent à toute multiplicité dépendant de plusieurs variables, se superposant de manière continue les unes sur les autres, et dont les différences sont toutes quantitativement comparables les unes avec les autres; et au contraire, quelles propriétés ne sont pas déterminées par ce caractère général, mais relèvent d'une particularité de l'espace.

Je disposais précisément en optique psychologique de deux exemples d'autres multiplicités représentables spatialement et variables sous plusieurs rapports, à savoir le système des couleurs [5], que Riemann cite également, et la mesure du champ visuel à travers la mesure oculaire. Ces deux exemples présentent des différences fondamentales par rapport au système de mesure de la géométrie et invitaient à une comparaison.

Je dois d'ailleurs reconnaître que, si une partie des résultats de mon propre travail avait été anticipée par la publication des recherches de Riemann, je n'attachai pas une faible importance au fait que, sur un sujet aussi inhabituel et discrédité par les recherches antérieures, un mathématicien d'une telle notoriété se fût intéressé aux mêmes questions, et cela m'apporta une garantie de la pertinence de la voie que j'avais empruntée de l'y rencontrer comme un compagnon de route.

Si les concepts fondamentaux de la géométrie (par ex. l'égalité de distance) doivent recevoir en outre une signification intuitive, le système helmholtzien semble, y compris en ce qui concerne la compréhension de ces concepts, imposer un plus petit nombre de conditions à notre faculté de représentation, car nous ne devons nous représenter que des points et non pas des droites ou des plans.

Les axiomes d'Euclide ont par ailleurs l'avantage de dévoiler leur vérité immédiatement dans l'intuition du donné simultané, tandis que pour les axiomes helmholtziens, notre compréhension n'en est pas possible autrement que dans des représentations successives. Ils ne peuvent donc au mieux forcer notre assentiment que sur le fondement d'une association.

Enfin, du point de vue de la théorie de la relativité, le caractère invariant des axiomes helmholtziens est remarquable, dans la mesure où on peut le formuler sans référence à un système de coordonnées.

5. Cf. *Riemanns Werke*, Leipzig, Teubner, 1892 (2ᵉ éd.), p. 274, éd. Weyl cit., p. 3; voir aussi [n. 8 p. 77] et [n. 29 p. 137] de ce volume.

a. Rappelons ici que la traduction littérale de l'expression allemande serait « étendue plusieurs fois » [N.d.T.].

m'apporta une garantie de la pertinence de la voie que j'avais empruntée de l'y rencontrer comme un compagnon de route.

Nos travaux respectifs ne se recouvrent cependant pas totalement, et je me permettrai donc ici de ne présenter à la Société Royale que la partie de mes recherches qui n'est pas aussi contenue dans celles de Riemann.

Après que Riemann a montré qu'une multiplicité doit être considérée comme n-dimensionnelle si, en elle, un élément donné (le lieu) peut être déterminé par la détermination de n grandeurs (coordonnées) différentes ; après avoir ajouté une condition supplémentaire, à savoir que toute ligne, indépendamment de son lieu et de sa direction, doit pouvoir être comparée à toute autre ligne, il s'est fixé la tâche de déterminer quel type de dépendance l'élément de longueur d'une ligne entretient avec les différentiels de coordonnées correspondants[6]. C'est ce qu'il fait au moyen d'une hypothèse, selon laquelle l'élément de longueur d'une ligne serait égal à la racine carrée d'une fonction homogène du second degré des différentiels des coordonnées. Il fonde cette hypothèse sur le fait qu'elle est la plus simple pour répondre aux conditions du problème, mais il reconnaît explicitement son statut d'hypothèse, et signale la possibilité de poser également, pour l'élément linéaire, une racine quatrième d'une expression homogène du quatrième degré, ou encore des expressions plus complexes.

Il traite ensuite de manière très générale des conséquences que l'on doit tirer de cette hypothèse, et à la fin, spécifie pour la première fois cette généralité, en posant la condition suivante, que des entités bornées à n dimensions de grandeur finie (des systèmes de points fixes) doivent pouvoir se déplacer n'importe où sans dilatation. C'est ce qui le conduit enfin au cas de l'espace effectif, lequel remplit cette condition. On voit cependant par là que la condition, que pose la géométrie usuelle, de l'infinité de son extension ne fait pas partie des postulats pris pour base.

Mes propres travaux se distinguent de ceux de Riemann par la recherche plus précise que j'ai menée sur l'influence de cette dernière restriction (permettant de distinguer l'espace effectif des autres multiplicités étendues plusieurs fois) sur la fondation de la proposition qui constitue la clé de voûte de toute la recherche, à savoir que le carré de l'élément linéaire est une fonction homogène de second degré des différentiels des coordonnées. On peut montrer que, si l'on accepte dès le départ la condition selon laquelle on peut mouvoir, de manière inconditionnellement libre et sans modification de forme, des figures fixes en elles-

6. Cette condition a été abandonnée par Weyl comme vestige d'un préjugé sur la géométrie « à distance » ; *cf.* [n. 11 p. 78].

mêmes dans n'importe quelle partie de l'espace, alors on peut dériver l'hypothèse initiale de Riemann comme conséquence d'assomptions bien moins restreintes.

Mon point de départ était que toute mesure originaire de l'espace repose sur l'observation de la congruence; le caractère rectiligne des rayons lumineux est de toute évidence un fait physique qui est attesté par des expériences particulières d'un autre domaine, et n'a aucune valeur pour les aveugles, qui peuvent pourtant bien atteindre eux aussi la pleine conviction de la validité des propositions géométriques. Mais on ne pourrait pas parler de congruence si des corps fixes ou des systèmes de points ne pouvaient se déplacer les uns sur les autres sans changer de forme, et si la congruence de deux grandeurs spatiales n'était pas un fait indépendant de tous les mouvements. J'ai donc présupposé dès le départ la possibilité d'une mesure de l'espace par constatation d'une congruence et je me suis engagé dans la tâche de rechercher la forme analytique la plus générale d'une multiplicité étendue plusieurs fois dans laquelle ce type de mouvement serait possible.

Avec cette réorientation, il manquait à mon travail la grande généralité que l'analyse riemanienne a atteinte avant l'introduction de la limitation signalée plus haut. Après son introduction, ses résultats rejoignent tout à fait les miens.

§ 1. LES HYPOTHÈSES QUI FONDENT LA RECHERCHE

I. L'espace à n dimensions est une multiplicité étendue n fois, c'est-à-dire que l'unité la plus déterminée en lui, le point, peut être déterminée par la mesure d'un nombre n de grandeurs quelconques (ou coordonnées) variant de manière continue et indépendamment les unes des autres[7]. Tout

7. En présupposant qu'il soit possible que les coordonnées d'un point soient modifiées, on a distingué les points matériels des points spatiaux. Cela présuppose qu'il y ait un sens à parler du *même* point matériel. Pour cela, il est nécessaire d'associer ensemble certains états observés à différents moments du temps comme les états « d'une même particule matérielle », quoiqu'il ne faille pas pour autant assigner à la particule matérielle une existence séparée distincte de ces états, et quoique l'association ne soit pas donnée objectivement, mais choisie en vertu des principes de l'économie de pensée, le plus souvent en utilisant des propriétés de continuité.

La théorie de la matière, sur laquelle G. Mie en particulier a travaillé, se donne pour tâche de poser entre ces grandeurs d'états des équations telles qu'il ressorte d'elles, sans forcer les choses, certaines régions, distinguées par les grandeurs d'états, qu'on puisse qualifier de mouvement d'un point est donc lié à la variation continue d'au moins une des coordonnées. S'il devait y avoir des exceptions, soit que la variation soit discontinue, soit que le mouvement ne soit pas accompagné d'une variation de certaines coordonnées, ces exceptions ne pourraient qu'être restreintes à des lieux délimités par une ou plusieurs équations (donc des points, lignes, surfaces, etc.) et qui peuvent dans un premier temps être exclus de la recherche.

Il faut remarquer que par la continuité de la variation lors du mouvement, on ne veut pas seulement dire qu'on parcourt tous les intermédiaires entre les valeurs maximales des grandeurs variables, mais aussi qu'il existe des quotients différentiels, à savoir que les rapports entre les

substance. Jusqu'à présent, on n'a pas réussi à expliquer en ce sens l'existence des électrons ou de leur opposé, le noyau d'hydrogène.

Deuxièmement, pour qu'il y ait des coordonnées, il doit y avoir trois choses :

1) le corps dont il s'agit de déterminer les coordonnées ;

2) un corps fixe auquel les coordonnées doivent faire référence (système de référence);

3) Des instruments de mesure, c'est-à-dire des corps rigides qui peuvent être mis en contact tantôt avec des points du système de coordonnées, tantôt avec ceux du corps donné.

Aussi bien le système de coordonnées que les instruments de mesure doivent être rigides. Ce qu'est un corps rigide est cependant défini par Helmholtz dans la suite de l'étude, en utilisant précisément le concept de coordonnées. Il semble qu'on s'enferme ici dans un cercle. On peut cependant l'éviter en sélectionnant par des définitions (lesquelles se réfèrent à un certain type de choses, au lieu de montrer des choses individuelles, *cf.* [n. 12 p. 122]) un groupe de corps (par ex. les corps ayant une température très basse) ayant la propriété suivante : si certains d'entre eux sont utilisés comme système de coordonnée ou instrument de mesure, les autres corps ainsi mesurés peuvent être considérés comme rigides. Aussi peut-on définir dans tous les cas le concept de rigidité. Si cependant on souhaite expliquer ce qui valait comme coordonnée dans l'espace absolu de l'ancienne mécanique newtonienne, il est nécessaire d'introduire d'autres considérations. Mais même si nous expliquons sans leur aide le concept de coordonnée, comme nous l'avons fait ici, les réflexions suivantes de Helmholtz peuvent toutes être dérivées.

Il semble cependant possible de penser l'espace de référence statique comme un corps fixe. On pourrait nommer coordonnées du point en mouvement les nombres qui correspondent aux coordonnées mesurées *une fois* du point du corps immobile avec lesquelles le point en mouvement coïncide à chaque fois. Enfin, on pourrait tout à fait se dispenser de l'usage d'un instrument de mesure en coordonnant un nombre de mesure (coordonnées curvilignes) aux points du corps en repos. Cependant, les corps rigides tridimensionnels sont impénétrables dans l'espace tridimensionnel. Aussi cet espace statique n'est-il qu'un objet de pensée auquel le corps rigide ne peut être référé que par application chaque fois renouvelée de l'instrument de mesure. Il en va autrement dans le cas de la planimétrie. Car on peut faire glisser deux disques l'un contre l'autre.

Maintenant, on peut voir les coordonnées comme des fonctions du temps et de paramètres qui caractérisent les points matériels du corps fixe. S. Lie a remarqué à ce sujet que Helmholtz présuppose l'existence du second quotient différentiel de cette fonction (voir aussi [n. 1 p. 69]).

différentes variations des coordonnées se rapprochent d'un rapport fixe à mesure que décroît la grandeur de ces variations.

Cette hypothèse est au fondement du travail de Riemann auquel je me réfèrerai dans les explications et fondations suivantes.

II. On présuppose l'existence de corps (ou systèmes de points) en mouvement, mais fixes en eux-mêmes, autant que cela est nécessaire pour permettre de percevoir par congruence l'égalité de grandeurs spatiales. Comme nous ne pouvons encore supposer ici aucune méthode particulière de mesure des grandeurs spatiales, la définition d'un corps fixe ne peut être à ce stade que la suivante : *entre les 2 n coordonnées de chaque paire de points qui appartiennent à un corps fixe en lui-même, il existe une équation indépendante du mouvement de ce dernier qui est la même pour toutes les paires de points congruentes.*

Congruentes, c'est ce que sont les paires de points qui peuvent coïncider simultanément ou successivement avec une même paire de points de l'espace.

Malgré sa formulation apparemment très spécifique, cette définition d'un corps fixe a des conséquences très vastes, car d'après elle, on sait qu'entre m points, il doit exister $m(m-1)/2$ équations, tandis que le nombre d'inconnues contenues en elles, les coordonnées, doit être mn ; et en outre, un certain nombre d'entre elles doivent demeurer disponibles, à savoir $n(n+1)/2$, ce qui correspond à la position changeante du système fixe. Si donc $m > n + 1$, nous avons $\frac{1}{2}(m-n) \times (m-n-1)$ équations de plus que d'inconnues. Il suit de là que ce n'est pas n'importe quel type d'équation qui existe entre les coordonnées d'une paire de points fixes, mais que ces équations possèdent des propriétés tout à fait déterminées. Reste donc le problème analytique précis de déterminer davantage le type d'équations dont il s'agit.

Je remarque que le postulat, énoncé plus haut, d'après lequel il existe dans l'espace une équation entre toute paire de points liés entre eux de manière fixe, est ce qui distingue l'espace du système des couleurs. Dans ce dernier, par le biais des mélanges de couleurs, il n'existe en général et le plus souvent une équation qu'entre cinq points, ou dans des cas particuliers où une couleur est obtenue par le mélange de deux autres, entre ces trois-là. Dans l'espace, ce cas correspondrait à la situation où tous les corps fixes seraient étendus arbitrairement sur trois axes principaux. La définition donnée ci-dessus de la fixité est donc la définition du plus haut degré pensable de fixité relative[8].

III. On présuppose la mobilité complètement libre des corps fixes; à savoir : on présuppose que chacun de leurs points peut se déplacer de manière continue vers le lieu occupé par n'importe quel autre point dans la

8. Si on choisit trois couleurs arbitraires comme couleurs de base, alors toutes les autres couleurs (à l'intérieur d'un domaine) peuvent être décrites à partir d'elles. On peut ainsi coordonner à toute couleur le point dont les coordonnées sont identiques aux trois quantités utilisées pour le décrire.

En mélangeant deux couleurs on en fait émerger une troisième ; si donc on coordonne à chaque couleur le vecteur allant du point zéro au point construit ci-dessus, alors il est vrai que : le vecteur de la couleur obtenue par le mélange est la somme vectorielle des vecteurs des couleurs qui sont mélangées. D'autres opérations géométriques ne sont pas définies d'abord (voir la conclusion de cette note).

On nomme affine une géométrie dans laquelle seule la somme vectorielle a une signification indépendamment du système de coordonnées. Aussi pouvons-nous dire que les lois du mélange de couleurs sont conformes aux lois de la géométrie affine.

Si nous choisissons d'autres couleurs de base mais le même espace de signes, alors les points représentant un complexe de couleurs donné se meuvent. La transformation est une transformation affine qui peut être produite par rotation ou dilatation.

Cependant, il n'était question, plus haut dans le texte, que d'un mouvement effectif de points matériels et non pas d'une modification du système de référence. L'équation posée par Helmholtz ne recoupe donc pas tout à fait les situations en question ici. Mais dans tous les cas, le système de points qui exprime un et un seul mélange de couleurs est soumis à une trasnformation affine si on modifie le choix des couleurs de base (et les axes de coordonnées de l'espace de signes).

Toujours est-il qu'entre *quatre* points, il existe trois équations. Soit par ex. la couleur D la somme des couleurs A, B, C, alors il est vrai que :

$$x_D = x_A + x_B + x_C\ ;\ y_D = y_A + y_B + y_C\ ;\ z_D = z_A + z_B + z_C$$

et cela de manière tout à fait indifférente au choix des couleurs de base.

Le passage précédent doit certainement être compris de la manière suivante : Helmholtz prétend donner toutes les positions possibles au système de coordonnées de l'espace de signes (en particulier son origine) dans lequel les points sont placés. Les transformations affines qui entrent alors en jeu sont caractérisées par douze coefficients :

$$\begin{aligned} x' &= \alpha x + \beta y + \gamma z + a \\ y' &= \delta x + \varepsilon y + \zeta z + b \\ z' &= \eta x + \vartheta y + \iota z + c \end{aligned}$$

Les 15 coordonnées des quintuplets de points qui proviennent d'un d'entre eux par une transformation affine sont donc données par 15 équations avec 12 constantes arbitraires, de sorte que par élémination des constantes, il ne reste que trois équations.

À cela correspond la dilatation arbitraire des corps dans la géométrie affine.

Helmholtz lui-même a cherché à étendre la géométrie affine des couleurs en une géométrie métrique ; cette recherche a été reprise de nos jours par E. Schrödinger.

mesure où il n'est pas limité par les équations qui existent entre lui et les autres points du système auquel il appartient.

Le premier point d'un système fixe en lui-même est donc absolument mobile. Lorsqu'il est déterminé, il existe une équation pour le second point et une de ses coordonnées devient fonction des $(n-1)$ autres. Lorsque le second point est également déterminé, il existe deux équations pour le troisième, etc. En tout, $n(n+1)/2$ grandeurs sont nécessaires pour déterminer la position d'un système fixe en lui-même[9].

De cette affirmation ainsi que de celle du II, il suit que deux systèmes de points *A* et *B*, fixes en eux-mêmes, dont les points correspondants peuvent être mis en congruence dans une première position de *A*, doivent aussi pouvoir être mis en congruence des mêmes points dans n'importe quelle autre position de *A*. Ce qui signifie, en d'autres termes, que la congruence de deux figures spatiales[10] n'est pas dépendante de leur position, ou que toutes les parties de l'espace, si on ne prend pas en compte leurs limites, sont congruentes les unes avec les autres, de la même manière que tous les morceaux de la surface d'une même sphère, si on ne prend pas en compte leurs limites, sont congruents relativement à la courbure de la surface[11].

9. Il reste à montrer que chacune des équations que l'on peut obtenir successivement est indépendante de celles qui la précèdent, donc que chaque équation véritablement nouvelle a pour conséquence une nouvelle restriction. C'est à S. Lie qu'on doit d'avoir donné les preuves en question.

Aussi ferons-nous remarquer : par un mouvement du corps fixe, tout point de l'espace est coordonné à un autre, à savoir celui occupé plus tard par le même point matériel à celui d'où il est parti plus tôt. Une coordination par laquelle tout point d'un espace peut correspondre à un autre se nomme une transformation. Les réflexions menées dans ce texte montrent maintenant qu'il existe un système d'un nombre $\frac{n(n+1)}{2}$ fois infini de transformations.

Ce système pourrait cependant encore dépendre de la position de départ et du choix du corps rigide. Mais en utilisant l'Axiome II, on voit que ce n'est pas le cas. Car si à un moment les points matériels *A*, *B* peuvent être placés de telle sorte qu'ils coïncident avec les points de l'espace a', b', et à un autre moment (en changeant la position du corps rigide) $\bar{A}$, $\bar{B}$, alors $\bar{A}$, $\bar{B}$ et *A*, *B* sont congruents. Si maintenant, en outre, *A*, *B* peuvent coïncider avec a'', b'', alors cela doit aussi valoir pour $\bar{A}$, $\bar{B}$ en vertu des Axiomes II et III.

Il existe donc, de manière vraiment *indépendante* de la position de départ et du choix du corps fixe, une transformation n'ayant pas plus de $\frac{n(n+1)}{2}$ paramètres. Comme le corps en mouvement n'induit que des transformations du système du type de celles qui ont déjà été définies, alors il suit que : deux transformation du système se succédant l'une à l'autre conduisent à nouveau à une transformation appartenant au système. L'ensemble de ces transformations est un *groupe*.

10. Cela signifie de toute évidence : deux corps rigides.

11. On comprendra d'autant mieux le sens de ces développements qu'on prendra en considération des cas où le comportement décrit n'intervient pas. Tout d'abord, il pourrait se faire que deux corps rigides coïncidant à l'origine ne puissent plus se recouvrir s'ils se

Le champ visuel présente une mobilité plus réduite des images rétiniennes sur la rétine[12]. Pour ce qui est des conséquences de cela sur la

retrouvaient *après avoir suivi des chemins différents*. Nous y viendrons plus tard; contentons-nous pour l'instant de penser ce qu'il advient de ces corps s'ils suivent le même chemin.

On constatera qu'il est évident que si deux corps constitués de manière identique et mus ensemble coïncidaient une fois, ils continueront de le faire. Mais pensons à l'exemple cité p. 40 d'une portion de surface sur une surface en forme d'œuf. Nous voyons donc qu'il serait pensable que certains corps (rigides) ne puissent pas du tout se mouvoir. Le troisième axiome dit cependant qu'en fait ce cas ne peut pas se produire. Il est en outre utile de s'attarder un peu plus sur les processus dans l'espace courbe. Les corps effectifs ne peuvent être considérés comme rigides que face à de petites forces; les forces importantes, au contraire, les détruiraient, ou encore les étendraient ou les contracteraient comme cela se produit lorsqu'une portion de surface d'un matériau particulier se meut sur une surface en forme d'œuf. Comment pourrions-nous cependant dans ce cas constater l'extension? Deux corps n'ayant pas exactement la même rigidité mais qui se meuvent sur la même courbure continueront à coïncider s'ils se recouvraient au départ. Ne dirons-nous pas *par définition* que le nouvel aspect du corps est congruent avec l'ancien? Certainement pas. Car les rapports de mesure sont donnés par des instruments de mesure *infinitésimaux*. Ainsi, même dans le cas présupposé, la courbure de l'espace pourrait être établie par les mouvements (y compris si l'on ne considère que ceux qui ont lieu sur une seule et même courbe). Si par exemple avant le mouvement, une portion (infinitésimale) d'un corps vient recouvrir une *partie* d'une autre portion de corps finie, cela pourrait ne plus être le cas après le mouvement. C'est pourquoi nous devons mesurer l'importance, pour l'axiome de Helmholtz, de la proposition : deux systèmes de points qui ont coïncidé une fois peuvent également être amenés à coïncider dans n'importe quelle autre position, y compris si chacun est relié à un autre système.

On sait que Riemann a considéré un cas plus général : les corps rigides finis ne peuvent pas toujours être mus, mais des corps infiniment petits devraient pouvoir se mouvoir n'importe où; c'est-à-dire que les axiomes formulés ici par Helmholtz doivent valoir pour les corps rigides infinitésimaux : il doit y avoir un élément linéaire indépendant du chemin. Weyl voit ici le vestige de préjugés sur la géométrie « à distance ». La relation de longueur de deux extensions pourrait dépendre du chemin qu'aurait suivi un instrument de comparaison infinitésimal pour aller de l'un à l'autre. H. Reichenbach voit d'emblée une généralisation supplémentaire, à savoir qu'une extension matérielle ayant subi une rotation sur elle-même ne coïnciderait plus avec la même extension qu'avant la rotation (invalidation du principe de monodromie de Helmholtz, *cf.* p. 81).

Plaçons-nous maintenant sur le sol de la conception riemannienne. L'équation de distance de deux paires de points voisins contient-elle le fondement de la relation décrite entre elles, ou bien n'*est-elle* pas rien d'autre que la loi de cette relation? Il ne s'agit bien là que d'une différence d'expression. Mais si on venait à choisir la seconde, alors on obtiendrait des lois d'une structure logique bien particulière. Une réduction sans reste du géométrique à des relations causales ne conviendrait pas non plus. Il serait alors bien plus simple de considérer les propriétés métriques comme les réalités ultimes.

12. Un corps fixe pouvant être en rotation autour d'un point possède trois degrés de liberté; car sa position est déterminée par la direction d'un axe fixe en lui, et par la rotation du corps autour de cet axe. On s'attendrait donc à ce que l'image rétinienne d'un seul et même corps puisse, selon la position du globe oculaire, prendre un nombre trois fois infini de positions, tout comme une portion de surface sur la sphère ou sur le plan peut avoir un nombre

mesure des distances au moyen des mesures oculaires, je les ai discutées dans mon Optique physiologique[13].

IV. Enfin, nous devons encore exposer une propriété de l'espace qui est analogue à la monodromie des fonctions d'une grandeur complexe et qui s'exprime ainsi : deux corps congruents sont toujours congruents après que l'un d'eux a accompli une rotation complète autour d'un axe de rotation. La rotation se caractérise analytiquement par le fait qu'un certain nombre de points du corps mu conservent leurs coordonnées pendant le mouvement, et *l'inverse* du mouvement par le fait que tous les complexes de valeurs des coordonnées qui ont précédemment été parcourues de manière continue sont également toutes parcourues dans l'autre sens. Nous pouvons exprimer l'état de choses en question de la manière suivante : *si un corps fixe entre en rotation sur n – 1 de ses points, et si on choisit ces points de telle sorte que leur position ne dépende que d'une seule variable indépendante, alors la rotation sans retour en arrière finit par revenir à la position initiale, à partir de laquelle elle avait commencé*[14].

Nous verrons que cette dernière propriété de l'espace n'est pas nécessairement présente si nos trois premières conditions sont également remplies. Quoiqu'elle puisse paraître évidente, elle doit donc être considérée comme une propriété déterminée.

La géométrie usuelle présuppose tacitement cette dernière propriété lorsqu'elle traite le cercle comme une ligne fermée, elle présuppose les postulats II et III pour les propositions de congruence, car l'existence de corps fixes en eux-mêmes et par ailleurs en mouvement libre, possédant les propriétés énoncées ci-dessous, est la condition de toute congruence. Ces propositions n'ont été introduites ici que sous leur forme analytique, car leur sens ne peut pas être exprimé précisément sans utiliser cette forme.

§ 2

Je tirerai les conséquences de ces propositions de départ en présupposant trois dimensions.

Je remarque en outre que, comme il ne s'agit par la suite que de donner une fondation à la proposition de Riemann concernant les différentiels de

trois fois infini de positions. D'après les principes de Donders et Listing, il suit qu'il n'en va pas ainsi. Si une ligne de vue est donnée, alors la position du globe oculaire est également déterminée, de sorte qu'il ne peut plus entrer en rotation.

13. H. v. Helmholtz, *Optique physiologique*, *op. cit.*, p. 690 *sq.* (2ᵉ éd.).

14. Voir [n. 24 p. 89].

coordonnées, je n'utiliserai les postulats II, III et IV que pour les points possédant des différences de coordonnées infiniment petites, si bien que ce n'est que pour des éléments spatiaux infiniment petits que la congruence indépendante des limites est présupposée[15].

15. L'application à l'infiniment petit des axiomes construits pour le fini n'est pas autorisée, comme S. Lie l'a montré :

Si un point demeure fixe, alors n'importe quel point peut encore occuper un nombre deux fois inifni de positions. Cela demeure vrai si le point en question est très proche du point maintenu fixe. Il pourrait cependant bien se faire que certaines positions ne soient plus différentiables, à savoir qu'elles ne présenteraient que des différences de coordonnées plus hautes que le premier ordre de l'infiniment petit, de sorte que par ex. un observateur qui se situerait très près du point fixe ne pourrait attribuer qu'*un* degré de liberté de mouvement aux autres points.

Lie (*Theorie der Transformationsgruppen*, *op. cit.*, p. 456) l'a expliqué à travers un exemple. Si x, y, z désignent les coordonnées d'un point avant un mouvement et $\bar{x}, \bar{y}, \bar{z}$ ses coordonnées après le mouvement, alors on a :

$$\bar{x} = x + \alpha$$
$$\bar{y} = y + \beta + \gamma x + \delta x^2 + \varepsilon x^3 + \zeta x^4 = y + \varphi^4(x)$$
$$\bar{z} = z + \gamma + 2\delta x + 3\varepsilon x^2 + 4\zeta x^3 = z + \varphi^{4\prime}(x)$$

où $\varphi^4(x)$ est une fonction du 4e degré et $\varphi^{4\prime}(x)$ sa dérivée.

Même si le système de coordonnées est déplacé par translation, la trasformation s'exprime de la même manière :

$$\bar{x} - A = x - A + \alpha\,; \qquad \bar{x} = x + \alpha$$
$$\bar{y} - B = y - B + \varphi^4(x - A)\,; \quad \bar{y} = y + \psi^4(x)$$
$$\bar{\bar{\bar{z}}} - C = z - C + \varphi'^4(x - A)\,; \quad \bar{z} = z + \psi'^4(x)$$

Si l'on opère les deux transformations l'une après l'autre, on obtient :

$$\bar{\bar{x}} = \bar{x} + \bar{\alpha} = \bar{x} + \alpha + \alpha$$
$$\bar{\bar{y}} = \bar{y} + \overline{\varphi^4}(x) = y + \varphi^4(x) + \overline{\varphi^4}(x + \alpha) = y + \chi^4(x)$$
$$\bar{\bar{z}} = \bar{z} + \overline{\varphi^4}(x) = z + \varphi^{4\prime}(x) + \overline{\varphi'}^4(x + \alpha) = z + \chi^{4\prime}(x)$$

Les transformations constituent donc un groupe.

Si maintenant on maintient un point fixe, et si on en fait le point zéro, alors notre équation de transformation s'énonce ainsi :

$$\bar{x} = x$$
$$\bar{y} = y + \delta x^2 + \varepsilon x^3 + \zeta x^4$$
$$\bar{z} = z + 2\delta x + 3\varepsilon x^2 + 4\zeta x^3.$$

Il y aurait donc ∞^3 positions différentes du corps ; et un point pourrait encore, puisque sa coordonnée x demeure constante, prendre 2 fois ∞ positions. Mais en négligeant les valeurs infiniment petites d'ordre supérieur, on peut écrire :

$$\bar{x} = x$$
$$\bar{y} = y$$
$$\bar{z} = z + 2\delta x . \bar{x} = x$$

Si donc on prend en compte le voisinage le plus proche, on trouve seulement ∞^1 positions différentes du corps, et chaque point ne peut plus prendre, comme ses coordonnées x et y

Soient u, v, w les coordonnées d'un point qui appartient à un corps fixe dans la première position de ce corps[16].

Soient r, s, t les coordonnées du même point dans la deuxième position du corps fixe. Ces derniers doivent être fonction de u, v, w et de six constantes (constantes de position) qui déterminent la nouvelle position du corps fixe. Il faudra donc, d'après le Postulat I, faire varier de manière continue r, s, t avec u, v, w, à l'exception, éventuellement, des positions où le mouvement du point impliquerait une variation discontinue des coordonnées. Là où ce n'est pas le cas, nous aurons donc :

$$\left.\begin{aligned} du &= \frac{du}{dr}dr + \frac{du}{ds}ds + \frac{du}{dt}dt \\ dv &= \frac{dv}{dr}dr + \frac{dv}{ds}ds + \frac{dv}{dt}dt \\ dw &= \frac{dw}{dr}dr + \frac{dw}{ds}ds + \frac{dw}{dt}dt \end{aligned}\right\} \quad (1)$$

où les quotients différentiels sont fonctions de u, v, w ou de r, s, t qui dépendent d'eux, et sont en outre fonction des six constantes de position.

Le déterminant fonctionnel de u, v, w ne peut donc pas disparaître ici, à l'exception d'un lieu où soit u, v, w, soit r, s, t ne sont pas suffisants pour déterminer précisément la position d'un point.

Par ailleurs, déplaçons le corps fixe de sa première position où les coordonnées de ses points étaient u, v, w, vers une troisième position, où elles sont ρ, σ, τ. Nous avons donc à nouveau :

$$\left.\begin{aligned} du &= \frac{du}{d\rho}d\rho + \frac{du}{d\sigma}d\sigma + \frac{du}{d\tau}d\tau \\ dv &= \frac{dv}{d\rho}d\rho + \frac{dv}{d\sigma}d\sigma + \frac{dv}{d\tau}d\tau \\ dw &= \frac{dw}{d\rho}d\rho + \frac{dw}{d\sigma}d\sigma + \frac{dw}{d\tau}d\tau \end{aligned}\right\} \quad (1a)$$

demeurent constantes, que ∞^1 positions, et chaque élément linéaire passant par le point maintenu fixe ne peut plus se mouvoir que sur un plan passant par l'axe z. On contourne ces difficultés si l'on accepte les axiomes de Helmholtz aussi bien pour l'infiniment petit (*cf.* S. Lie, *Theorie der Transformationsgruppen*, *op. cit.*, p. 460).

16. Sur le concept de coordonnée, voir [n. 7 p. 74]. Les lettres u, v, w caractérisent donc le point matériel. On individualise de la même manière toutes les particules de liquide en donnant leur lieu à un temps donné si l'on applique les équations de l'hydrodynamique dites de Lagrange.

En hydrodynamique, ce procédé est habituel car la masse de fluide change sans cesse de forme. Il est ici plus simple de penser la mesure comme effectuée immédiatement sur un corps fixe. Mais cela aussi est superflu, car on peut coordonner arbitrairement tous les points matériels à un triplet de valeurs.

et ici aussi les déterminants fonctionnels ne peuvent pas être nuls, en excluant dans les deux cas la même hypothèse que ci-dessus.

Ainsi, parmi les six constantes qui déterminent la position du corps fixe dans la deuxième situation, nous pouvons en choisir trois de telle sorte que la position du point *u*, *v*, *w* dans la deuxième position du système soit la même que celle du même point dans la troisième position (Postulat III), si bien que[17] :

$$r = \rho, s = \sigma, t = \tau.$$

Ensuite, si l'on pose dans l'équation (1a) les valeurs de *du*, *dv*, *dw* de l'équation (1), on obtient alors une expression linéaire et homogène de *dr*, *ds* et *dt* dans $d\rho$, $d\sigma$, et $d\tau$, ou vice-versa. Car, conformément à ce qu'on avait remarqué, les déterminants des équations (1) ou (1a) ne peuvent pas être nuls, dans la mesure où les coordonnées sont suffisantes pour déterminer la position d'un point donné ; donc, en admettant ce présupposé, on peut toujours construire une telle expression linéaire, que nous pouvons écrire ainsi :

$$\left.\begin{aligned} dr &= A_0 d\rho + B_0 d\sigma + C_0 d\tau \\ ds &= A_1 d\rho + B_1 d\sigma + C_1 d\tau \\ dt &= A_2 d\rho + B_2 d\sigma + C_2 d\tau \end{aligned}\right\} (2)$$

Qu'il soit possible de construire de telles expressions linéaires, excepté dans les cas particuliers cités, cela résulte du fait que le point *r*, *s*, *t* dont nous parlons ici n'a aucune relation particulièrement remarquable supposée par la nature du problème avec *u*, *v*, *w*, mais demeure tout à fait arbitraire ; *idem* pour le point ρ, σ, τ. Les équations (1) et (1a) doivent donc être en général correctes dans tous les cas et (2) découle d'elles. On ne pourrait pas poser directement (2) avec la même certitude car dans le cas d'un mouvement où le point *r*, *s*, *t* ne bougerait pas, celui-ci demeurerait dans une relation privilégiée avec ρ, σ, τ qui pourrait provoquer la disparition, certes incertaine, de tous les premiers quotients différentiels.

Le point qui, dans la première position, a pour coordonnées $u + du$, $v + dv$, $w + dw$, a dans la deuxième position pour coordonnées $r + dr$, $s + ds$, $t + dt$, et dans la troisième position $\rho + d\rho$, $\sigma + d\sigma$, $\tau + d\tau$, et les grandeurs *dr*, *ds*, *dt* se rapportent donc au même point dans une autre position du système auquel il appartient, comme $d\rho$, $d\sigma$ et $d\tau$. Les équations (2) expriment la loi générale qui doit exister entre ces grandeurs si l'espace à trois dimensions doit être mesurable par trois grandeurs variables de manière continue.

17. On considère donc les rotations du corps rigide autour d'un de ses points.

Dans ce qui suit, j'introduis la notation[18] :

$$\left.\begin{array}{ll} dr = \varepsilon x & d\rho = \varepsilon\xi \\ ds = \varepsilon y & d\sigma = \varepsilon\upsilon \\ dt = \varepsilon z & d\tau = \varepsilon\zeta \end{array}\right\} \quad (2a)$$

où ε désigne une grandeur extrêmement petite. Nous avons donc :

18. La nouvelle symbolique est probablement introduite pour éviter d'utiliser le symbole différentiel en ce sens. Il sera en effet utilisé plus tard (voir [n. 20 p. 85]) avec une autre signification.

On peut comprendre soit par les coordonnées d'un point voisin, soit par x, y, z trois grandeurs qui se comportent comme les coordonnées de points arbitraires sur la tangeante d'une courbe passant par l'origine ; dans ce sens, on peut décrire les trois valeurs aussi comme les coordonnées de l'élément linéaire.

Surviennent alors deux manières de comprendre ce qui suit

1) Là où dans la suite il question de x, y, z, on vise les coordonnées de l'élément linéaire. Seuls les rappots reçoivent alors une signification.

2) x, y, z désignent un point.

Naturellement, on ne peut pas immédiatement coordonner au sens fort un point aux valeurs x, y, z. On ne peut le faire que par des considérations de limites.

Pensons par ex. à la rotation autour du point 0, 0, 0 avec un second point x_0, y_0, z_0 maintenu fixe. Qu'entend-on par là ? Au lieu d'une rotation autour de 0, 0, 0 et x_0, y_0, z_0, prenons en compte une série de cas Dans le cas on maintient le point x_0, y_0, z_0 fixe, de sorte que la figure est agrandie de à partir de 0, 0, 0. On obtient ainsi des processus d'image pour lesquelles tous les points 0, 0, 0 et x_0, y_0, z_0 sont des points fixes. Les courbes de trajectoires dans ces rotations d'images convergeront vers des courbes limites et on comprendra toujours comme un point appartenant à la courbe limite passant par x, y, z.

De manière correspondante, il y a encore deux manières possibles d'interpréter le 4e Axiome, lesquelles impliquent différents niveaux de sens.

1) Si on fait entrer le corps en rotation autour d'un élément linéaire $x : y : z$, alors à un moment donné un élément linéaire x, y, z retournera à nouveau sur lui-même, c'est-à-dire qu'on aura :

$$x' : y' : z' = x : y : z.$$

On peut aussi dire qu'il doit y avoir (selon la symbolique du texte)

$$\frac{d\varrho}{dr} = \frac{d\sigma}{ds} = \frac{d\tau}{dt}.$$

2) Si on entend par x', y', z', comme cela a été expliqué sous (2), des valeurs qui se situent sur la courbe de trajectoire passant par x, y, z, alors on doit avoir à un moment ou un autre :

$$x' = x\,; \quad y' = y\,; \quad z' = z.$$

On peut aussi passer outre la considération de limite et exiger qu'on ait à un moment ou un autre à nouveau :

$$\frac{d\varrho}{dr} = \frac{d\sigma}{ds} = \frac{d\tau}{dt} = 1.$$

Bien sûr, on exige plus ici que dans 1. La question se pose de savoir si cette dernière exigence [*Forderung*] n'est pas suffisante.

$$\left.\begin{aligned} x &= A_0\xi + B_0 v + C_0\zeta \\ y &= A_1\xi + B_1 v + C_1\zeta \\ z &= A_2\xi + B_2 v + C_2\zeta \end{aligned}\right\} \text{(2b)}$$

Les coefficients A, B, C dépendent dans ces équations des trois[19] constantes de position encore disponibles qui déterminent la position du système dans la dernière position ; nous les désignons par p', p'', p'''. Si nous laissons varier ces constantes jusqu'aux grandeurs extrêmement petites dp', dp'', dp''', alors la deuxième position du système varie et avec elle les valeurs x, y, z jusqu'à dx, dy, dz. Si nous désignons par η une nouvelle variable et présupposons ce petit mouvement :

$$\left.\mathfrak{A}_n d\eta = \frac{dA_n}{dp'}dp' + \frac{dA_n}{dp''}dp'' + \frac{dA_n}{dp'''}dp'''\right\} \text{(3)}$$

et si nous donnons aux lettres $\mathfrak{B}$ et $\mathfrak{C}$ les significations correspondant à B et C, alors on obtient[20] :

$$\left.\begin{aligned} \frac{dx}{d\eta} &= \mathfrak{A}_0\xi + \mathfrak{B}_0 \nu + \mathfrak{C}_0\zeta \\ \frac{dy}{d\eta} &= \mathfrak{A}_1\xi + \mathfrak{B}_1 \nu + \mathfrak{C}_1\zeta \\ \frac{dz}{d\eta} &= \mathfrak{A}_2\xi + \mathfrak{B}_2 \nu + \mathfrak{C}_2\zeta \end{aligned}\right\} \text{(3a)}$$

19. Contre cela, on peut rappeler les réserves émises [n. 15 p. 81].

20. Nous avons affaire ici à l'autre signification (voir [n. 18 p. 84]) du symbole différentiel, par opposition à ce qui avait été pris en compte jusqu'à présent. On entendait par dr l'augmentation de la coordonnée r d'un point à un autre point voisin ; dx, dy, dz donnent au contraire la modification de la direction [*Richtung*] d'un élément linéaire relié de manière fixe à un point matériel, si on opère la transition d'une position du corps fixe à une autre voisine. On peut considérer ce processus comme ayant lieu dans le temps et on aura ainsi décrit comme composantes de vitesse les différentiels dx, dy, dz divisés par la durée temporelle du processus.

Si on opère la transition de l'ancienne position du corps fixe à la nouvelle, on modifie, d'une valeur faible, les coordonnées qui appartiennent au même point matériel. En assignant de petites modifications à une totalité de valeurs numériques, de sorte que ces modifications dépendent des valeurs numériques, on accomplit ce que, dans le langage de Lie, on appelle une *transformation infinitésimale*. Les transformations infinitésimales qui surviennent lors du mouvement d'un corps fixe constituent un groupe, c'est-à-dire qu'en en rassemblant deux, on en crée une nouvelle. Dans la suite, on cherche le groupe non-infinitésimal auquel appartient le groupe infinitésimal.

et si dans ces équations nous exprimons linéairement les termes ξ, υ, ζ de (1), (1a) et (2) par x, y et z (d'après ce qui a été dit plus haut), nous obtenons donc des expressions de la forme suivante :

$$\left.\begin{aligned} \frac{dx}{d\eta} &= a_0x + b_0y + c_0z \\ \frac{dy}{d\eta} &= a_1x + b_1y + c_1z \\ \frac{dz}{d\eta} &= a_2x + b_2y + c_2z \end{aligned}\right\} \text{(3b)}$$ [21]

Comme chacune des grandeurs a, b, c comporte trois des grandeurs librement variables dp', dp'' et dp''', il peut donc y avoir un nombre infini de systèmes de transformations de ce type. Mais entre les coefficiens de quatre quelconques d'entre elles, on peut toujours, en élminant dp', dp'' et dp''', obtenir un système d'équations linéaires :

$$a_n = fa'_n + ga''_n + ha'''_n$$

$$b_p = fb'_p + gb''_p + hb'''_p$$

$$c_q = fc'_q + gc''_q + hc'''_q$$

où f, g, h sont des constantes et n, p, q se rapportent à n'importe lequel des indices 0, 1, 2.

Si les systèmes a_0', etc., a_0'', etc., a_0''' sont eux-mêmes tels qu'il n'existe entre leurs coefficients aucun système d'équations du type de ceux présentés ci-dessus, alors *tout autre* système qui comporte la possibilité d'un mouvement peut s'exprimer linéairement avec les coefficients a', a'', a''', etc., et toute somme ayant la forme des expressions ci-dessus pour a_n, b_p et c_q avec les constantes arbitraires f, g, h correspond à un mouvement possible. On peut donner une autre détermination des différents

21. Nous pouvons maintenant prendre la troisième position (p. 44) ρ, σ, τ comme fixe et modifier la deuxième ; ainsi ρ, σ, τ et ξ, ν, ζ désignent le point matériel et r, s, t et x, y, z désignent les coordonnées. La différence entre (3a) et (3b) est :

(3a) donne la vitesse comme fonction du point matériel ;

(3b) comme fonction du lieu dans l'espace.

Nous avons besoin de (3b) pour poursuivre le raisonnement.

On pourrait penser à première vue que si un autre point matériel a occupé le lieu avec les x, y, z donnés, alors un système d'équations avec les *mêmes* a_0, b_0, c_0… ne serait plus possible. Mais l'Axiome II interdit de le supposer. D'après lui, le mouvement exprimé dans x, y, z qui était possible avant le changement de lieu doit aussi être possible après le changement de lieu. En particulier, nous pouvons combiner des transformations ayant des a_0, b_0, c_0… identiques, donc intégrer 3b. On ne peut pas traiter 3a de cette manière (voir p. 85).

mouvements de ce type en s'appuyant sur le Postulat III, car après qu'un point du système r, s, t est déterminé, tous les autres points peuvent aussi l'être sans pour autant rendre impossible tout mouvement postérieur. Nous devons donc pouvoir faire varier les grandeurs dp', dp'', dp''' de sorte que pour n'importe quelle valeur donnée de x_0, y_0, z_0, on obtienne[22] :

$$0 = a_0x_0 + b_0y_0 + c_0z_0$$
$$0 = a_1x_0 + b_1y_0 + c_1z_0$$
$$0 = a_2x_0 + b_2y_0 + c_2z_0$$

ce qui ne peut se produire que si pour toute rotation infiniment petite du système, la condition suivante est remplie : que le déterminant du coefficient

$$\begin{vmatrix} a_0 & b_0 & c_0 \\ a_1 & b_1 & c_1 \\ a_2 & b_2 & c_2 \end{vmatrix} = 0. \ (4)$$

Nous pouvons poursuive le premier mouvement infiniment petit (par lequel η s'est transformé en $\eta + \delta\eta$, x en $x + dx$, y en $y + dy$, z en $z + dz$) par un autre mouvement du même type et de même grandeur. Nommons le système dans sa première position A_1, dans sa seconde position A_2, et ima-

22. Si ces équations doivent valoir pour tous les a_0, b_0, c_0, alors il faut que $a_0 = \ldots = c_0 = 0$. Comme cependant seuls certains points demeurent fixes pendant la rotation, la proposition ne devient correcte que si les mots « valeur arbitraire donnée de x_{0j}, y_0, z_0 » peuvent être remplacés par les mots « certaines valeurs de x_{0j}, y_0, z_0 ». Mais on ne peut pas en affirmer autant à ce stade.

Nous savons certes que lors d'une rotation de l'espace euclidien, une droite demeure fixe. Mais nous ne pouvons pas tirer cet état de choses directement de l'Axiome III ; mais plutôt l'inverse, à savoir qu'à tout axe appartient une rotation. C'est pourquoi nous devrions dire, à la place de la formule du texte :

« Nous devons donc pouvoir choisir pour un x_0, y_0, z_0 quelconque des grandeurs dp', dp'' et dp''' telles que pour les a, b, c correspondants, on ait :

$$0 = a_0x_0 + b_0y_0 + c_0z_0$$
$$0 = a_1x_0 + b_1y_0 + c_1z_0$$
$$0 = a_2x_0 + b_2y_0 + c_2z_0,$$

d'où il suit que :

$$\left.\begin{matrix} a_0b_0c_0 \\ a_1b_1c_1 \\ a_2b_2c_2 \end{matrix}\right\} = 0. \text{ »}$$

Cette formulation ne suffit cependant pas pour la suite.

Les termes suivants, de « ce qui ne peut se produire » jusqu'à l'équation (4), sont seulement corrects si on comprend par rotation, comme le suggérait récemment le professeur Engel, non pas les mouvements obtenu en maintenant *un* point fixe, mais bien *deux* points. Nous avons déjà noté que, sans rien leur ajouter, il ne découle pas directement des axiomes que la rotation signifie la même chose dans les deux sens.

ginons que les deux existent simultanément; alors les points $(x + dx, y + dy, z + dz)$ en A_1 coïncident avec les points en A_2 qui avaient originellement pour position (x, y, z). Imposons maintenant à A_1 le même mouvement que celui par lequel il avait originellement été transformé en A_2, alors A_2 parviendra à une nouvelle position A_3, et nous pourrons observer que η a augmenté jusqu'à $\eta + 2\delta\eta$ et considérer les coefficients a, b, c comme indépendants de η. Ainsi, d'après la dernière proposition du Postulat III, les points qui avaient pour coordonnées x, y, z avant le premier mouvement parviennent maintenant à la même position que celle à laquelle étaient parvenus les points de coordonnées $x + dx$, $y + dy$, $z + dz$ lors du premier mouvement. Nous pouvons répéter cette opération autant de fois que nous le souhaitons.

Dans chacun de ces mouvements, les points de coordonnées (x, y, z) parviendront à $(x + dx, y + dy, z + dz)$ en suivant l'équation (3b) avec autant de précision que dans le premier cas. Si donc ce même mouvement se poursuit de manière continue, alors les coefficients a, b, c de l'équation (3b) demeurent constants, tandis que η augmente de manière proportionnelle au temps et que, si on prend x, y, z à un point précis du système en mouvement, ceux-ci varieront dans la proportion décrite par l'équation (3b), en considérant $dx/d\eta$, $dy/d\eta$, $dz/d\eta$ comme des quotients différentiels.

Pour obtenir l'intégration de l'équation (3b), nous recherchons quatre nouvelles constantes au moyen des équations suivantes[23] :

$$\left.\begin{aligned} lh &= la_0 + ma_1 + na_2 \\ mh &= lb_0 + mb_1 + nb_2 \\ nh &= lc_0 + mc_1 + nc_2 \end{aligned}\right\} \quad (4a)$$

Par élimination de l, m, n, elles donnent les déterminants :

23. On peut aussi effectuer la substitution suivante :

$$x = L \cdot e^{h\eta}, \quad y = M \cdot e^{h\eta}, \quad z = N \cdot e^{h\eta}$$

On obtient alors le système d'équations :

$$\begin{aligned} L \cdot h &= La_0 + Mb_0 + Nc_0 \\ M \cdot h &= La_1 + Mb_1 + Nc_1 \\ N \cdot h &= La_2 + Mb_2 + Nc_2 \end{aligned}$$

Le déterminant correspondant :

$$\begin{vmatrix} a_0 - h & b_0 & c_0 \\ a_1 & b_1 - h & c_1 \\ a_2 & b_2 & c_2 - h \end{vmatrix}$$

découle de (4b) par réflexion par rapport à la diagonale principale.

$$\begin{vmatrix} a_0 - h & b_0 & c_0 \\ a_1 & b_1 - h & c_1 \\ a_2 & b_2 & c_2 - h \end{vmatrix} = 0. \quad (4b)$$

C'est une équation du troisième degré sur h, qui donne donc trois racines. Chacune d'elles, si on les insère dans les équations (4a), donne un système de valeurs pour l, m, n dans lequel à chaque fois une de ces constantes demeure arbitraire.

Si les équations (4a) sont remplies, il suit de (3b) que :

$$\frac{d}{d\eta}\{lx + my + nz\} = h\{lx + my + nz\} \quad (4c)$$

ou si nous désignons la constante d'intégration par A :

$$lx + my + nz = Ae^{h\eta} \quad (5)$$

et les équations (4c) et (5) valent pour chacun des trois systèmes de valeurs dérivés des équations (4a) et (4b).

D'après l'équation (4), au moins une des valeurs de h doit être égale à zéro. Pour celle-ci, on a[24] :

$$l_0x + m_0y + n_0z = \text{const.} \quad (5a)$$

Les deux autres, h_1 et h_2, pourraient être des grandeurs conjuguées réelles ou complexes. Dans le premier cas, les l, m, n correspondants seraient également réels, dans le second cas, complexes.

24. Cette équation signifie : il existe un ensemble de plans invariants qui retournent sur eux-mêmes lors d'une rotation. En introduisant la détermination de mesure euclidienne on reconnaît en eux les plans perpendiculaires à l'axe de rotation.

Nous pouvons entendre par x, y, z les coodonnées de l'élément linéaire. Seuls reçoivent alors une signification les rapports $x : y : z$, et on ne peut mettre que 0 à la droite de l'équation (5a).

Nous avons vu ([n. 18 p. 84]) qu'une autre interprétation est également possible : par x, y, z, on peut entendre des points effectivement voisins. L'équation (5a) signifie alors : lors d'une rotation, l'extrémité d'un vecteur est reliée à un plan. Il suit de là que si le vecteur retrouve son ancienne direction, sa grandeur est identique à ce qu'elle était avant. Si donc nous avons distingué plus haut ([n. 18 p. 84]) deux interprétations du 4e axiome, nous voyons maintenant que la seconde formulation est trop exigeante. En réalité, il suffit de poser la première condition.

On peut cependant parfaitement se dispenser du principe de monodromie, comme Lie l'a montré. Il est seulement nécessaire de présupposer qu'en maintenant un élément linéaire, le corps puisse toujours effectuer une rotation, mais pas si l'on maintient aussi fixe un élément de surface passant par l'élément linéaire. Cette condition ne se réfère bien sûr qu'au cas des géométries à trois dimensions ou plus. Pour construire une géométrie bidimensionnelle, le principe de monodromie est indispensable (voir Helmholtz, dans ce volume, p. 95).

Considérons que les racines h_1 et h_2 soient toutes deux réelles, il suit des équations de la forme (5) que les grandeurs correspondantes ($l_1x + m_1y + n_1z$) peuvent varier de manière continue de 0 à $\pm\infty$, mais qu'elles ne peuvent pas revenir à une valeur antérieure (comme l'exige le Postulat IV) sans retour en arrière ni discontinuité; par conséquent, les grandeurs x, y, z ne le peuvent pas non plus. Il en va de même dans le cas où h_1 et h_2 auraient la même grandeur. On obtient donc une fonction linéaire de x, y, z égale à $e^{h\eta}$ et une autre égale à $\eta e^{h\eta}$. Cela vaut également si h_1 et h_2 deviennent de plus en plus petits simultanément, et même s'ils s'approchent très fortement de la valeur $h_0 = 0$. On peut donc poser trois fonctions linéaires ensemble, l'une constante, une autre égale à η, une autre égale à η^2.

Si h_1 *et* h_2 ont au contraire une valeur complexe, c'est alors aussi le cas des l, m, n correspondants. Si donc on pose :

$$h_1 = \vartheta + \omega i \quad h_2 = \vartheta - \omega i$$
$$l_1 = \lambda_0 + \lambda_1 i \quad l_2 = \lambda_0 - \lambda_1 i$$
$$m_1 = \mu_0 + \mu_1 i \quad m_2 = \mu_0 - \mu_1 i$$
$$n_1 = \nu_0 + \nu_1 i \quad n_2 = \nu_0 - \nu_1 i$$

alors on a :

$$\lambda_0 x + \mu_0 y + \nu_0 z = Ae^{\vartheta\eta}\cos(\omega\eta + c)$$
$$\lambda_1 x + \mu_1 y + \nu_1 z = Ae^{\vartheta\eta}\sin(\omega\eta + c)$$

Dans ce cas, on a :

$$(\lambda_0 x + \mu_0 y + \nu_0 z) + \lambda_1 x + \mu_1 y + \nu_1 z = A^2 e^{2\vartheta\eta} \quad (5b)$$

Cette équation rend également impossible que x, y, z puissent revenir à leurs valeurs précédentes sans retour en arrière ni discontinuité, sauf si $\vartheta = 0$.

Le postulat posé sous le titre IV ne peut donc être satisfait que si les racines de l'équation (4b) qui ne sont pas nulles deviennent purement imaginaires. D'après l'équation (4b), cela se produit si :

$$a_0 + b_1 + c_2 = 0 \quad (6)$$

Pour déterminer x, y, z comme fonction de η, nous avons donc les trois équations suivantes :

$$\left.\begin{aligned} \lambda_0 x + \mu_0 y + \nu_0 z &= \text{Const.} \\ \lambda_0 x + \mu_0 y + \nu_0 z &= A\cos(\omega\eta + c) \\ \lambda_1 x + \mu_1 y + \nu_1 z &= A\sin(\omega\eta + c) \end{aligned}\right\} \quad (6a)$$

Le déterminant :

$$\begin{matrix} l_0, m_0, n_0, \\ \lambda_0, \mu_0, \nu_0, \\ \lambda_1, \mu_1, \nu_1 \end{matrix}$$

ne peut pas être nul sans qu'existe une équation qui pose η comme constante, et qui élimine donc le mouvement. Par conséquent, les grandeurs x, y, z peuvent être déterminés univoquement à partir des trois équations (6a) comme fonctions de η.

À partir d'ici, nous simplifierons le calcul si, au lieu des grandeurs x, y, z, nous introduisons dans le calcul les trois grandeurs découvertes ci-dessus :

$$\left.\begin{aligned} X &= l_0 x + m_0 y + n_0 z \\ Y &= \lambda_0 x + \mu_0 y + \nu_0 z \\ Z &= \lambda_1 x + \mu_1 y + \nu_1 z \end{aligned}\right\} \text{(6b)}$$

où x, y, z peuvent toujours à nouveau être déterminés de manière univoque.

Nous avons jusqu'à présent étudié un type de rotation, dans lequel un point x_0, y_0, z_0 devaient demeurer fixes. Maintenant, dans le mouvement étudié, on a d'après (6a) :

$$\left.\begin{aligned} \frac{dX}{d\eta} &= 0 \\ \frac{dy}{d\eta} &= -\omega Z \\ \frac{dz}{d\eta} &= \omega Y \end{aligned}\right\} \text{(6c)}$$ [25]

Les deux grandeurs restantes sont aussi égales à zéro pour n'importe quel point pour lequel :

$$Y = Z = 0.$$

Il s'agit des points qui demeurent immobiles dans le mouvement considéré jusqu'à présent.

§ 3

Nous devons donc maintenant étudier un autre type de rotation du système. Comme nous l'avons remarqué plus haut, nous pouvons poser n'importe quel autre point du système comme immobile durant la rotation.

25. Ce sont là les formules pour une totation d'un corps solide dans l'espace euclidien X, Y, Z, autour de l'axe X.

Considérons une deuxième rotation dans laquelle les points $X = Z = 0$ demeurent immobiles[26]; si nous nommons η' la variable augmentant de manière proportionnelle avec le temps, nous pouvons alors écrire :

$$\left.\begin{aligned} \frac{dX}{d\eta'} &= \alpha_0 X + 0 + \gamma_0 Z \\ \frac{dY}{d\eta'} &= \alpha_1 X + 0 + \gamma_1 Z \\ \frac{dZ}{d\eta'} &= \alpha_2 X + 0 + \gamma_2 Z \end{aligned}\right\} \quad (7)$$

La colonne du milieu des coefficients devait être posée comme égale à zéro car pour $X = Z = 0$ les quotients différentiels du côté gauche doivent pouvoir devenir égaux à zéro.

Les deux conditions précisées par les équations (4) et (6) et auxquelles tous les systèmes de coefficients doivent se conformer s'il doit y avoir des rotations avec un retour à la position de départ, se réduisent ici à :

$$\alpha_0 + \gamma_2 = 0 \quad (7a)$$

Pour une troisième rotation, nous posons comme condition que les points demeurent à leur place pour laquelle $X = Y = 0$. Si les variables augmentant proportionnellement avec le temps sont η'', alors on peut écrire :

$$\left.\begin{aligned} \frac{dX}{d\eta''} &= \mathfrak{a}_0 X + \mathfrak{b}_0 Y + 0 \\ \frac{dY}{d\eta''} &= \mathfrak{a}_1 X + \mathfrak{b}_1 Y + 0 \\ \frac{dZ}{d\eta''} &= \mathfrak{a}_2 X + \mathfrak{b}_2 Y + 0 \end{aligned}\right\} \quad (8)$$

et de là la condition :

$$\mathfrak{a}_0 + \mathfrak{b}_1 = 0 \quad (8a)$$

Maintenant, de la forme des coefficients donnée dans l'équation (3), il suit, comme nous l'avons déjà remarqué, que si deux systèmes de coefficients satisfont les conditions du problème, alors la somme des coefficients correspondants doit aussi donner un système satisfaisant ces conditions.

Si on applique cela à (6c) et (7), il s'ensuit que :

26. Dans l'interprétation euclidienne, donc, une rotation autour d'un axe perpendiculaire à celui qui avait été choisi précédemment.

$$\left.\begin{matrix} \alpha_0 & 0 & \gamma_0 \\ \alpha_1 & 0 & \gamma_1 - \omega \\ \alpha_2 & \omega & -\alpha_0 \end{matrix}\right\} = 0$$

ou

$$\alpha_0\omega^2 - \omega(\alpha_0\gamma_1 - \alpha_1\gamma_0) = 0$$

Comme les coefficients de chacun de ces systèmes contiennent comme facteur une constante arbitraire, on doit donc avoir séparément :

$$\alpha_0 = 0 \text{ et donc aussi } \gamma_2 = 0$$

et en outre $\alpha_1\gamma_0 = 0$.

Par ailleurs, on ne peut poser γ_0 comme égal à zéro sans aller à l'encontre du Postulat IV, puisque dans ce cas il suivrait des équations (7) que :

$$\frac{dX}{d\eta'} = 0$$

$$\text{donc } X = C$$

et que :

$$Z = \alpha_2 C'\eta' + C'$$

$$Y = \alpha_1 C\eta' + \gamma_1 C'\eta' + {}^1\!/_2\, \alpha_2\gamma_1 C\eta'^2 + C''$$

où C, C' et C'' sont des constantes. Cela représenterait une rotation qui ne retournerait pas sur elle-même.

Pour la même raison, α_2 ne peut pas non plus être posé comme égal à zéro, comme je souhaite le noter aussi ici.

Puisque donc γ_0 ne peut pas être nul, alors l'équation $\alpha_1\gamma_0 = 0$ ne peut recevoir qu'une solution :

$$\alpha_1 = 0$$

et le système des coefficients de l'équation (7) se réduit donc à :

$$\begin{matrix} 0, & 0, & \gamma_0 \\ 0, & 0, & \gamma_1 \\ \alpha_2, & 0, & 0. \end{matrix}$$

En suivant la même procédure, on obtient pour le système des coefficients des équations (8) :

$$\mathfrak{a}_0 = \mathfrak{b}_1 = 0$$

$$\mathfrak{a}_2\mathfrak{b}_0 = 0$$

Ici, α_1 et β_0 ne peuvent pas être nuls pour la même raison que pour α_2 et γ_0. Par conséquent, α_2 doit être =0, et le système se réduit à :

$$\begin{matrix} 0, & \mathfrak{b}_0, & 0, \\ \mathfrak{a}_1, & 0, & 0, \\ 0, & \mathfrak{b}_2, & 0. \end{matrix}$$

Enfin, si on effectue la somme des trois systèmes, on obtient la condition :

$$0 = \begin{cases} 0, & \mathfrak{b}_0, & \gamma_0, \\ \mathfrak{a}_1, & 0, & \gamma_1 - \omega, \\ \alpha_2, & \mathfrak{b}_2 + \omega, & 0. \end{cases}$$

ou

$$\mathfrak{b}_0(\gamma_1 - \omega)\alpha_2 + \gamma_0\mathfrak{a}_1(\mathfrak{b}_2 + \omega) = 0.$$

Puisque, comme nous l'avons noté, ces équations doivent aussi valoir si on multiplie les coefficients qui appartiennent au même système par une constante arbitraire, alors on obtient séparément :

$$\gamma_0\mathfrak{a}_1 - \mathfrak{b}_0\alpha_2 = 0 \text{ (9a)}$$

$$\left.\begin{matrix} \mathfrak{b}_0\gamma_1\alpha_2 = 0 \\ \mathfrak{a}_1\mathfrak{b}_2\gamma_0 = 0 \end{matrix}\right\} \text{(9b)}$$

En outre, puisque, comme nous l'avons noté, ni β_1 et α_1, ni α_2 et γ_0 ne peuvent être égaux à zéro, on doit avoir :

$$\gamma_1 = 0 \text{ et } \beta_2 = 0$$

Si nous posons :

$$\alpha_2 = -\varphi$$

$$\gamma_0 = \varkappa\varphi$$

$$\mathfrak{a}_1 = \psi$$

alors il suit de l'équation (9a) que :

$$b_0 = -\varkappa\psi.$$

Nous obtenons enfin maintenant le système complet des transformations possibles pour des mouvements extrêmement petits :

$$\left.\begin{matrix} dX = -\psi Y d\eta'' + \varkappa\varphi Z d\eta' \\ dY = \psi X d\eta'' - \omega Z s\eta \\ dZ = -\varphi X d\eta' + \omega Y d\eta \end{matrix}\right\} \text{(10)}$$

Il contient trois grandeurs variables arbitraires $d\eta$, $d\eta'$ et $d\eta''$ et doit donc comprendre toutes les rotations possibles.

La grandeur κ doit être positive si le système doit ne donner que des valeurs imaginaires pour h.

De l'équation (10) suit que pour toute rotation arbitrairement petite du système :

$$\frac{1}{\varkappa}XdX + YdY + ZdZ = 0,$$

donc :

$$X^2 + \varkappa Y^2 + \varkappa Z^2 = \text{Const.},$$

Si donc nous exprimons *X, Y, Z* en *dr*, *ds*, *dt* en utilisant les équations (6b) et (2a), et si nous posons :

$$dS^2 = (l_0 dr + m_0 ds + n_0 dt)^2$$
$$+ \varkappa(\lambda_0 dr + \mu_0 ds + \nu_0 dt)^2$$
$$+ \varkappa(\lambda_1 dr + \mu_1 ds + \nu_1 dt)^2$$

il s'ensuit que *dS* est une grandeur qui demeure invariante dans toute rotation du système autour du point $dr = ds = dt = 0$, et possède une petite grandeur de dimension équivalente à celle de *dr*, *ds* et *dt* mêmes[27].

Cette grandeur peut donc être utilisée comme une mesure, indépendante du mouvement de rotation, de la différence spatiale entre les points (r, s, t) et $(r + dr, s + ds, t + dt)$.

§ 4

Nous avons ainsi atteint le point de départ de la recherche de Riemann, car nous avons montré qu'il existe une expression homogène du second degré des différentiels qui demeure inchangée dans tout mouvement de deux points reliés entre eux de manière fixe et séparés par un intervalle extrêmement petit[28]. Ce faisant, nous n'avons appliqué les Axiomes II à IV posés ci-dessus (et qui expriment la possibilité de la congruence entre deux parties distinctes de l'espace) qu'à des éléments spatiaux infiniment petits, si bien qu'il apparaît que le postulat de Riemann est identique à celui selon lequel l'espace est monodromique et des éléments spatiaux infiniment petits sont en général congruents les uns avec les autres indépendamment de leurs limites. Le sens de cette proposition devient évident si on la limite à deux dimensions[29]. Il suit du postulat de Riemann que dans ce cas,

27. De toute évidence, la fonction dS^2 n'est déterminée que jusqu'à une constante arbitraire. Les coordonnées auraient pu avoir été choisies tout à fait différemment au départ.

28. Une standardisation [*Eichung*] (H. Weyl, *Raum, Zeit, Materie*, *op. cit.*, p. 109) est encore requise pour que le dS^2 soit aussi pour des éléments linéaires distants la condition de leur transférabilité [*Überführbarkeit*] (voir note précédente). Cela est cependant possible d'après l'Axiome II.

29. Les coordonnées courbes ont été introduites par Gauss. On peut désigner tout point d'une surface par une paire de valeurs *p*, *q*. La surface est ainsi couverte par deux systèmes de courbes *p* = const. et *q* = const., de sorte que tout point est aussi caractérisé comme inter-

les mesures de l'espace sont les mêmes que celles que notre géométrie analytique nous apprend à utiliser pour une surface arbitrairement courbe. En fait, les éléments de surface infiniment petits d'une surface arbitrairement courbe doivent être considérés comme plats et donc congruents les uns avec les autres si on fait abstraction de leur bord [*Begrenzung*].

Le reste de la recherche s'intéresse aux conséquences qui découlent de l'exigence d'une congruence des parties finies de l'espace indépendamment de leur bord et dans tous les cas de rotation possibles établis par le Postulat III. De même que dans ce cas, pour deux dimensions, la surface coube doit se transformer en surface sphérique[a] ou en une surface obtenue à partir d'une telle surface par flexion sans distorsion, de même Riemann a-t-il montré pour trois ou plus de trois dimensions que la grandeur qu'il nomme mesure de courbure doit être constante. Je n'ai pas l'intention de préciser ici cette partie de ma recherche qui est implicitement contenue dans celle de Riemann. Le résultat en est le suivant.

Si nos Postulats I à IV sont satisfaits, alors le système le plus général de la géométrie est donc ce que donneraient les lois de notre géométrie analytique usuelle si on l'appliquait à des entités [*Gebilde*] de type sphérique[b] à trois dimensions dont l'équation serait exprimée dans quatre coordonnées rectangulaires X, Y, Z, S :

section de deux courbes, *une* de chaque système. Le carré de l'élément linéaire s'exprime donc comme il est mesuré dans l'espace euclidien tridimensionnel habituel, comme la forme quadratique du différentiel de coordonnées dp et dq :

$$ds^2 = Edp^2 + 2fdpdq + Gdq^2,$$

où E, F, G sont fonctions de p et q. La multitude bidimensionnelle de p et q n'est cependant aucunement euclidienne, mais précisément une multitude du type le plus général considéré ici.

En ce sens, on peut maintenant identifier [*gleichsetzen*] la géométrie plane de Bloyai-Lobatchewski avec la géométrie d'une certaine surface de l'espace tridimensionnel euclidien, et la géométrie dite sphérique avec la géométrie d'une surface sphérique. Mais une telle interprétation n'est aucunement requise. Nous pouvons imposer une métrique non-euclidienne à une multiplicité bidimensionnelle quelconque en effectuant les présuppositions correspondantes au sujet du carré de l'élément linéaire ou du comportement des corps fixes (voir Helmholtz, dans ce volume, p. 47 et [n. 25 p. 48]).

On peut penser l'espace sphérique tridimensionnel comme inclus dans un espace quadridimensionnel plat. Mais même cela n'est pas nécessaire. C'est donc une mauvaise interprétation que de penser que la finitude du monde telle que la conçoit Einstein ne peut être pensée qu'en présupposant un espace quadridimensionnel.

a. (1882) Ou pseudosphère. La possibilité d'une géométrie pseudosphérique n'est pas abordée ici, comme cela a été signalé plus haut (p. 617 du second volume des *Wissenschaftliche Abhandlungen* [NdÉ]).

b. Ou pseudosphérique.

$$X^2 + Y^2 + Z^2 + (S + R)^2 = R^2.$$

X, Y, Z ne peuvent devenir infinis que si $R = \infty$. Ce dernier cas particulier correspond à notre géométrie effective conformément aux axiomes d'Euclide. *X, Y, Z* ne peuvent alors avoir une valeur finie que si $S = 0$, ce qui est l'équation d'une entité plate. En ce sens, comme le fait Riemann, nous devons désigner l'espace d'Euclide, en relation avec des espaces possédant un plus grand nombre de dimensions, comme un espace plat[30].

Je note enfin que si l'on ne pose pas le Postulat IV, il en résulte de tout autres systèmes de géométrie, lesquels peuvent néanmoins être complétés de manière tout à fait conséquente. C'est ce qu'on voit aisément pour deux coordonnées. Si la grandeur θ de l'équation (5b) n'est pas nulle, alors les dimensions linéaires de toutes les figures planes augmentent en proportion constante au cours d'une rotation avec un angle constant dans la même direction; la ligne distante d'un point de manière physiquement équivalente [*physisch gleichwertig*] serait une spirale.

Un autre exemple facile à traiter consisterait, dans la géométrie analytique du plan avec des coordonnées rectangulaires, à prendre *y* comme un imaginaire[31]. Cela correspond au cas où h_1 et h_2 sont réels et

30. Plusieurs possibilités sont négligées ici. Nous nous limiterons au cas de l'espace bidimensionnel :

1) L'espace pourrait être une structure bidimensionnelle de courbure positive constante mais sans surface sphérique. Pour rendre cette structure intuitive, on n'a besoin que de considérer comme un « point » deux points opposés symétriquements sur une surface sphérique ordinaire et de considérer comme une droite le plus grand cercle sur la sphère. Alors deux « droites » auraient toujours *un* et un seul point en commun, et tous les axiomes de la géométrie seraient alides, mis à part l'axiome des parallèles (géométrie elliptique, F. Klein *Gesammelte mathematische Abhandlungen*, Bd. 1, Berlin, Springer, 1921-1923, p. 249, 287, 401).

L'espace peut être une surface finie ayant partout pour mesure de courbure 0 (surface de Clifford-Klein) : dans un treillis plat, on nomme « point » la totalité des points situés de manière homologue. Ou on enroule une feuille de papier rectangulaire pour former un cylindre et de déformer ensuite ce dernier de manière à former un anneau (tore), ce qu'on peut faire en amenant les deux bases du cylindre au contact l'une de l'autre. Conservons cependant l'ancienne métrique sur le tore, à savoir : assignons à une paire de points voisins la distance qu'ils avaient avant la déformation (W. K. Clifford, *Mathematical Papers*, London, Macmillan, 1882, p. 193 *sq.*, F. Klein, *Gesammelte mathematische Abhandlungen*, *op. cit.*, I, p. 255, 369 ; W. K. J. Killing, *Grundlagen der Geometrie*, Bd. I, Paderborn, Schöningh, 1893, p. 271).

31. L'élément d'arc prend donc la forme :

$$ds^2 = dx + (idy)^2 = dx^2 - dy^2.$$

C'est donc, pour ainsi dire, indéfini. La distance du point zéro est : $\sqrt{x^2 - y^2}$.

$$h_1 + h_2 = 0.$$

La ligne de distance équivalente avec un point fixe serait alors une hyperbole équilatérale[32].

32. Si en effet on utilise la symbolique de (6b), on a d'après (5) et (5a) :

$$X' = X,$$
$$Y' = Ye^{h_1\eta},$$
$$Z' = Ze^{-h_1\eta},$$

donc :

$$Y'Z' = YZ$$

ou si :

$$Y = \bar{Y} + \bar{Z},$$
$$Z = \bar{Y} - \bar{Z}$$

on obtient :

$$\bar{Z}'^2 - \bar{Y}'^2 = \bar{Z}^2 - \bar{Y}^2.$$

Si nous tenons pour seules possibles les rotations autour de l'axe X, alors nous pouvons nous limiter à considérer les points du plan $X = 0$.

Pour des raisons de simplicité, considérons un corps fixe bidimensionnel.
Les points qui satisfont donc l'équation :

$$\bar{Z}'^2 - \bar{Y}'^2 = \text{const. par ex.} = 1$$

reposent sur une hyperbole. Comme ils peuvent être transformés les uns dans les autres, alors on leur assigne la même distance par rapport au point zéro, par ex. 1. On pose en général l'expression suivante pour le carré de la distance par rapport au point zéro :

$$\bar{Z}^2 - \bar{X}^2$$

et comme carré de l'élément linéaire :

$$ds^2 = d\bar{Z}^2 - d\bar{Y}^2.$$

Nous conserverons la symbolique de la Remarque précédente et poserons :

$$ds^2 = dx^2 - dy^2$$

et pour le carré de la distance : $x^2 - y^2$.

Ainsi, tout point de la droite (que nous nommerons OQ et OQ') possède une distance par rapport à l'origine de 0.

Imposons au corps rigide une rotation au cours de laquelle une droite fixe en lui se déplace de OA_l (différent de OQ et OQ') à OA_2. Si on répète plusieurs fois ce processus, alors G ira vers OA_3, OA_4, etc. et mon nommera égaux les angles A_2OA_1, A_3OA_2, etc. Si en outre P_1, P_2, P_3 sont des points qui sont occupés par un point matériel sur G dans plusieurs de ses positions, alors il faut que $OP_1 = OP_2 = OP_3$, etc.

Les droites OQ et OQ' ne peuvent ainsi jamais se croiser, car tout point contenu en elles a une distance par rapport à l'origine égale à 0. Aussi des êtres de surface dans la surface desquels des corps rigides présenteraient ce comportement pourraient dire : même au cours d'une rotation continue, une droite ne peut pas retrouver sa position de départ (géométrie du tore), le principe de monodromie n'est pas satisfait.

F. Klein a reconnu comme un principe indissociable de la géométrie de plus de deux dimensions l'exigence selon laquelle, au cours des rotations, toutes les lignes droites doivent pouvoir revenir à nouveau à leur direction [*Richtung*] de départ.

Les recherches de Riemann ainsi que les miennes prises ensemble montrent donc que le postulat formulé ci-dessus, en lien avec les deux propositions suivantes :

V. que l'espace a trois dimensions,
VI. que l'espace s'étend à l'infini

donnent les fondements suffisants pour le développement de la doctrine de l'espace[a]. J'ai déjà insisté sur le fait que ces mêmes postulats doivent être considérés comme vrais également par la géométrie usuelle, quoique tacitement, et nos postulats présupposent donc moins que ce que présupposent les preuves géométriques données traditionnellement.

Aussi dois-je souligner le fait que la possibilité même du système de nos mesures de l'espace dépend, comme cela ressort clairement de ces découvertes, de l'existence de corps naturels correspondant assez précisément au concept de corps fixe tel que nous l'avons construit. L'indépendance de la congruence par rapport au lieu, par rapport à l'orientation des figures spatiales qui coïncident et par rapport au chemin qu'elles ont suivi pour se rejoindre, est le fait sur lequel la mesurabilité de l'espace est fondée.

L'exigence de Lie que nous avons mentionnée ci-dessus (Note 24) exclut aussi pour les géométries de plus de deux dimensions le cas d'un élément d'arc indéfini. Si en effet c'est le cas, alors dans toutes les rotations du corps, la droite OQ demeure nécessairement fixe, de sorte qu'on peut maintenir fixe un élément de surface contenant OQ et *malgré tout* faire entrer le corps en rotation.

Les géométries avec un élément d'arc indéfini ont récemment fait l'objet d'un intérêt particulier. Si on désigne par t le temps, par x_1, x_2, x_3 les coordonnées spatiales, alors l'équation :

$$dt^2 - dx_1^2 - dx_2^2 - dx_3^2 = 0$$

désigne les points d'espace-temps qui peuvent recevoir des signaux lumineux d'un point donné. Qu'un point d'espace-temps reçoive cette propriété, cela demeure indépendant du système de coordonnées. Aussi l'équation

$$dt'^2 - dx'^2_1 - dx'^2_2 - dx'^2_3 = dt^2 - dx_1^2 - dx_2^2 - dx_3^2$$

est-elle la condition pour que deux systèmes de coordonnées t', x'_1, x'_2, x'_3 et t, x_1, x_2, x_3 aient un statut identique ; entre deux systèmes de statut identique, on ne peut pas distinguer conceptuellement par des propositions portant sur le résultat des expériences (théorie de la relativité restreinte).

a. À ce niveau, rien ne distingue encore Euclide et Lobatschewski.

DÉNOMBRER ET MESURER, D'UN POINT DE VUE ÉPISTÉMOLOGIQUE

Notes de Paul HERTZ

Quoique les actes de dénombrer et de mesurer soient au fondement des méthodes scientifiques les plus fructueuses, les plus certaines et les plus précises que nous connaissions, leur propre fondation a fait l'objet de relativement peu de travaux en théorie de la connaissance. Du côté de la philosophie, les partisans rigoureux de Kant (ceux qui s'en tiennent à son système tel qu'il se développa historiquement dans le cadre des intuitions et des connaissances de son temps) tiennent les axiomes de l'arithmétique pour des propositions données *a priori* qui détermineraient l'intuition transcendantale[a] du temps de la même manière que les axiomes de la géométrie détermineraient celle de l'espace. Cette conception a conduit dans les deux cas à abandonner la question d'une fondation et d'une dérivation plus approfondie de ces propositions.

Je me suis efforcé dans des publications antérieures de montrer que les axiomes de la géométrie n'étaient pas des propositions données *a priori*, mais devaient plutôt être confirmés ou réfutés par l'expérience. Je souligne à nouveau ici le fait que cela ne contredit en rien le point de vue de Kant selon lequel l'espace serait une forme transcendantale de l'intuition; à mon avis, cela n'élimine qu'une unique détermination particulière de sa position, laquelle est cependant devenue très prégnante dans les prétentions métaphysiques de ses successeurs.

a. Rappelons ici, ainsi que pour la prochaine occurrence du terme « transcendantal », la n. 33, p. 66 où Schlick critique l'usage par Helmholtz de ce terme en montrant qu'il l'assimile tout simplement à « *a priori* ».

Ainsi, il est clair que si la théorie que je soutiens avec d'autres ne considère plus les axiomes de la géométrie comme des propositions indémontrables et n'ayant pas besoin de preuves, elle doit aussi se confronter à l'origine des axiomes arithmétiques qui sont dans une relation correspondante à la forme d'intuition du temps [1].

Les arithméticiens ont posé jusqu'à présent comme axiomes les propositions suivantes, au principe de leurs déductions :

Axiome I : *Si deux grandeurs sont égales à une troisième, alors elles sont égales entre elles.*

Axiome II : *Loi associative de l'addition, telle que la formule H. Grassmann* :

$$(a + b) + c = a + (b + c).$$

Axiome III : *Loi commutative de l'addition* :

$$a + b = b + a.$$

Axiome IV : *une égalité ajoutée à une égalité donne une égalité.*

Axiome V : *une égalité ajoutée à une inégalité donne une inégalité.*

Hermann et Robert Grassmann [a] sont allés plus loin dans cette recherche que tous les autres arithméticiens qu'il me soit donné de

1. De ce passage, il ressort que la théorie helmholtzienne de l'arithmétique se veut empiriste. Plus bas, il qualifie l'arithmétique de « méthode construite sur des faits psychologiques » (p. 104). Il ne considère donc pas seulement l'expérience externe comme source des axiomes, mais également l'expérience interne. Mais la caractérisation qu'il donne ici de sa théorie comme un empirisme ainsi que la comparaison qu'il opère avec ses travaux précédents sur la géométrie, montrent que d'après lui, les propositions arithmétiques possèdent une signification indépendante de nos particularités subjectives.

On ne peut pas s'accorder avec l'opinion, également partagée par Kant (*Prolégomènes*, § 10), selon laquelle les axiomes de l'arithmétique appartiendraient à la forme d'intuition du temps ; le fondement de cette opinion doit être le fait que la suite des nombres soit unidimensionnelle au même titre que celle du temps ; et en outre, le fait que les axiomes géométriques puissent s'appliquer à des objets (les vécus) qui n'ont aucune relation avec quoi que ce soit de spatial ; car en vérité tout ce qui nous est donné sensiblement nous est donné temporellement, si bien qu'on a tendance à poser les axiomes arithmétiques en relation à la forme d'intuition du temps. Mais les choses données spatialement et simultanément peuvent également être dénombrées. En effet, il faut prendre également en compte la conception selon laquelle les objets qui ne sont ni spatiaux ni temporels peuvent être dénombrés, par ex. les lois de la nature, les concepts, etc. Il faut donc en conclure que les propositions de l'arithmétique ont une plus grande généralité que celles de la géométrie.

a. H. Grassmann, *Die Ausdehnungslehre* [1844], Leipzig, Wigand, 1878 ; R. Grassmann, *Die Formenlehre oder Mathematik*, Stettin, Grassmann, 1872.

connaître, tout en poursuivant également des objectifs philosophiques, et dans les déductions arithmétiques qui vont suivre, je suivrai de bout en bout leur voie. Ils ramènent ainsi les deux axiomes II et III à un seul que nous nommerons l'Axiome de Grassmann, à savoir :

$$(a+b)+1=a+(b+1)$$

à partir duquel ils dérivent les deux propositions précédentes, plus générales, en utilisant la preuve par $(n+1)$. On a ainsi trouvé en vérité un fondement solide pour la théorie de l'addition des nombres purs; c'est en tout cas ce que je souhaite montrer dans ce qui suit. Mais dans la question de l'application objective de l'arithmétique aux grandeurs physiques, on ajoute par là aux deux concepts de *grandeur* et de *grandeur identique* (dont le sens demeure inexpliqué dans le domaine des faits) également un troisième concept, celui d'*unité*; et en même temps cela me semble être une restriction inutile du domaine de validité des propositions en question que de ne considérer les grandeurs physiques que comme si elles étaient composées d'unités.

Des arithméticiens modernes se sont rapprochés pour l'essentiel des frères Grassmann; parmi eux, E. Schröder est allé encore plus loin dans certaines discussions. Tant que les arithméticiens précédents prétendaient prendre le concept de nombre cardinal [*Anzahl*] d'objets comme concept ultime de nombre, ils ne pouvaient pas se débarrasser complètement des lois du comportement de ces objets, et ils prenaient simplement pour un fait que le nombre cardinal d'un groupe d'objets peut être déterminé indépendamment de l'ordre dans lequel on les dénombre. E. Schröder est, pour autant que je sache, le premier à avoir reconnu (*Lehrbuch der Arithmetik und Algebra*, Leipzig, Teubner, 1873, p. 14) qu'il y avait ici un problème caché : et il a aussi admis, très justement à mon avis, qu'il s'agissait d'une tâche pour la psychologie[2], et par ailleurs qu'il fallait définir les

2. On appelle psychologisme l'idée selon laquelle les propositions de valeur générale trouvent leur explication dans la psychologie ou que leur validité n'a qu'une origine empirique. Qui ne voit pas le fondement de la validité de ces lois dans l'ordre des objets (au sens le plus général du terme) doit le rechercher du côté du sujet, soit dans la forme de la faculté de connaître en général (apriorisme), soit dans une disposition particulière de son entendement (psychologisme). Dans la mesure où, cependant, le psychologisme entend véritablement conserver la validité générale des propositions en question, il rabat une de ces énigmes sur l'autre et ne parvient pas à expliquer la capacité de ces lois à être vérifiées dans ce qui arrive effectivement (par ex. la validité de la géométrie physique pour la réalité effective dans l'espace et dans le temps). Helmholtz lui-même, dans les deux articles précédents, a mis au jour un point de vue strictement anti-psychologiste relativement à la géométrie physique. De prime abord, il pourrait paraître nécessaire d'abandonner ce point de vue dans le cadre de

propriétés empiriques que ces objets devaient posséder pour être dénombrables[3].

On trouve en outre d'autres discussions pertinentes, en particulier autour du concept de grandeur, chez Paul Du Bois-Reymond, dans sa *Allgemeine Funktionentheorie* (Tübingen, 1882), t. I, chap. I, et chez A. Elsa, dans son article « Über die Psychophysik » (Marburg, 1886), p. 49 *sq.* Ces deux écrits sont cependant consacrés à des recherches spéciales sans aborder les fondements complets de l'arithmétique. Les deux pensent pouvoir dériver le concept de grandeur de celui de ligne, le premier au sens empirique, le second en un sens strictement kantien. Ce que j'aurais à opposer à ce dernier point de vue, je l'ai déjà mentionné plus haut et exposé dans d'autres articles. M. P. du Bois-Reymond termine sa recherche par un paradoxe selon lequel deux points de vue opposés qui débouchent chacun sur des contradictions sont également possibles.

Comme le dernier auteur cité est un mathématicien très pointu qui a accordé le plus grand intérêt à la recherche des fondements les plus profonds de sa science, les résultats qu'il a obtenus m'ont encouragé à appliquer mes propres réflexions au problème en question.

Pour décrire rapidement le point de vue qui conduit à des déductions simples et à la solution de ces contradictions, ce qui suit suffira : je considère l'arithmétique ou la théorie des nombres purs comme une méthode, construite sur de purs faits psychologiques[4], qui enseigne

l'arithmétique, car l'arithmétique et la géométrie s'opposent sur des points essentiels pour notre problème :

a) Les objets de la géométrie sont des choses extérieures ou au moins des images représentationnelles qui comportent une relation déterminée aux choses extérieures. Au contraire, certaines choses dénombrables ne se réalisent que psychiquement. On peut par ex. dénombrer des vécus de nature purement affective aussi bien que des images représentationnelles.

b) En ce qui concerne la relation fondamentale dont traite l'arithmétique, à savoir la coordination [*Zuordnung*], sa réductibilité à des relations physiques n'est pas aussi évidente que la réductibilité du concept d'égalité de distance au concept de coïncidence.

Néanmoins, pour les raisons citées ci-dessus, on ne peut s'en tenir à une théorie psychologiste de l'arithmétique. Le psychique est bien plutôt coordonné au physique, en ce qui concerne les axiomes géométriques, et n'intervient que comme *objet* de notre connaissance. Nous ne devrions pas croire que notre mode de connaissance soit au fondement de la validité de ces axiomes. C'est ce que semble aussi penser Helmholtz.

3. Ces propriétés empiriques seront précisées par Helmholtz p. 118 ; *cf.* aussi E. Schröder, *Lehrbuch der Arithmetik und Algebra*, Leipzig, Teubner, 1873, p. 15.

4. Si la théorie helmholtzienne de l'arithmétique prétend être un empirisme au même sens que sa théorie de la géométrie, alors ce passage ne peut que signifier ceci : dans la réflexion sur un vécu, nous gagnons les concepts dont la signification dépasse le psychique et qui peuvent s'appliquer entre autres au physique.

l'application cohérente d'un système de signes (à savoir les nombres) d'une étendue infinie et comportant une infinie possibilité de raffinement. L'arithmétique cherche en particulier à déterminer quelles combinaisons différentes de ces signes (les opérations de calcul) conduisent aux mêmes résultats. Cela nous apprend entre autres comment remplacer par des calculs plus simples des opérations d'une extraordinaire complexité – des opérations telles qu'elles ne pourraient aucunement être résolues en un temps fini. Outre la preuve qu'il donne du caractère logique interne de notre pensée, ce procédé pourrait bien à première vue paraître un pur jeu intellectuel avec des objets fictifs – un jeu que P. du Bois-Reymond compare avec le mouvement du roi sur le plateau d'échecs – s'il ne rendait pas possible certaines applications extraordinairement utiles. Car au moyen de ce système de signes des nombres, et pour qu'on puisse les y appliquer, nous donnons une description du comportement des objets réels qui peut atteindre n'importe quel degré d'exactitude, et au moyen de ce système de signes, dans de nombreux cas où les corps naturels, gouvernés par des lois de la nature connues, se rencontrent ou entrent en relation, les valeurs numériques mesurant le résultat peuvent être déterminées en avance par le calcul.

Cependant, nous devons alors demander : Quel est le sens objectif du fait que nous exprimons les relations entre des objets réels en tant que grandeurs par des nombres dénommés ? Cette question se résout, comme nous le verrons, en deux questions plus simples, à savoir :

1. Quel est le sens objectif du fait que nous pouvons décrire deux objets comme étant *égaux* [*gleich*] sous un certain rapport ?

2. Quel caractère doit avoir la relation [*Verknüpfung*] physique de deux objets pour que nous puissions voir leurs attributs comparables comme *additifs*, et par conséquent voir ces attributs comme des *grandeurs* qui peuvent ou même doivent s'exprimer dans des nombres dénommés ? Nous concevons en effet les nombres dénommés comme composés de leurs parties, donc d'unités, par addition.

LA SÉRIE RÉGULIÈRE [*GESETZSMÄSSIGE REIHE*] DES NOMBRES

Le procédé consistant à dénombrer repose sur le fait que nous avons la capacité de retenir dans notre mémoire l'ordre dans lequel les actes de conscience se succèdent les uns aux autres dans le temps. Les nombres doivent par conséquent être considérés comme une série de signes choisis arbitrairement pour laquelle nous ne fixons qu'une seule forme déterminée de succession comme étant la séquence régulière ou, selon l'expression consacrée, « naturelle ». Cette désignation de la série des nombres comme « naturelle » est probablement liée à une application particulière du fait de dénombrer, à savoir au fait de déterminer le *nombre cardinal* de choses réelles données. De même que nous jetons l'une après l'autre hors du tas les choses que nous dénombrons, de même les nombres se suivent-ils les uns les autres par un processus naturel dans leur succession régulière. Cela n'a rien à voir avec la suite des symboles numériques; tout comme les signes diffèrent selon les langues, leur séquence peut également être déterminée arbitrairement dès lors qu'une séquence déterminée quelconque est immuablement fixée comme la séquence normale ou régulière. Cette séquence est en réalité une norme ou une loi fixée par des hommes, nos ancêtres, qui ont mis au point la langue. J'insiste sur cette différence car la soi-disant « naturalité » de la série des nombres dépend d'une analyse incomplète du concept de nombre. Les mathématiens désignent cette série régulière de nombres comme celle des *nombres entiers positifs*.

La série des nombres s'imprime dans notre esprit de manière bien plus forte que n'importe quelle autre série, ce qui provient sans aucun doute de sa répétition bien plus fréquente. C'est pourquoi nous l'utilisons aussi volontiers pour fixer, en les reliant à elle, les souvenirs d'autres séquences dans notre mémoire; ce qui signifie que nous avons besoin des nombres en tant que *nombres ordinaux*.

UNIVOCITÉ DE LA SÉQUENCE

Dans la série des nombres, le fait d'aller en avant et le fait d'aller en arrière ne sont pas équivalents, mais constituent au contraire des processus essentiellement différents, tout comme la séquence des perceptions dans le temps, tandis que pour une ligne qui demeure durablement dans l'espace et sans changement dans le temps, aucun des deux sens possibles n'est distinct de l'autre.

En réalité, tout acte présent dans notre conscience, que ce soit une perception, un sentiment ou une volonté, fonctionne en relation avec des images mémorisées d'actes passés, mais non d'actes futurs, lesquels ne sont pas encore accessibles dans le temps présent, et l'acte présent nous est conscient comme spécifiquement différent des images mémorisées qui se présentent à côté de lui. C'est pourquoi la représentation présente est posée, dans une opposition relative à la forme de l'intuition du temps, comme l'élément successeur de ces éléments antérieurs – relation qui n'est pas réversible et à laquelle sont soumises toutes les représentations entrant dans notre conscience. En ce sens, l'ordonnancement dans la séquence du temps est la forme inéluctable de notre intuition interne.

SENS DE LA SYMBOLIQUE

D'après nos réflexions précédentes, un nombre n'est déterminé que par sa place dans la série régulière.

Le signe *un* est attribué à la valeur de la séquence par laquelle nous commençons.

Deux est le nombre qui suit immédiatement *un* dans la série régulière, c'est-à-dire sans l'intermédiaire d'un autre nombre[5].

Trois est le nombre qui suit immédiatement deux de la même manière, etc.[6].

5. On n'a pas besoin de penser à une succession temporelle et on peut atteindre la série des nombres simplement en stipulant une coordination une fois pour toutes. Ce qui est coordonné à un élément, nous le nommons le successeur de cet élément (R. Dedekind, *Was sind und was sollen die Zahlen?*, Braunschweig, Vieweg, 1888, 1911 (3e éd.), p. 21; trad. fr. I. Milner et H. Sinaceur, *Les nombres: que sont-ils et à quoi servent-ils?*, Paris, La Bibliothèque d'Ornicar, 1978; repr. dans R. Dedekind, *La création des nombres*, Paris, Vrin, 2008, p. 133-151; *cf.* aussi [n. 8 p. 111 et n. 9 p. 117]).

6. À travers cette explication, nous gagnons la compréhension du concept de symbole du nombre suivant. Cela ne donne cependant pas encore une véritable définition du concept de nombre. On peut le voir à la nécessité d'utiliser les mots « etc. » (*cf.* [n. 9 p. 117]).

Il n'y a aucune raison d'interrompre cette série quelque part ou de revenir à un signe déjà utilisé précédemment; le système décimal rend possible, dans les faits, de continuer la série indéfiniment sans jamais répéter aucun symbole numérique, et de manière simple et facile[a], en utilisant seulement des combinaisons de dix symboles différents[7].

Les nombres qui suivent un nombre donné dans la série régulière, nous les disons *plus hauts* que celui-ci; ceux qui précèdent, nous les disons *plus bas*[b]. Cela donne une disjonction complète, laquelle est fondée dans l'essence de la suite du temps, et que nous pouvons exprimer ainsi :

Axiome VI : *Si deux nombres sont différents, alors l'un d'eux doit être plus haut que l'autre.*

Addition de nombres purs

Afin de poser des propositions générales sur les nombres, j'ai besoin des symboles bien connus du calcul algrébrique. Toute lettre de l'alphabet latin en minuscule doit pouvoir désigner un nombre quelconque, mais au sein d'un même théorème ou d'un même calcul, il faudra que ce soit toujours la même lettre.

Explication des symboles: *Si j'ai désigné un nombre quelconque par un symbole, par ex. a, je désignerai le terme suivant de la série normale par* $(a + 1)$.

Ce signe $(a + 1)$ ne doit donc posséder au départ aucune autre signification que celle qui a été donnée. En général, cependant, les parenthèses signifient, conformément à l'usage, que les nombres enclos en elles doivent d'abord être combinés avant que soit effectuée la suite de l'opération.

7. La représentation la plus simple d'un nombre consiste à produire le nombre cardinal correspondant d'objets, comme par exemple une suite de points. Le système décimal ne fournit pas d'amélioration fondamentale mais seulement une simplification d'ordre quantitatif. Pour les nombres très élevés, au contraire, le système décimal échoue. On emploie de préférence les puissances de dix. À la place de ce dernier procédé, on introduit alors à nouveau une autre symbolique, et ainsi de suite *in infinitum*. Toute symbolique deviendra inutilisable à partir d'un certain point et aucune n'est par principe meilleure que la représentation la plus simple qui soit, à l'aide de points.

a. La « théorie des nombres » s'intéresse aux séries de nombres dans lesquelles un nombre déterminé est toujours suivi par le nombre un, et qui donc se répète periodiquement.

b. J'évite pour l'instant d'employer les termes « grand » et « petit » ; cette distinction convient mieux au concept de nombre cardinal, ce dont nous parlerons davantage plus loin.

Le symbole d'égalité $a = b$, dans la théorie des nombres purs, ne doit désigner que : « a est le même nombre que b ». Si donc :

$$a = b,$$
$$c = b,$$

il s'ensuit immédiatement que $a = c$, car les deux équations précédentes expriment que a aussi bien que c sont le même nombre b. Cela établit la validité de l'Axiome I pour l'ensemble de la série des nombres dans la théorie des nombres purs.

DÉNOMBRER LES NOMBRES

Nous considérons dorénavant la série normale des nombres comme établie et donnée. Nous pouvons maintenant considérer ses valeurs elles-mêmes comme une série de représentations donnée dans notre conscience, dont nous pouvons désigner l'ordre, à partir de n'importe laquelle de ses valeurs, en utilisant la série normale des nombres à partir de *un*.

Définition : je désigne par $(a + b)$ le nombre de la série principale auquel j'arrive si j'ai dénombré [*gezählt*] *un* pour $(a + 1)$, *deux* pour $[(a + 1) + 1]$, et ainsi de suite jusqu'à b.

La description de ce procédé peut être résumée dans l'équation suivante (Axiome de l'addition de H. Grassmann) :

$$(\mathrm{a} + \mathrm{b}) + 1 = a + (b + 1) \quad (1)$$

Explication : cette équation indique que si je commence par $(a + 1)$ comme étant *un*, que je dénombre jusqu'à b, et que j'obtiens ainsi le nombre désigné par $(a + b)$, j'arrive à $(b + 1)$ en continuant à dénombrer une fois de plus dans la première série, et dans la seconde série, j'arrive au nombre qui suit $(a + b)$, à savoir $[(a + b) + 1]$. Je désigne donc $[(a + 1) + 1]$, tel qu'il avait été posé dans la définition, aussi bien par $[a + (1 + 1)]$ que par $(a + 2)$ ou encore je peux désigner $[(a + 2) + 1]$ aussi bien par $(a + 3)$, et ainsi de suite sans jamais rencontrer de limite.

Dans la langue de l'arithmétique, nous appellerions ce procédé une *addition* et le nombre $(a + b)$ la *somme* de a et b, et a et b eux-mêmes les nombres *additionnés* ; je précise cependant que dans le procédé en question, les grandeurs a et b ne jouent pas le même rôle, et qu'il reste à démontrer qu'ils peuvent être intervertis sans modifier la somme, ce qui sera précisé plus tard. En attendant, si nous gardons en mémoire cette remarque, nous pouvons accepter cette symbolique et dire que la forme $(a + b)$ indique que b doit être additionné à a et que $(a + b)$ est la somme de a et b, quoique pour l'heure il faille maintenir l'ordre selon lequel b est derrière a. On pourrait appeler a le *premier terme*, et b le *deuxième*. De manière correspondante, dans l'application conséquente de cette symbolique, on peut désigner tout nombre $(a + 1)$ comme la somme du prédécesseur a et du nombre *un*.

Ledit procédé de l'addition devra toujours donner un résultat dans la série régulière des nombres, et toujours le même résultat pour les mêmes nombres a et b. Car chacune des étapes au cours desquelles nous effectuons l'addition $(a + b)$ est une avancée d'un pas dans la série des nombres entiers positifs, de $(a + b)$ à $(a + b) + 1$ et de b à $(b+ 1)$. Chacune de ces étapes est effectuable et chacune doit conduire au même résultat, d'après nos présuppositions quant à la capacité de garder inchangée la série des nombres dans notre conscience.

Il y aura donc forcément un et un seul nombre qui exprime le nombre $(a + b)$. Cette proposition correspondrait au contenu de l'axiome IV si ce dernier était appliqué aux nombres purs et au type d'addition décrit ici.

Par ailleurs, il suit de la description que nous avons donnée du procédé que $(a + b)$ est nécessairement différent de a et même plus haut que a si b est un nombre entier positif.

Si c est un nombre plus haut que a, je devrai nécessairement atteindre c en comptant depuis a unité par unité, et je pourrai décompter de combien de nombres c s'écarte de a. S'il est le b-ième, alors :

$$c = (a + b)$$

Nous désignerons cette proposition comme l'Axiome VII pour les prochaines citations : *Si un nombre c est plus haut qu'un autre nombre a, alors je peux décrire c comme la somme de a et d'un autre nombre entier positif b à déterminer.*

Théorème I : *Sur la séquence d'exécution de plusieurs actes d'addition* (*loi associative d'après Grassmann*) :

Si je dois additionner à une somme $(a + b)$ un nombre c, j'obtiens le même résultat que si j'additionne le nombre a à la somme $(b + c)$. Ou exprimé sous forme d'équation :

$$(a + b) + c = a + (b + c) \quad (2)$$

Preuve :

Comme l'affirme l'équation (1), cette proposition vaut pour $c = 1$. Il faut montrer que si elle est vraie pour une valeur quelconque de c, elle doit aussi être vraie pour la valeur suivante $(c + 1)$.

C'est-à-dire, selon l'équation (1), que :

$$[(a+b)+c]+1=(a+b)+(c+1),$$
$$[a+(b+c)]+1=a+[(b+c)+1]$$
$$=a+[b+(c+1)]$$

La dernière d'après la proposition 1.

Donc si la proposition 2 vaut pour la valeur de c rencontrée ici, alors les expressions situées à gauche des deux premières équations sont le même nombre, et on obtient donc aussi :

$$(a+b)+(c+1)=a+[b+(c+1)],$$

c'est-à-dire que la proposition vaut aussi pour $(c + 1)$.

En outre, comme elle vaut pour $c = 1$, comme nous l'avons remarqué plus haut, elle vaut aussi pour $c = 2$. Si elle vaut pour $c = 2$, alors elle vaut aussi pour $c = 3$, etc., sans limite[8].

Corollaire : Comme les deux formes posées dans l'équation (2) ont la même signification, nous pouvons aussi pour toutes les deux enlever les parenthèses pour introduire la symbolique suivante :

$$a+b+c=(a+b)+c=a+(b+c) \quad (2a)$$

Nous ne pouvons seulement pas pour l'instant modifier l'ordre de a, b, c dans ces expressions, jusqu'à ce que nous ayons montré que cette inversion était autorisée.

8. On utilise ici le principe d'« induction complète » [*vollständingen Induktion*], qui ne peut cependant se passer de preuve. On en trouverait une par ex. dans l'opuscule de R. Dedekind, « Was sind und was sollen die Zahlen » (art. cit.) pour l'ensemble des nombres naturels qu'il a particularisé par définition à partir d'un ensemble arbitraire infini. E. Zermelo donne une définition de l'ensemble infini (voir [n. 9 p. 117]) et peut donc prouver le théorème d'induction pour l'ensemble de tous les ensembles finis (nombres).

GÉNÉRALISATION DE LA LOI ASSOCIATIVE

Généralisons d'abord la symbolique donnée en (2a).

$$\mathrm{R} = a + b + c + d + \text{etc.} + k + l \quad (2b)$$

désigne une somme dans laquelle les additions particulières sont effectuées dans l'ordre dans lequel elles sont écrites, et pour une symbolique plus courte, soit :

$$m + \mathrm{R} = m + a + b + c + d + \text{etc.} + k + l,$$

tandis que :

$$m + (\mathrm{R}) = m + (a + b + c + d + \text{etc.} + k + l);$$

au contraire, d'après le sens de cette formule :

$$(R) + m = R + m.$$

Les autres lettres romaines majuscules seront utilisées dans le même sens que *R*.

Alors on a :

$$R + b + c + S = [(\mathrm{R}) + b + c] + S,$$

puisque ces expressions ont la même signification. D'un autre côté, on a d'après l'équation (2a) :

$$(R) + b + c = (\mathrm{R}) + (b + c).$$

Donc :

$$R + b + c + S = [(\mathrm{R}) + b + c] + S$$
$$= R + (b + c) + S,$$

c'est-à-dire qu'au lieu d'additionner tous les termes dans l'ordre, on peut d'abord combiner en une somme deux quelconques des termes intermédiaires.

Après cela, la somme ainsi formée ($b + c$) est représentée par un seul nombre, et on peut ainsi continuer de cette manière et combiner n'importe quelle paire de nombres consécutifs entre eux, et ainsi de suite.

Quel que soit le nombre de termes, on peut donc modifier l'ordre dans lequel les additions sont prescrites par les différents signes + sans que la somme en soit modifiée.

Théorème II (loi commutative de H. Grassmann) : *Si dans une somme, un des deux termes est un, alors l'ordre de ces termes peut être inversé.*

Cela correspond à l'équation :

$$1 + a = a + 1. \quad (3)$$

Preuve : L'équation est vraie pour $a = 1$. Reste à montrer que, si elle est vraie pour une valeur quelconque de a, elle est également vraie pour $(a + 1)$. Alors d'après l'équation (1), on a :

$$(1 + a) + 1 = 1 + (1 + a).$$

Par hypothèse, l'équation (3) doit valoir pour a, d'où il suit que :

$$(1 + a) + 1 = (a + 1) + 1.$$

De ces deux équations, il suit que :

$$1 + (a + 1) = (a + 1) + 1, \quad (3a)$$

ce qui était à démontrer.

Comme la proposition est vraie pour $a = 1$, elle l'est aussi pour $a = 2$, et comme elle est vraie pour $a = 2$, elle l'est aussi pour $a = 3$, et ainsi de suite sans limite.

Théorème III : *Dans toute somme de deux termes, l'ordre des termes peut être modifié sans que le nombre correspondant à la somme soit modifié.* Ce qui s'écrit :

$$a + b = b + a. \quad (4)$$

D'après le théorème II, cette proposition est vraie pour $b = 1$. Si elle est vraie pour une valeur quelconque de b, alors elle l'est aussi pour $(b + 1)$. Car d'après le théorème I, on a :

$$(a + b) + 1 = a + (b + 1),$$

et d'après notre présupposition on a :

$$(a + b) + 1 = (b + a) + 1 = 1 + (b + a)$$

$$= (1 + b) + a = (b + 1) + a.$$

Des trois dernières étapes, la première et la dernière sont obtenues à partir du Théorème II, Équation (3), celle du milieu à partir du Théorème I, Équation (2). Il suit que

$$a + (b + 1) = (b + 1) + a$$

ce qu'il fallait démontrer.

De la proposition :

$$a + 1 = 1 + a$$

il suit donc que :

$$a + 2 = 2 + a$$

d'où il suit à nouveau que :

$$a + 3 = 3 + a$$

et ainsi sans fin.

Preuve de l'Axiome V. Si a et f sont des nombres différents, alors, d'après l'Axiome VII, on peut toujours déterminer un nombre entier positif b tel que

$$(a + b) = f.$$

On a donc :

$$c + f = c + (a + b) = (c + a) + b.$$

D'après cela, (c + a) est nécessairement différent de (c + f), c'est-à-dire : des nombres différents ajoutés à un même nombre donnent des sommes différentes.

Cependant, comme d'après le Théorème III :

$$c + f = f + c,$$

$$a + c = c + a,$$

la dernière conséquence peut aussi s'écrire ainsi

$$(f + c) = (a + c) + b,$$

c'est-à-dire que le même nombre additionné à des nombres différents donne des sommes différentes.

De là suit une proposition très importante pour la théorie de la soustraction et des équations : que deux nombres qui, additionnés au même nombre, donnent la même somme, doivent être identiques entre eux.

INVERSION DE L'ORDRE D'UN NOMBRE QUELCONQUE D'ÉLÉMENTS

Dans la méthode de dénombrement que nous avons décrite jusqu'à présent en vue de l'addition, deux séries de nombres, qui demeuraient dans leur séquence normale, étaient combinées deux par deux, de telle sorte que $(n + 1)$ était coordonné à 1, $(n + 2)$ à 2, etc. Seuls les points de départ des deux séquences étaient en vérité différents dans la série des nombres.

Considérons maintenant le cas plus général d'une coordination des éléments de deux séries parmi lesquelles l'une doit conserver une certaine séquence et donc pouvoir être exprimée par des symboles numériques, tandis que l'autre peut posséder une séquence variable. Nous utiliserons comme symboles pour cette dernière les lettres de l'alphabet grec. Ces derniers possèdent en effet aussi une séquence imprimée dans notre mémoire, tels qu'ils sont présentés habituellement dans l'ordre alphabétique; nous les utiliserons cependant seulement comme une séquence parmi de nombreuses autres possibles, laquelle se distingue par des aspects accidentels dont le souvenir en facilite pour nous la vue d'ensemble, et nous nous permettrons par ailleurs de la modifier arbitrairement. D'un autre côté cependant, nous exigeons que dans les modifications que nous effectuerons sur la séquence de ces éléments, aucun ne soit ommis ou répété. Nous le contrôlons très facilement dans notre mémoire si nous décidons que le groupe doit contenir pour éléments toutes les lettres qui précèdent dans l'ordre alphabétique une lettre déterminée, par ex. κ.

TRANSPOSITION DE DEUX ÉLÉMENTS CONSÉCUTIFS D'UNE SÉRIE

Si deux éléments, par ex. ε et ζ sont coordonnés à deux nombres n et $(n + 1)$ se suivant l'un l'autre, alors n peut être lié soit à ε, soit à ζ; cela donne ces deux modes de coordination :

$$\begin{matrix} n & (n+1) \\ \varepsilon & \zeta \end{matrix}$$

ou

$$\begin{matrix} n & (n+1) \\ \zeta & \varepsilon \end{matrix}$$

Si on remplace la première de ces deux coordinations par l'autre, et si on laisse inchangées toutes les autres paires coordonnées d'un nombre avec une lettre, alors aucun nombre ne perd la lettre avec laquelle il était coordonné, aucune lettre ne perd le nombre avec lequel elle était coordonnée, nous ne répétons aucune lettre et n'en perdons aucune. Si donc, avant la transposition, la série qui comprenait les deux premières paires introduites ci-dessus était un groupe qui ne comprenait aucun trou ni aucune répétition, alors elle conserve ces propriétés après la transposition.

En répétant de manière convenable de telles transpositions d'éléments voisins, je peux placer en première position de la série n'importe quel élément du groupe sans introduire de répétition ou de trou dans la série. Car si l'élément choisi ξ est le n-ième, alors je peux le substituer au $(n-1)$-ième, puis au $(n-2)$-ième, etc., de telle sorte que le nombre correspondant à sa position soit toujours plus petit, jusqu'à ce que j'atteigne finalement le nombre le plus petit du groupe, à savoir 1.

D'où suit : *En substituant de manière continue les valeurs d'un groupe par les valeurs voisines, je peux amener ses valeurs à n'importe quelle position dans la série sans perdre d'élément ou sans en ajouter.* Car je peux décider arbitrairement laquelle des valeurs de la série doit être la première et procéder comme cela a été indiqué. Je peux alors décider laquelle des valeurs doit être la deuxième et procéder de la même manière. Ce faisant, l'élément qui avait été placé en première position ne sera pas déplacé. Je peux alors déterminer le troisième et ainsi de suite jusqu'au dernier.

Théorème IV : *Les attributs d'une série d'éléments qui ne sont pas modifiés si on les substitue à d'autres éléments arbitraires voisins dans l'ordre, ne sont modifiés par aucune modification possible de la séquence des éléments.*

Cela nous conduit à la *généralisation de la loi commutative de l'addition.*

Les lettres capitales symbolisent à nouveau, comme dans la généralisation de la loi associative, des sommes d'un nombre arbitraire de nombres. Aussi a-t-on, d'après la loi associative généralisée :

$$R + a + b + S = R + (a + b) + S.$$

D'après la loi commutative on a pour les deux termes :

$$a + b = b + a.$$

Donc, puisque d'après cela $(a + b)$ est le même nombre que $(b + a)$, on a :

$$R + a + b + S = R + (b + a) + S$$
$$= R + b + a + S.$$

Ce dernier point à nouveau d'après la loi associative.

Comme d'après cela on peut échanger dans une somme donnée n'importe quel élément avec un autre élément le suivant sans modifier le résultat de la somme, alors on peut d'après le Théorème IV les échanger tous et les placer à n'importe quelle place de la séquence sans modifier la somme.

Ainsi, les cinq axiomes fondamentaux de l'addition, relatifs au concept d'addition que nous avons posé comme fondamental, ont été prouvés et dérivés de ce concept. Reste maintenant à démontrer que ce concept correspond à celui qui se dégage en déterminant le nombre cardinal d'objets dénombrables.

Cela nous conduit ensuite au concept de *nombre cardinal* [*Anzahl*][9] des éléments d'un groupe. Si j'ai besoin de la série complète des nombres

9. Comme on le voit, Helmholtz ramène le concept de nombre cardinal au concept de nombre ordinal. Sa présentation ne contient pas de définition de la notion d'ensemble fini, au sens d'un critère qui permette de décider si quelque chose est un ensemble fini ou non. Rappelons-nous comment le concept de symbole numérique a été introduit (p. 107) et prêtons une attention particulière au fait que dans cette explication le terme « etc. » apparaissait. Nous ne pourrons alors dire qu'un ensemble est fini que si l'ensemble plus petit que lui de 1 est fini ; mais ce dernier n'est lui-même fini que si l'ensemble plus petit que lui de 1 est fini. On verrait alors si on atteint 1 en poursuivant cette opération, c'est-à-dire qu'on doit déjà posséder le concept d'ensemble fini. Nous devons ainsi déjà présupposer le concept d' « ensemble fini » comme concept fondamental.

En commençant par les constructions conceptuelles de la théorie des ensembles, E. Zermelo (*Atti del IV Congresso dei Matematici*, Roma, [Tipografia della reale Academia dei Lincei], 1908, vol. 2, p. 8) a proposé une définition simple des ensembles finis. Montrons à partir d'un exemple ce dont il est question.

Prenons un ensemble fini de choses :

$$a\,b\,c\,d\,e\,f\,g.$$

Nous pouvons les ordonner, donc les écrire comme ce que nous venons de faire ci-dessus : *b* suit *a*, *c* suit *b*, *d* suit *c*, etc. Ou en général : dans ce schéma

$$\begin{matrix} a\,b\,c\,d\,e\,f \\ b\,c\,d\,e\,f\,g \end{matrix}$$

le nombre situé au-dessous suit celui qui se situe au-dessus, de sorte qu'on obtient les paires :

ab, *bc*, *cd*, etc.

Divisons maintenant notre ensemble en deux parties, par ex. :

$$a\,g\,f\,/\,b\,c\,d\,e;$$

je peux alors toujours trouver au moins une paire parmi celles notées ci-dessus qui soit divisée entre les deux ensembles partiels, par ex. dans notre exemple : *ab*, *ef*. Si cela n'était pas possible, en effet, il faudrait que la partie en question contienne *ab*, bien sûr, mais aussi *bc*, et aussi *cd*, etc., donc qu'elle contienne tout l'ensemble, si bien qu'il ne resterait rien pour l'autre partie.

Maintenant, si l'ensemble peut être ordonné de sorte que par n'importe quelle division, au moins une paire soit divisée, alors, d'après Zermelo, il est fini. Cette définition s'avère donc très fructueuse, dans la mesure où il est possible d'obtenir grâce à elle les propositions les plus importantes de la théorie des nombres (*cf.* [n. 8 p. 111]).

de 1 à *n* pour coordonner un nombre à chaque élément du groupe, alors je nomme *n* le *nombre cardinal* des membres du groupe. Les développements issus du Théorème IV montrent que le *nombre cardinal des membres ne change pas si l'on change l'ordre des membres de la série* pourvu qu'on n'en omette ni n'en ajoute aucune.

Cette proposition est en outre applicable aux objets réels dans la mesure où on peut considérer α, β, γ, etc. comme leurs noms provisoires. Il faut en réalité seulement, au moins si l'on veut que le résultat du dénombrement entrepris soit valide, que ces objets remplissent certaines conditions pour être dénombrables. Ils ne doivent pas disparaître ni se mélanger à d'autres, ils ne doivent pas se diviser en deux parties, aucun nouveau ne doit pouvoir être introduit, de sorte que chaque nom qui leur serait donné sous forme

L'importance du concept de coordination pour fonder la théorie des nombres a tout d'abord été reconnue par R. Dedekind dans son opuscule : « Was sind und was sollen die Zahlen ? » (art. cit.). Il part de l'existence d'un ensemble infini et obtient par coordination l'ensemble des nombres naturels. L'existence d'un ensemble infini n'est cependant pas présupposée par Zermelo.

Cependant, le concept de coordination est indispensable dans d'autres contextes également, car on peut fonder sur lui une définition générale du concept de nombre cardinal [*Anzahl*] : on affirme en effet l'équipotence [*Gleichzahligkeit*] de deux ensembles finis en les dénombrant tous les deux. C'est cependant de toute évidence un cercle que de coordonner d'abord l'ensemble des nombres à un ensemble à dénombrer ; on se demandera plutôt si les deux ensembles peuvent être coordonnés l'un à l'autre immédiatement ; et si c'est le cas, alors on les dira équivalents d'après G. Cantor. Mais l'importance de cette méthode directe de comparaison [*Vergleichsmethode*] se révèle lorsqu'on constate qu'on ne peut tout simplement pas comparer des ensembles infinis d'une autre manière, comme les travaux de Cantor l'ont clairement montré.

Le concept d'équivalence [*Äquivalenz*] nous amène en outre à la défnition de la notion de nombre cardinal fini. Comme la proposition affirme que si deux ensembles sont équivalents à un troisième, alors ils sont aussi équivalents entre eux, on peut alors dire de tous les ensembles équivalents entre eux qu'ils ont la même « puissance » [*Mächtigkeit*] ou, s'ils sont finis, la même cardinalité. La définition de G. Frege doit être entendue en ce sens (*Grundlagen der Arithmetik*, Breslau, Koebner, 1884, p. 79 ; trad. fr. C. Imbert, *Les fondements de l'arithmétique*, Paris, Seuil, 1969, p. 193 ; voir aussi *Grundzüge der Arithmetik*, Jena, Pohle, 1893, § 40-42, p. 57-58) : le nombre cardinal correspondant au concept F est l'extension du concept « équipotent [*gleichzahlig*] avec le concept F ». Cette définition a été pour l'essentiel dépassée par B. Russell (*Principles of Mathematics*, Cambridge, Cambridge University Press, 1903, p. 111-116). Le nombre cardinal d'un ensemble est l'ensemble de tous les ensembles équivalents à lui. Ainsi, par ex., le nombre de doigts d'une main est l'ensemble de tous les ensembles qui peuvent être coordonnés un à un avec les doigts de la main.

On doit cependant remarquer que Russell s'appuie sur une définition préalable beaucoup plus rigoureuse du concept d'ensemble. Plus précisément, pour éviter les paradoxes de la théorie des ensembles, il a substitué à la théorie logique frégéenne de l'arithmétique une autre théorie (théorie des types logiques) dans laquelle le concept d'ensemble reçoit lui-même une signification plus précise.

d'une lettre grecque corresponde toujours à un et un seul objet délimité et reconnaissable comme unique. Que ces conditions soient remplies par une classe déterminée d'objets, c'est ce que l'expérience seule, bien sûr, peut nous apprendre [10, a].

D'après le concept d'addition présenté ci-dessus, le nombre total de membres de deux groupes qui n'ont aucun membre commun est égal à la somme des nombres cardinaux des membres de chacun de ces groupes pris séparément, c'est ce qui ressort de la méthode de dénombrement décrite ci-dessus. Pour trouver le nombre total, on pourrait tout d'abord dénombrer le premier groupe. S'il contient p membres, alors le nombre (p + 1) serait attribué au premier membre de l'autre groupe, (p + 2) au second, et ainsi de suite, de sorte que le nombre total de membres des deux groupes pourrait être établi aussi précisément en utilisant le même procédé de dénombrement qu'en effectuant la somme (définie ci-dessus) des deux nombres correspondant au nombre cardinal d'éléments de chacun des groupes.

Le concept d'addition décrit plus haut recoupe donc en réalité le concept d'addition qui intervient dans la détermination du nombre de plusieurs groupes d'objets dénombrables, mais il a l'avantage de pouvoir être atteint sans aucun lien avec l'expérience externe.

On a ainsi prouvé l'ensemble des axiomes de l'addition nécessaires à la fondation de l'arithmétique, pour les concepts de nombre et de somme dont nous étions partis, tirés exclusivement de l'intuition interne ; et on a prouvé également que le résultat de ce type d'addition est égal à celui qui serait atteint en dénombrant des objets exterieurs dénombrables.

La théorie de la soustraction et de la multiplication en découle sans difficulté supplémentaire, dans la mesure où la *différence* $(a - b)$ est définie comme le nombre que l'on doit ajouter à b pour que a corresponde à la somme, et la multiplication comme l'addition d'un certain nombre cardinal de nombres identiques. Je n'ai besoin ici que de me référer à Grassmann qui définit la multiplication de nombres purs par les deux équations suivantes :

$$1 \cdot a = a,$$

$$(b + 1) \cdot a = b \cdot a + a.$$

10. *Cf.* aussi E. Schröder, *Lehrbuch der Arithmetik und Algebra*, *op. cit.*, p. 15.

a. Alors que cet article était sous presse, j'apprends que le professeur L. K. Kronecker a développé de manière similaire les concepts de nombre et de nombre cardinal lors d'une conférence donnée durant le dernier semestre d'hiver.

En ce qui concerne la soustraction, il suffit de remarquer que les nombres, pris comme symboles d'une séquence, peuvent aussi être remontés sans limite dans la direction inverse, en passant de 1 à 0, puis à (– 1) puis à (– 2), et ainsi de suite, en marche arrière, et que ces nouveaux symboles se comportent exactement comme les nombres entiers positifs qui jusqu'à présent étaient les seuls dont on avait besoin. Aussi la différence entre deux nombres a-t-elle toujours une et une seule signification; elle est donc déterminée de manière univoque.

Dans ce qui suit, *nous devons traiter des points communs et des différences entre les lois de l'addition et de la multiplication*.

Les principes d'associativité et de commutativité valent pour les deux opérations. On a donc, comme nous l'avons vu :

$$(a+b)+c=a+(b+c)$$

$$a+b=b+a.$$

Mais on a donc aussi :

$$(a\cdot b)\cdot c=a\cdot (b\cdot c)$$

$$a\cdot b=b\cdot a.$$

Une première différence entre les propriétés fondamentales des deux opérations se présente lorsque, pour chacune d'elles, on combine n mêmes nombres a. Combinés par l'addition, ces nombres donnent pour produit $n.\ a$, lequel est à son tour soumis à la loi de commutativité :

$$n\cdot a=a\cdot n.$$

Au contraire, par la multiplication de n facteurs égaux, on atteint la puissance a^n dans laquelle a et n, sauf dans quelques cas particuliers, ne peuvent pas être intervertis l'un avec l'autre sans modifier la valeur de la puissance.

De la même manière, une analogie apparaît, dans un cas, si l'on combine chacune de ces opérations avec celle qui se situe à un degré juste supérieur :

$$(a+b)\cdot c=(a\cdot c)+(b\cdot c)$$ [11]

11. Ce principe s'appelle la distributivité. L'associativité et la commutativité de l'addition et de la multiplication, tout comme la distributivité, sont satisfaites par le système ordinaire des nombres complexes, et toutes sont satisfaites par le système des quaternions ([n. 28 p. 137]) sauf la commutativité de la multiplication. Des lois tout à fait similaires valent enfin dans le calcul logique : si on entend par la somme de deux extensions de concepts a et b

$$c^{a+b} = c^a . c^b.$$

Mais on perd cette analogie par commutation; car il n'y a plus la même relation entre $(a+b)^c$ d'un côté et $a^c . b^c$ de l'autre.

NOMBRES DÉNOMMÉS

En règle générale, nous n'avons besoin de dénombrer des choses [*Stücke*] différentes, de la manière dont nous avons parlé plus haut, que pour déterminer leur nombre total.

Dénombrer des objets identiques [*gleiche*] est bien plus important et s'applique à des cas bien plus larges. Nous nommons *unités* de dénombrement ces objets qui sont identiques sous un certain rapport et que nous dénombrons, *nombre dénommé* leur nombre cardinal, et enfin *dénomination du nombre* le type particulier d'unités qu'ils rassemblent.

Un nombre cardinal peut, comme cela a été vu plus haut, être divisé en parties qui peuvent être *additionnées* en un tout. La somme de deux nombres dénommés de même dénomination est le nombre total de toutes ses unités, donc à son tour nécessairement un nombre dénommé de même dénomination. Si nous devons comparer deux groupes différents possédant un nombre cardinal différent, alors nous désignons comme *plus grand* celui qui possède le nombre cardinal le plus haut, et comme *plus petit* celui qui possède le nombre cardinal le plus bas. Si les deux possèdent le même nombre cardinal, on dira d'eux qu'ils sont *égaux* [*gleich*].

Nous nommons *grandeurs* des objets ou des attributs d'objets qui peuvent être dits plus grands, égaux ou plus petits lorsqu'on les compare à d'autres objets semblables. Nous pouvons les exprimer par un nombre dénommé, et nous nommons donc celui-ci la *valeur* de la grandeur, et le procédé par lequel ce nombre dénommé est déterminé, la *mesure* de la grandeur. Par ailleurs, dans de nombreuses recherches conduites en

l'extension de tout ce qui est a ou b (a = homme, b = femme, $a + b$ = humain), par ab l'extension de tout ce qui tombe à la fois sous a et sous b (a = rouge, b = rose [la fleur], ab = rose rouge), alors on obtient :

$(a+b)+c = a+(b+c)$
$a+b = b+a$
$(ab)c = a(bc)$
$ab = ba$
$(a+b)c = ac+bc$
$a+bc = (a+c)(b+c)$

Il y a donc *deux* principes de distributivité.

pratique, nous ne parvenons qu'à ramener les mesures à des unités choisies arbitrairement ou données par l'instrument que nous utilisons; les nombres que nous obtenons ainsi n'ont donc que la valeur de *nombres proportionnels*, jusqu'à ce que ces unités soient ramenées à des unités connues de tous (*les unités absolues de la physique*). Ces unités connues de tous ne sont cependant aucunement définies par leur concept [12], mais peuvent seulement être exposées dans des corps naturels déterminés (poids, étalons) ou dans des processus naturels (jour, battement de pendule). Le fait qu'elles soient connues de tous les hommes par tradition ne change rien à l'entreprise ou au concept de mesure et semble n'être pour elle qu'un fait accidentel.

Dans ce qui suit, nous devrons rechercher sous quelles conditions nous pouvons ramener des grandeurs à des nombres dénommés, c'est-à-dire connaître leur valeur, ainsi que le type de connaissance factuelle que nous atteignons ainsi.

Nous devons cependant préalablement déterminer la signification objective des concepts d'égalité et de grandeur.

L'ÉGALITÉ PHYSIQUE

La relation particulière qui peut exister entre les attributs de deux objets et que nous désignons par le nom « égalité » se caractérise, d'après l'Axiome I tel que nous l'avons posé plus haut : *si deux grandeurs sont égales à une troisième, alors elles sont égales entre elles*. Cela implique en même temps que la relation d'égalité est réciproque. Car de

12. Évidemment, on peut aussi en dernière analyse rendre un concept compréhensible pour un auditeur par monstration [*Aufweisung*]; mais d'une autre manière que, par ex., une longueur. En soi et pour soi, on pourrait penser qu'il existe des transitions [*Übergänge*] entre tous les types de choses [*Gattungen*] de la nature. Mais il n'en va pas ainsi. Pour passer de certains types déterminés de choses à d'autres, on ne peut trouver aucune transition fixe et il est donc possible de se remémorer un de ces types de choses après ne l'avoir rencontré qu'une fois, et sans que l'original soit à notre disposition en chair et en os, et sans mesurer. Aussi pouvons-nous par ex. reconnaître l'eau ainsi que les processus de geler et bouillir, et nous pouvons ainsi donner une définition conceptuelle des degrés de température.

Mais nous ne pouvons pas définir de cette manière les unités de longueur, de masse et de temps.

Nous verrons cependant que cette conception doit probablement être modifiée.

$$a = c,$$
$$b = c$$

il suit aussi bien que $a = b$ et que $b = a$.

L'égalité [*Gleichheit*] entre les attributs comparables [*vergleichbaren*] de deux objets est un cas particulier et ne peut donc être signalé dans l'observation factuelle que par le fait que les deux objets identiques [*gleichen Objekte*], lorsqu'ils se rencontrent ou interagissent sous certaines conditions, rendent possible l'observation d'un résultat particulier qui ne se rencontre pas en règle générale entre d'autres paires d'objets semblables [*ähnlicher Objekte*].

Le procédé par lequel nous plaçons les deux objets dans les bonnes conditions pour pouvoir observer ce résultat et déterminer s'il est vérifié ou non, nous le nommons la *méthode de compraison* [*Methode der Vergleichung*].

Si ce procédé de comparaison doit donner une information certaine sur l'égalité ou la différence pour un attribut déterminé des deux objets, alors son résultat doit nécessairement et uniquement dépendre de la condition suivante : que les objets possèdent tous deux l'attribut en question dans une mesure déterminée, en présupposant toujours que le procédé de comparaison est accompli correctement.

Il suit alors de l'Axiome posé plus haut que *le résultat de la comparaison ne doit pas être modifié si les deux objets sont intervertis l'un avec l'autre.*

Il suit en outre que, s'il s'avère que les deux objets a et b sont égaux et s'il a été découvert, par des observations antérieures utilisant la même méthode de comparaison, que a est aussi égal à un troisième objet c, alors la comparaison correspondante de b et c doit les donner comme égaux.

Ce sont les conditions que nous devons poser pour la méthode de comparaison en question. *Seules les procédures qui satisfont ces conditions sont susceptibles d'établir une égalité*[13].

13. On appelle symétrique une relation $a\,R\,b$ si de $a\,R\,b$ il suit aussi $b\,R\,a$, transitive, si de $a\,R\,b$ et $b\,R\,c$ il suit aussi $a\,R\,c$: l'égalité est donc une relation symétrique et transitive. Réciproquement, dans tous les cas où existe une relation symétrique et transitive, on peut s'exprimer au sujet des choses en relation comme si elles possédaient une propriété commune (définition par abstraction ; G. Peano, *Notations de logique mathématique*, Turin, Guadagnini, 1894, p. 45). Par ex., sera symétrique et transitive la relation entre des paires de points telle que les extrémités d'un segment qui coïncident avec une paire puissent aussi coïncider avec l'autre paire (*Cf.* Helmholtz, dans le présent ouvrage, p. 76). On dit de telles paires d'extension qu'elles sont égales en grandeur [*gleich gross*]. De même, est symétrique et transitive la relation entre des corps qui peuvent entrer en contact sans qu'intervienne un échange de chaleur. On dit de ces corps qu'ils sont égaux en chaleur ou qu'ils ont la même température.

Que « des grandeurs égales puissent êtres substituées les unes aux autres », c'est la conséquence des présupposés qu'on a admis pour obtenir le résultat sur l'observation duquel nous nous appuyons pour constater leur égalité.

Cependant, l'égalité dans le cas traité précédemment est également liée à l'égalité, fondée sur les lois de la nature, des effets et des relations des objets correspondants, de telle sorte que les objets peuvent aussi être interchangés sous ces rapports. Nous avons l'habitude d'exprimer cela linguistiquement en objectivant comme un attribut de ces objets leur capacité à produire le résultat permettant le premier type de comparaison, puis d'attribuer aux objets ainsi comparés des grandeurs égales de ces attributs, et de décrire les autres effets par lesquels l'égalité est préservée comme des effets de cet attribut ou comme ne dépendant empiriquement que de cet attribut. Le sens de cette affirmation n'est jamais que le suivant : que les objets qui ont été prouvés égaux par le type de comparaison qui décide de l'égalité de ces attributs particuliers, peuvent aussi être substitués les uns aux autres, dans les autres cas envisagés, sans que le résultat en soit modifié.

Les grandeurs dont la même méthode de comparaison doit décider de l'égalité ou de l'inégalité, nous disons qu'elles sont « du même type » [*gleichartig*]. En séparant par abstraction l'attribut dont l'égalité [a] ou l'iné-

De manière correspondante, G. Frege et B. Russell ont défini le concept de nombre cardinal ([n. 9 p. 117]). Dans tous les cas similaires on rencontre les suppositions suivantes :

a) que les objets en question aient véritablement une propriété commune d'où découle cette relation.

b) qu'ils soient *quantitativement* égaux en quelque chose.

Ainsi, par ex., la propriété de deux corps dont la mise en contact ne donne lieu à aucun échange de chaleur s'explique par le fait qu'ils ont une quantité égale d'énergie par degré de liberté.

Quant aux suppositions du premier type, on peut adopter ce point de vue : la possession d'une propriété commune ne signifie pas autre chose que l'existence d'une relation physique entre ces corps, éventuellement avec encore d'autres corps (par ex. l'égalité d'extension, un comportement des corps par rapport à un instrument de mesure).

En ce sens, on peut ne pas prêter à la preuve russellienne du principe d'abstraction (B. Russell, *Principles*, *op. cit.*, p. 162, rq. ; *Principia*, *op. cit.*, vol. I, p. 474, n° 72.66) qu'une signification formelle : toutes les choses entre lesquelles existent les relations symétriques et transitives et qui constituent l'ensemble *M* ont une propriété commune : être élément de l'ensemble *M* (ce que Russell exprime de manière quelque peu différente).

a. Définition par H. Grassmann de l'égalité [*Gleichheit*] : « Sont égales les choses au sujet desquelles on peut toujours dire la même chose, ou plus généralement, celles qui peuvent être substituées les unes aux autres dans tout jugement » ; cette définition implique que dans tous les cas particuliers dans lesquels on établit une égalité, cette exigence hautement générale et sujette à de nombreuses mésinterprétations soit satisfaite.

galité a ainsi été déterminée de tout ce par quoi les objets diffèrent par ailleurs, nous ne laissons aux attributs correspondants d'objets différents qu'une différence de grandeur [14].

Je me permets d'illustrer le sens de ces propositions abstraites par des exemples bien connus.

Poids. Si je place deux corps quelconques sur les deux plateaux d'une balance, en général la balance ne demeurera pas en équilibre [*Gleichgewicht*], mais penchera du côté d'un des deux plateaux.

Je peux exceptionnellement trouver une paire de corps *a* et *b* qui, une fois placés sur la balance, ne perturbent pas son équilibre.

Si j'intervertis alors *a* et *b*, la balance reste à l'équilibre. Car il est bien connu que c'est ce qu'on fait pour tester la précision d'une balance, c'est-à-dire vérifier si l'équilibre de la balance indique une égalité des poids.

Enfin, cela confirme que si le poids de *a* n'est pas seulement égal au poids de *b*, mais aussi à celui de *c*, alors on a aussi $b = c$. L'équilibre des poids sur une balance précise fonde donc dans les faits une méthode, une manière de déterminer l'égalité.

Les corps dont nous comparons [*vergleichen*] le poids peuvent être constitués de matières différentes, avoir une forme ou un volume différents. Le poids que nous posons comme égal est seulement pour eux un attribut que nous séparons par abstraction. Lorsque nous désignons les corps eux-mêmes comme des poids et ces poids comme des grandeurs, nous ne pouvons le faire que dans les cas où nous pouvons faire abstraction de toutes leurs autres propriétés. Cela possède un sens pratique aussi souvent que nous constatons ou initions des processus dans lesquels n'entre en compte que cet unique attribut des corps en interaction, c'est-à-dire dans lesquels les corps qui préservent l'équilibre de la balance peuvent être interchangés. C'est par ex. le cas lorsque nous mesurons l'inertie des corps en question. Mais le fait que des corps de même poids aient aussi la même inertie et puissent aussi, sous ce rapport, être interchangés, ne suit pas du concept d'égalité mais seulement de notre connaissance des lois particulières de la nature concernant ce rapport particulier [15].

14. *Cf.* G. W. Leibniz : « *eadem sunt, quorum unum potest substitui alteri salva veritate* » (*Opuscules et fragmets inédits de Leibniz par Louis Couturat*, Paris, Alcan, 1903, p. 475).

15. La proporstionnalité entre la masse inerte et la masse gravitationnelle a été établie par Newton et Bessel par des expériences avec un pendule et par R. Eötvos, Pekar et Fekete par des expériences avec une balance de torsion. Comme la force de pesanteur observée se compose de la force d'attraction de la Terre et de la force centrifuge, elle devrait, si la proportionnalité ne tenait pas, présenter plusieurs directions différentes selon les corps choisis, et une balance de torsion avec différentes matières à ses extrémités devrait tourner. Mais les chercheurs nommés ci-dessus n'ont pas trouvé d'effet de ce type.

DISTANCES ENTRE DEUX POINTS

L'entité géométrique la plus simple pour laquelle on puisse déterminer une grandeur est la distance entre les deux points d'une paire. Cependant, pour qu'on puisse donner une valeur déterminée à cette distance, au moins durant le temps de la comparaison par la mesure, les points doivent avoir un rapport fixe, comme par ex. les deux pointes d'un compas. La méthode bien connue pour comparer les distances de deux paires consiste à rechercher si elles se recouvrent ou non de manière congruente. Que cette méthode soit efficace pour déterminer l'égalité, que la congruence subsiste dans n'importe quelle position et en intervertissant les deux paires de points de n'importe quelle manière, qu'enfin deux paires de points qui sont congruentes avec une troisième soient aussi congruentes entre elles, c'est ce que confirme l'expérience. Aussi peut-on construire le concept de distances ou éloignements égaux[16].

À partir de là, on peut avancer jusqu'au concept de ligne droite et de sa longueur. Pensons à deux points fixes entre lesquels passe une ligne. Une *ligne droite* est une ligne dans laquelle aucun point ne peut modifier sa position sans modifier également sa distance avec au moins un des points fixes. Une *ligne courbe*, au contraire, se caractérise par le fait qu'on peut la faire pivoter sur deux de ses points en modifiant certes la position des autres points mais pas leur distance par rapport à ces deux points. Nous tenons pour égales les *longueurs* de deux lignes droites finies si leurs extrémités sont à la même distance, c'est-à-dire si elles peuvent être placées en congruence – ce par quoi les lignes elles-mêmes sont aussi congruentes. Le concept de *longueur* donne dans cette mesure quelque chose de plus que le concept de distance. Si nous nous représentons deux paires de points *a*, *b* et *a*, *c* coïncidant en *a* mais à une distance différente et placés sur une ligne droite, de sorte qu'un segment de cette ligne soit

Ces résultats ont suscité un très vif intérêt lorsque Einstein a découvert que, d'après la théorie de la relativité, toute forme d'énergie doit posséder une inertie. On pouvait alors supposer qu'elle possédait aussi une masse gravitationnelle, ce qui pouvait également être fondé théoriquement.

La théorie de la relativité générale nous permet de connaître le fondement de la relation entre la masse inerte et la masse gravitationnelle. En effet : dans le champ gravitaionnel, un corps pesant produira une marque sur une balance à ressort. On peut cependant contester l'existence d'un champ gravitationnel et supposer à sa place une accélération de la balance. Alors on pourra lire la marque sur la balance à ressort comme la conséquence de l'inertie du corps. L'inertie et la masse gravitationnelle doivent donc être identiques l'une avec l'autre.

Il faut distinguer cette masse gravitationnelle de la masse gravitationnelle active, qui lui est proportionnelle et qui mesure la grandeur de la force gravitationnelle qui en émane.

16. Voir [n. 13 p. 123].

commun aux deux, alors soit *b* fait partie de la ligne *ac*, soit *c* de la ligne *ab*. Cela donne une opposition entre plus grand et plus petit, alors que le concept de distance donne immédiatement l'opposition entre égal ou inégal.

La *mesure du temps* présuppose qu'on ait trouvé des processus physiques qui se répètent de manière strictement identique [*gleich*] et sous les mêmes conditions lorsqu'ils ont commencé au même moment et se terminent aussi au même moment, comme par ex. les jours, les mouvements d'un balancier, l'écoulement des sabliers ou des horloges à eau. Ici la justification de la croyance dans le caractère inchangeant de la durée de la répétition tient au fait que toutes les différentes méthodes de mesure du temps, si elles sont exécutées correctement, conduisent toujours à des résultats concordants. Si deux processus *a* et *b* de ce type commencent en même temps [*gleichzeitig*] et se terminent en même temps, alors ils ne se produisent pas seulement dans un temps égal mais dans le même temps. Relativement au temps, il n'y a entre eux aucune différence, si bien qu'il est impossible de les interchanger. Et si un troisième processus *c*, commençant en même temps que *a*, se termine en même temps, il fait de même avec le processus simultané *b*.

Nous comparons la *luminosité* de deux zones visibles en les superposant de telle sorte que plus aucune des limites entre elles ne soit visible, sauf la différence de luminosité, et nous pouvons alors vérifier si une limite demeure visible entre elles[17].

Nous comparons la *hauteur* des sons, si la différence est faible, grâce au phénomène des battements, lesquels n'existent pas si la hauteur des sons est égale. Nous comparons *les intensités des courants électriques* grâce à un galvanomètre différentiel qui demeure au repos si elles sont égales[18], etc.

17. Les surfaces ne sont pas elles-mêmes superposées l'une à l'autre, mais les rayons qui en émanent sont dirigés dans le photomètre de telle sorte qu'elles apparaissent comme voisines pour l'œil qui les rencontre (H. v. Helmholtz, *Optique physiologique*, *op. cit.*, 1892 (2e éd.), p. 419-422).

Des lumières très peu différentes de couleurs différentes valent comme égales en luminosité, d'après E. Schrödinger, si une modification de l'intensité de l'une ou de l'autre augmente le contraste. Ce n'est que sous certaines conditions (que Schrödinger a également posées) qu'on peut parler de luminosité identique pour deux lumières de couleur différente possédant entre elles une différence finie.

18. Le galvanomètre différentiel contient deux bobines opposées, de sorte que les courants passant à travers elles agissent sur la même aiguille aimantée. Si les deux courants ont la même intensité, alors leurs effets s'annulent réciproquement.

Il faut donc chercher les moyens physiques les plus divers pour entreprendre la tâche de constater l'égalité dans différentes situations, mais ces objets doivent tous remplir les conditions posées ci-dessus s'ils doivent prouver une égalité.

Le premier axiome : « Si deux grandeurs sont égales à une troisième, alors elles sont égales entre elles » n'est donc pas une loi qui possèderait une signification objective, mais il détermine seulement quelles relations physiques peuvent être qualifiées d'égalités.

Pour citer des exemples dans lesquels cette loi de l'égalité du tiers fonde un processus mécanique, je me référerai au polissage de surfaces de verre plates. Si deux surfaces de ce type sont frottées l'une contre l'autre dans un mouvement de rotation continue de l'une contre l'autre, elles peuvent toutes deux devenir sphériques, l'une concave, l'autre convexe. Si trois surfaces sont frottées les unes contre les autres en alternance, alors elles vont nécessairement devenir plates. De même, pour rendre les bords des règles métalliques parfaitement droits, on les frotte les unes contre les autres par trois.

SUR LA RELATION PHYSIQUE ADDITIVE [a] DE GRANDEURS DU MÊME TYPE [*GLEICHARTIGE*]

Telle que nous l'avons traitée jusqu'à présent, la comparaison de grandeurs répond à la question de savoir si elles sont égales ou inégales, mais pas, le cas échéant, à celle de la mesure de leur différence. Cependant, si les grandeurs en question peuvent être déterminées par des nombres dénommés, alors le plus grand des deux nombres peut être formulé comme la somme du plus petit et de leur différence. Reste donc à rechercher les conditions sous lesquelles nous pouvons exprimer une relation [*Verknüpfung*] physique de grandeurs du même type comme une addition.

Le mode de relation [*Verknüpfungsweise*] dont il s'agit ici dépend en général du type auquel appartiennent les grandeurs qui sont reliées. Nous additionnons par ex. des poids simplement en les plaçant sur la même balance. Nous additionnons des périodes de temps en faisant commencer la seconde exactement là où se termine la première ; nous additionnons des longueurs en les superposant d'une certaine manière, à savoir *sur une ligne droite*, etc.

a. « Verknüpfung » (relation) est un terme de Grassmann, quoiqu'en un sens massivement subjectif – ici, le sens est seulement objectif.

1) *La somme et ses termes sont du même type.* Comme la relation en question doit concerner *des grandeurs d'un type déterminé*, alors son résultat ne peut pas être modifié si j'intervertis une ou plusieurs des grandeurs par des grandeurs égales et du même type [*mit gleichgrossen gleichartigen Grössen*]. Car elles sont remplacées par le même nombre avec la même dénomination qu'elles avaient auparavant. Mais le résultat de la relation [*Verknüpfung*], s'il doit valoir pour la somme des grandeurs reliées, doit aussi être du même type que ses parties, puisque la somme de deux nombres dénommés est à son tour un nombre de même dénomination, comme nous l'avons déjà noté ci-dessus. *Donc la question de savoir si le résultat de la relation demeure égal si on intervertit les parties doit être tranchée par la même méthode de comparaison que celle utilisée pour déterminer l'égalité des parties interverties.* C'est le sens factuel de la condition selon laquelle la somme de grandeurs du même type doit être du même type que ses termes.

Je peux donc par ex., dans une somme de poids, remplacer tous les morceaux individuellement par d'autres morceaux composés d'un autre matériau, mais de poids égal. La somme pèsera alors le même poids; mais ses autres attributs physiques peuvent être modifiés.

2) *Loi commutative.* Le résultat de l'addition ne dépend pas de la séquence dans laquelle les termes sont reliés [*verknüpft*]. La même chose doit valoir pour les relations physiques que nous devons considérer comme des additions.

3) *Loi associative.* La liaison de deux grandeurs du même type peut se produire physiquement si on les remplace toutes deux par une seule grandeur indivisible du même type et qui soit égale à leur somme. Ces deux grandeurs sont ainsi réunies additivement avant toutes les autres.

Ainsi, pour la mesure des poids, un morceau de cinq grammes peut remplacer cinq morceaux d'un gramme.

Le résultat de la relation [*Verknüpfung*] ne peut donc pas être modifié par le fait qu'à la place de certaines des grandeurs reliées, j'en introduise d'autres dont la somme serait identique à celles-ci.

Par ailleurs, on peut montrer que si les deux premières conditions sont remplies ensemble, alors la troisième l'est également.

Pensons aux éléments de la séquence ordonnés les uns à la suite des autres comme, dans un premier cas, ils doivent être reliés les uns avec les autres pour que chacun soit attribué au résultat de la relation [*Verknüpfung*] de ceux qui le précèdent, de la même manière que ce que nous avons exigé plus haut pour l'addition de [$a + b + c +$ etc.]. Si maintenant, dans un second cas, on demande que certaines de ces valeurs soient reliées avant les autres, alors on peut, en vertu de la loi commutative qui doit valoir par hypothèse, les placer en première et seconde position où elles seront donc reliées avant les autres, sans que le résultat en soit modifié. D'après cela et la condition donnée ci-dessus, nous pouvons remplacer le résultat de cette relation par un autre objet indivisible qui, considéré comme grandeur du même type, est égal en grandeur.

Quand cela s'est produit, nous pouvons à nouveau prendre deux grandeurs (ou deux sommes de grandeurs) devant être reliées ensuite et les amener aux deux premières places et ainsi de suite jusqu'à ce qu'elles soient toutes reliées dans la séquence. La grandeur du résultat final de la relation [*Verknüpfung*] ne se trouve modifiée par aucune de ces opérations.

Une méthode physique de mise en relation [Verknüpfung] *de grandeurs du même type peut être vue comme une addition si le résultat de la relation, identifié comme grandeur du même type, n'est modifié ni par l'interversion de ses éléments individuels les uns avec les autres, ni par l'interversion des membres de la relation avec des grandeurs égales du même type.*

Comme nous avons trouvé, de la manière décrite ci-dessus, la méthode de mise en realtion [*Verknüpfung*] des grandeurs en question, on sait maintenant aussi lesquelles sont plus grandes et lesquelles plus petites. Le produit de la relation additive, le tout, est plus grand que les parties dont il est composé. À propos des grandeurs les plus simples auxquelles nous avons eu affaire dès notre prime jeunesse, telles que les temps, les longueurs et les poids, nous n'avons jamais douté de ce qui était plus grand et ce qui était plus petit parce que nous connaissions de fait les méthodes additives pour les relier entre elles. Mais il faut garder à l'esprit que les méthodes de comparaison, telles que nous les avons décrites plus haut, ne nous permettent que de déterminer si les grandeurs sont égales ou inégales. Si deux grandeurs x sont égales l'une avec l'autre, alors toutes les fonctions construites par calcul de la même manière à partir d'elles sont aussi égales. Parmi elles, certaines augmentent si x augmente, d'autres au contraire diminuent. Lesquelles de ces fonctions permettent une relation physique additive, c'est ce qui apparaît de prime abord dans une expérience spécifique. Ces cas dans lesquels deux types de relation additive sont possibles sont riches d'enseignement. Aussi déterminons-nous, avec exactement la même méthode de comparaison, si deux câbles sont de résistance électrique égale w et s'ils ont la même conductivité λ, puisque :

$$w = \frac{1}{\lambda}$$

Nous additionnons les résistances en reliant les câbles successivement entre eux, de telle sorte que l'électricité doive passer à travers chacun d'entre eux les uns à la suite des autres. Quant à la conductivité des câbles, nous l'additionnons en les plaçant les uns à côté des autres et en reliant entre elles leurs deux extrémités. Nous objectivons ainsi comme des grandeurs physiques les deux fonctions différentes avec la même variable. Si un câble a une plus grande résistance, alors il aura une conductivité plus faible et réciproquement. La question de savoir ce qui est plus grand et ce qui est plus petit trouvera donc des deux côtés une réponse opposée. De la même manière, les condensateurs électriques (bouteilles de Leyden) peuvent être placés côte à côte ou les uns à la suite des autres. Pour une même charge, leur capacité est additionnée dans le premier cas, leur tension (potentiel) dans le second cas. Cette dernière augmente lorsque la première diminue.

Nous ne devons pas nous étonner une nouvelle fois que les axiomes de l'addition soient vérifiés dans le cours de la nature, puisque nous ne reconnaissons comme des additions que les relations [*Verknüpfungen*] physiques qui obéissent aux axiomes de l'addition.

LA DIVISIBILITÉ DES GRANDEURS ET LES UNITÉS

Jusqu'à présent, nous n'avons pas eu besoin de diviser les grandeurs en unités. Le concept de grandeur, mais aussi ceux d'égalité de grandeur et d'addition des grandeurs, ne pouvaient être atteints qu'au prix de cette abstraction. Cependant, on ne peut en vérité atteindre la présentation la plus simple des grandeurs qu'en les réduisant à des unités et en les exprimant dans des nombres dénommés.

Les grandeurs pouvant être additionnées sont en général aussi divisibles. Si toutes les grandeurs concernées peuvent être conçues comme composées additivement par le processus d'addition valable pour des grandeurs de ce type, alors, en vertu de la loi associative de l'addition, elles peuvent toutes sans exception être remplacées par la somme de leurs parties – partout où seule importe leur valeur. Ainsi, une de ces valeurs est remplacée par un nombre dénommé, et les autres grandeurs du même type par d'autres nombres cardinaux des mêmes parties. La description des grandeurs individuelles du même type peut donc être désignée, pour quelqu'un qui connaîtrait les parties égales choisies comme unités, par le simple énoncé du nombre.

Si on ne peut pas exprimer sans reste les grandeurs en question dans les unités choisies, alors on divise à nouveau les unités de la manière connue et on peut de cette manière donner une détermination aussi précise qu'on le souhaite de la valeur de ladite grandeur. On ne peut cependant atteindre une parfaite précision que pour les rapports rationnels.

Des rapports irrationnels peuvent se présenter dans les objets réels[19]; on ne peut cependant jamais les exprimer avec une parfaite précision dans des nombres, mais leur valeur doit être enfermée entre des limites aussi étroites qu'on le souhaite[20]. Cet encadrement suffit pour tous les calculs des fonctions dont les valeurs subissent des modifications de plus en plus petites (modifications qui finissent par tomber sous toute quantité finie identifiable) lorsque les grandeurs dont elles dépendent deviennent de plus en plus petites. Cela vaut en particulier pour le calcul de toutes les fonctions différentiables de grandeurs irrationnelles. On peut au contraire construire des fonctions discontinues pour le calcul desquelles il ne suffit pas de connaître les limites entre lesquelles est encadrée la valeur irrationnelle, aussi étroites soient-elles. En ce qui concerne ces fonctions, la formulation d'une grandeur irrationnelle par un système de nombres demeure toujours insuffisante. Mais en géométrie et en physique, nous n'avons encore jamais rencontré ce type de discontinuité.

Détermination des valeurs des propriétés (*constantes physiques, coefficients*). En dehors des grandeurs citées jusqu'à présent qui peuvent être connues directement telles quelles parce qu'elles admettent une relation [*Verknüpfung*] additive, il existe une série d'autres relations, qui sont également exprimables dans des nombres dénommés ou non dénommés, mais pour lesquelles on ne connaît pas encore de relation additive avec des relations du même type. On les découvre à chaque fois que se présente une relation obéissant à des lois de la nature entre des grandeurs

19. Il est impossible de désigner des objets réels, conceptuellement ou en les montrant, de telle sorte que la question ait un sens de savoir si leurs dimensions ont un rapport rationnel ou irrationnel. Peut-on dire alors qu'il existe dans la nature des rapports irrationnels? Au contraire, on peut par principe décider entre la rationalité et l'irrationalité dans le cas de toutes les extensions qui sont issues les unes des autres par une construction mathématique.

20. Les théories de Weierstrass, Cantor, Dedekind (au moins au sens où on les entend généralement aujourd'hui: voir M. Pasch, *Einleitung in die Differential- und Integral-rechnung*, Leipzig, Teubner, 1882, p. 3; B. Russell, *Principles of Mathematics*, *op. cit.*, p. 286; L. Couturat: *Les principes des mathématiques*, Paris, Alcan, 1905, p. 85; R. Deutsch: *Philosophische Prinzipien der Mathematik*, Leipzig, Klinkhardt, 1908, p. 90) ne voient pas dans un tel encadrement une *détermination* d'une grandeur irrationnelle qui existerait en soi, mais aussi sa *définition*. Les propositions sur les nombres irrationnels sont finalement, d'après cela, des propositions sur des séquences infinies de l'ensemble des nombres entiers.

additives dans des processus qui sont influencés par des particularités de telle ou telle substance déterminée ou d'un corps déterminé, ou par la manière particulière par laquelle le processus a été enclenché.

Ainsi, par ex., la loi de réfraction de la lumière indique qu'il existe une relation particulière entre le sinus des angles d'incidence et de réfraction du rayon lumineux d'une longueur d'onde déterminée qui entre dans une substance transparente particulière à partir du vide. Le nombre qui exprime cette relation est cependant différent selon les différentes matières, et désigne ainsi une de leurs propriétés, l'indice de réfraction. Parmi les grandeurs semblables, on trouve la gravité spécifique, la conductivité thermique, la conductivité électrique, la capacité thermique, etc. On pourrait y ajouter les valeurs (les constantes d'intégration de la dynamique) qui ne sont pas modifiées dans la poursuite non perturbée du mouvement, une fois que celui-ci a été enclenché, d'un système corporel limité[21].

La physique n'a eu de cesse qu'elle n'ait ramené toutes ces valeurs à des unités qui puissent être composées – par multiplication, augmentation de l'énergie ou l'inverse de ces opérations – à partir des trois unités de mesure fondamentales que sont le temps, la longueur et la masse[22].

21. Dans le mouvement d'un système de points libres entre lesquels n'agissent que des forces centrales, sont conservées :

1) l'énergie

2) les composantes de vitesse [*Geschwindlichkeitskomponenten*] du centre de gravité

3) les vitesses de surface [*Fläschengeschwindlichkeiten*].

Les vitesses de surface sont définies de la manière suivante : on projète le système sur un plan et on relie un point fixe du plan aux projections [*Fusspunkte*] des points matériels en décrivant des lignes. Les surfaces dessinées sur le second plan par ces lignes doivent être multipliées par la masse des points matériels correspondants et additionnées. On obtient ainsi la vitesse de surface dans le plan correspondant.

22. On peut se reporter sur ce point [n. 30 p. 140], où l'essence du concept de dimension se trouve clarifiée. Comme on obtient la force *n*-uple en rassemblant *n* forces identiques, la force est d'après Helmholtz une grandeur additive, d'après P. du Bois-Reymond une grandeur linéaire et sa valeur, d'après T. Ehrenfest-Afanasjewa (« Physikalische Grössen », *Mathematisch-Naturwisseschaftliche Blätter* (Wien), 8, 1905 ; « Der Dimensionsbegriff und der analytische Bau physikalischer Gleichungen », *Mathematische Annalen*, 7, 1916, p. 259-276) un nombre correspondant à une grandeur [*eine Grössenzahl*]. Entre des grandeurs de ce type, il peut exister des équations qui contiennent de nouveaux nombres. Mais ces nombres doivent être remplacés par d'autres si nous modifions les unités de mesure des grandeurs additives : les grandeurs entrant dans les équations ont donc aussi une dimension, comme par ex. la constante gravitationnelle dans l'équation

$$K = f.\frac{m_1 m_2}{r^2}$$

Helmholtz nomme ces grandeurs des constantes, T. Ehrenfest des paramètres.

La différence entre ces valeurs et les grandeurs additives n'est pas parfaitement fixée dans le langage de la physique et des mathématiques. On appelle même souvent les premières des grandeurs, parce qu'elles sont exprimées dans des nombres dénommés; le terme *coefficient* désigne relativement mieux leur nature physique. Mais cette distinction n'est pas essentielle; car il peut se faire que de nouvelles découvertes conduisent à des manières de lier additivement ces coefficients, ce qui en fait des valeurs directement déterminables. Dans une certaine mesure cette différence correspond assez bien à celle que les anciens métaphysiciens pensaient voir dans l'opposition entre *grandeurs extensives* et *intensives*. Le Pr. Du Bois-Reymond nomme les premières *grandeurs linéaires*, les secondes *non linéaires*[23].

Restent deux cas à distinguer :

1) Seule une équation entre en jeu, la constante concernée est alors une constante universelle, comme par ex. la constante gravitationnelle déterminée par la loi newtonienne et la constante universelle des gaz.

2) L'équation est différente selon le type de matiériau ou de chose dont les propriétés sont mises en relation par l'équation. La constante concernée est alors une constante pour cette matière ou cette chose (conductivité spécifique, constante de gaz individuelle, conductivité).

23. P. Du Bois-Reymond (*Allgemeine Funktionslehre*, Tübingen, Laupp, 1882, p. 44-45) définit les grandeurs linéaires pour l'essentiel par la condition suivante : deux grandeurs ou plus du même type combinées les unes aux autres donnent à leur tour une grandeur du même type qui est plus grande que ses parties… Si une grandeur est plus grande qu'une deuxième, alors il en existe toujours une troisième du même type que les deux autres qui, ajoutée à la deuxième, donne la première. Les forces sont des grandeurs linéaires (p. 24, p. 28), tout comme les hauteurs physiques des sons (p. 34) ou les sensations d'intensité (p. 29); comme exemples de grandeurs non linéaires, on peut prendre les nombres complexes (p. 39), les tons de couleur et les hauteurs de son ressenties (p. 34).

Il est évident que la force est dite linéaire, puisque plusieurs forces peuvent être réunies en une seule. On peut cependant aussi réunir deux couleurs en une seule (voir par ex. [n. 29 p. 137]). Mais aucune des composantes n'est alors contenue dans le ton de couleur ressenti. C'est pourquoi les tons de couleur ressentis sont des grandeurs non linéaires. Alors pourquoi Du Bois-Reymond qualifie-t-il également les sensations d'intensité de grandeurs linéaires? En effet, dans la plus forte, rien de la plus faible n'est réellement contenu. La raison est que, grâce à des expériences fréquentes, nous coordonnons dans notre représentation deux sensations à une troisième, de sorte qu'en fait, le premier des stimuli correspondants peut *réellement* être composé à partir du second et du troisième (*ibid.*, p. 29).

On voit que pour P. Du Bois-Reymond, il ne suffit pas pour qualifier un type de grandeur de linéaire qu'elle puisse être coordonnée à des nombres de manière univoque. On comprendra donc aussi que Helmholtz désigne les constantes ou les paramètres comme non linéaires. En réalité, deux corps de volume identique, de masse identique et de même densité donnent, s'ils sont réunis, un corps de volume double, de masse double mais de *la même* densité. Cela vaut pour la conductivité spécifique, mais dans le cas d'un branchement en parallèle, cela ne vaut pas pour la conductivité, même si elle est comprise parmi les constantes. Helmholtz reconnaît d'ailleurs bien la relativité de cette classification.

D'un autre côté, cependant, il ressort des déductions précédentes qu'on doit d'abord avoir construit les grandeurs additives avant de pouvoir déterminer des coefficients. Car l'équation qui exprime une loi naturelle ne peut déterminer la valeur d'un coefficient que si toutes les autres grandeurs qui y entrent en jeu ont déjà été déterminées comme grandeurs. La détermination des grandeurs additives doit donc toujours être première, avant qu'on puisse trouver les valeurs des grandeurs non-additives.

ADDITION DE GRANDEURS DE TYPE DIFFÉRENT [*UNGLEICHARTIGE*]

En physique, on accorde une importance toute particulière aux objets qui, si on leur applique plusieurs méthodes de comparaison simultanément, présentent deux, trois ou plusieurs grandeurs différentes qui sont toutes additionnées lorsque les objets sont reliés par le même type de relation [*Verknüpfung*] physique. Parmi ces objets, on compte premièrement le très grand nombre de grandeurs orientées dans l'espace qui interviennent en physique, à savoir les grandeurs qui possèdent une valeur déterminée et en même temps une orientation déterminée, mais qu'on peut représenter comme composées de plusieurs composantes ayant une orientation fixe (deux dans le plan, trois dans l'espace). Généralement, la manière la plus simple pour se faire une représentation visuelle globale de ces relations consiste à choisir les composantes dont il s'agit d'obtenir la résultante par la même méthode, de telle sorte qu'elles soient parallèles à trois axes rectangulaires, en vertu des lois des parallélogrammes des forces[24]. À cette classe appartiennent les mouvements d'un point dans l'espace, sa vitesse et

On comprendra en outre pourquoi le concept de grandeur non linéaire est mis en relation avec celui de grandeur intensive. Il est probable que Helmholtz ait pensé ici à la densité. Qualifier cette grandeur d'intensive semble en effet tout à fait convenable, puisque la pression d'un gaz dépend bien aussi de sa densité. Cela nous semble pourtant étrange de désigner une force comme une grandeur extensive. Mais on peut se représenter les forces que l'on rencontre dans la nature comme des forces volumiques. Ainsi, une densité de force, qui doit être considérée comme une grandeur intensive, est attachée à chaque point, tandis qu'on obtient par intégration la force totale s'exerçant sur un corps, qui peut donc valoir comme une grandeur extensive.

24. Les grandeurs orientées se nomment des vecteurs. On obtient la somme des vecteurs par exemple géométriquement, grâce à la méthode bien connue de la construction d'un parallélogramme, analytiquement par l'addition des composantes, et il est vrai que si un vecteur est obtenu comme la somme de deux autres par *une* séparation de ses composantes, alors cela doit aussi être le cas pour toutes les autres. La somme ne dépend donc pas du système de coordonnées. Le calcul vectoriel prétend cependant éviter dès le départ toute relation à un système de coordonnées.

son accélération, la force correspondant à cette dernière s'exerçant sur le point, les vitesse de rotation[25] et les rotations extrêmement petites, les vitesses d'écoulement des fluides lourds, l'électricité et la chaleur, les moments magnétiques, etc.

Les composantes de même direction s'additionnent par relation [*Verknüpfung*] additive; ces sommes peuvent à leur tour être combinées en une résultante. Toutes les relations physiques de grandeurs de ce type, dont le résultat ne dépend que de la grandeur et de la direction de la résultante finale, peuvent être considérées comme reposant sur des relations additives de ce type, comme l'ont montré Gauss pour deux dimensions dans son interprétation géométrique des grandeurs imaginaires[26], Grassmann pour plus de deux dimensions comme addition d'extensions géométriques[27], et

25. On coordonne à la vitesse de rotation une droite dont la direction est l'axe de rotation, dont la longueur est égale à l'angle parcouru en une seconde, et qui est orientée de telle manière que, observée depuis l'extrémité des vecteurs, la rotation se produit dans le même sens qu'une rotation de l'axe X à l'axe Y observée depuis l'axe Z. Dans le reflet du système de coordonnées dans un miroir, le vecteur change donc d'orientation. Ces vecteurs qu'on nomme vecteurs *axiaux* et auxquels appartiennent aussi les forces du champ magnétique sont décrits de la manière la plus pertinente par des portions de surface auxquelles on assigne un sens de rotation.

26. Les racines carrées de nombres négatifs obtenues par la résolution d'équations algébriques étaient jadis considérées comme impossibles ou imaginaires. Malgré tout, on calculait avec elles. Wallis, Bueé, Caspar Wessell, I. R. Argand et Gauss ont donné une expression géométrique à l'expression :

$$a + \sqrt{-b} = a + b\sqrt{-1} = a + bi$$

qu'on nomme nombre complexe. On prend comme représentant du nombre un point dont la coordonnée x est la « partie réelle » a et la coordonnée y la « partie imaginaire » b. Nous pouvons cependant aussi représenter le nombre complexe par la ligne reliant ce point au point zéro, donc par un vecteur.

Quoi qu'il en soit, la représentation géométrique n'est pas nécessaire pour démontrer que les nombres complexes sont des objets dépourvus de contradiction. R. W. Hamilton les définit en particulier de manière très pertinente comme des paires de nombres; il faut bien sûr fixer par une définition précise la règle de calcul valant pour ces paires de nombres.

Dans le cadre du présent article, l'addition des nombres complexes revêt une importance particulière. Nous posons :

$$(a + ib_1) + (a + ib_2) = (a_1 + a_2) + i(b_1 + b_2).$$

Ce qui signifie : pour obtenir la somme de deux nombres complexes, on construit le parallélogramme des vecteurs qui les représentent ou on déplace un des vecteurs le long de l'autre. On obtient ainsi le vecteur ou le point correspondant à la somme.

Les nombres complexes se multiplient comme les nombres ordinaires, en remplaçant i^2 par -1.

27. La *théorie de l'extension* (*Ausdehnungslehre*) de H. Grassmann parut en 1844 et demeura inconnue pendant 23 ans, jusqu'à ce qu'en 1867, Hermann Hankel attirât sur elle

Hamilton dans sa théorie des quaternions[28]. Là encore, la loi commutative doit être satisfaite ; nous pouvons donc combiner des rotations infiniment petites d'un corps fixe autour de deux axes différents en une rotation résultante, et combiner aussi les vitesses de rotation, mais pas des rotations finies, parce que dans ce cas, il n'est plus équivalent qu'on fasse pivoter d'abord autour de l'axe *a* puis autour de l'axe *b* ou qu'on le fasse en sens inverse.

Cependant, même dans le cas du mélange de lumières colorées on a affaire à une relation de ce type. Toute quantité de lumière colorée peut être présentée, relativement à l'impression sensible qui lui correspond, comme un mélange de trois *quanta* de lumière de couleurs primaires convenablement choisies. Le mélange de plusieurs couleurs agit sur l'œil de la même manière que le feraient ensemble les trois *quanta* de lumière des trois couleurs de base – ce que l'on obtient pour chaque couleur de base en additionnant les *quanta* correspondants entrant dans la composition des différentes couleurs particulières. C'est sur cela que repose la possibilité d'une interprétation géométrique de la loi du mélange des couleurs par construction d'un centre de gravité, comme Newton fut le premier à le proposer[29].

l'attention des mathématiciens. Elle contient les principes du calcul vectoriel est devenu incontournable en physique aujourd'hui.

28. W. R. Hamilton, qui a lui aussi d'abord donné une interprétation arithmétique des nombres complexes, était à la recherche de systèmes de nombres composés de plus de deux unités. Il nomma quaternions les nombres de la forme :

$$a_0 + a_1 i + a_2 j + a_3 k$$

qui sont additionnés de la même manière que d'habitude, tandis que les lois de la multiplication valent pour les unités j, i, k :

$$\begin{aligned} i^2 = j^2 = k^2 &= -1 \\ ij = -ji &= k \\ jk = -kj &= i \\ ki = -ik &= j \end{aligned}$$

Le système des quaternions satisfait l'associativité et la commutativité de l'addition, l'associativité de la multiplication, la distributivité mais pas la commutativité de la multiplication. Mis à part celui des nombres réels et complexes, c'est le seul système qui satisfasse les axiomes cités et qui soit formé de telle sorte qu'un produit ne disparaît que si l'un des facteurs disparaît (théorème de Frobenius).

Les quaternions pour lesquels il manquerait la première valeur peuvent être interprétés comme des vecteurs et se comportent comme tels dans l'addition.

29. I. Newton, *Optiks*, *op. cit.*, I, prop. VI, probl. II; *cf.* aussi H. v. Helmholtz, *Optique physiologique*, 2e éd., *op. cit.*, p. 326 *sq.*

La présentation newtonienne-helmholtzienne repose sur la loi [*Gesetzmässigkeit*] empirique selon laquelle des mélanges qui paraissent identiques donnent, une fois mélangés, des couleurs identiques (H. Grassmann) (exactement comme nous pouvons remplacer un système de forces par sa résultante, non seulement en lui-même, mais aussi par des combinaisons).

MULTIPLICATION DE NOMBRES DÉNOMMÉS

On peut multiplier un nombre dénommé $(a \cdot x)$, où x désigne le type d'unité et a son nombre cardinal, par un nombre pur n. Cela tombe sous la définition proposée plus haut du produit comme somme de n termes égaux a. Comme la somme de termes du même type est une grandeur du même type qu'eux, alors le produit $(n \cdot a)$ est aussi une grandeur de même dénomination que a. La loi commutative s'applique à ce produit dans la mesure où :

$$n \cdot (a \cdot x) = a \cdot (n \cdot x)$$

c'est-à-dire qu'on peut considérer aussi a comme un nombre pur et construire de nouveaux termes dénommés $(n \cdot x)$.

Ainsi, la loi de la multiplication d'une somme donne immédiatement :

$$(m+n) \cdot (a \cdot x) = m \cdot (a \cdot x) + n\,(a \cdot x),$$
$$n \cdot (a \cdot x + b \cdot x) = n \cdot (a \cdot x) + n\,(b \cdot x).$$

La multiplication de nombres dénommés par un nombre pur reste donc dans le cadre des définitions et propositions qui ont été dérivées plus haut pour la multiplication des nombres purs entre eux.

Nous choisissons trois couleurs de base et nous leur coordonnons trois points de base. Un mélange qui contient les portions m_1, m_2, m_3 des couleurs de base est représenté par un point qui se trouve être le centre de gravité des trois masses m_1, m_2, m_3 placées chacune à un des points de base, et on peut donc lui attribuer à lui-même la masse $m_1 + m_2 + m_3$ (le mélange a donc l'intensité $m_1 + m_2 + m_3$). Du fait qu'en déterminant un centre de gravité, toutes les masses ponctuelles arbitraires peuvent être réunies en leur centre de gravité, et de la loi déjà citée du mélange des couleurs, il suit qu'en général, les points représentant les différents mélanges peuvent être déterminés comme les centres de gravité des points représentant les composantes.

Une couleur est ainsi caractérisée par un point P et un nombre métrique [*Masszahl*] m. On peut cependant aussi choisir un point O extérieur au triangle défini par les points de base et représenter la couleur par le vecteur m. OP. Si donc $x_{1 \ldots}$ z_1 sont les coordonnées des points de base référés à un système de coordonné ayant O pour origine et si les portions m_1, m_2, m_3 sont mélangées, alors le centre de gravité correspondant reçoit les coordonnées :

$$\frac{m_1x_1+m_2x_2+m_3x_3}{m_1+m_2+m_3}\,;\quad \frac{m_1y_1+m_2y_2+m_3y_3}{m_1+m_2+m_3}\,;\quad \frac{m_1z_1+m_2z_2+m_3z_3}{m_1+m_2+m_3}$$

l'extrémité du vecteur ainsi construit reçoit donc les coordonnées :

$$m_1x_1+m_2x_2+m_3x_3\,;\quad m_1y_1+m_2y_2+m_3y_3\,;\quad m_1z_1+m_2z_2+m_3z_3\,;$$

donc les coordonnées m_1, m_2, m_3 si on se réfère à un système de coordonnées d'angle oblique dont les axes passent par les points de base et dont l'origine est O.

Dans la nouvelle présentation, le vecteur correspondant au mélange m_1, m_2, m_3 est obtenu en multipliant les vecteurs de base par m_1, m_2, m_3 et en les additionnant (*cf.* [n. 8 p. 77]).

Il en va autrement de la multiplication de deux ou plusieurs nombres dénommés. Celle-ci n'a de sens que dans le cas où des relations [*Verknüpfungen*] physiques particulières entre les unités concernées sont possibles, qui obéissent aux trois lois de la multiplication :

$$a \cdot b + b\, a,$$
$$a \cdot (b \cdot c) = (a \cdot b) \cdot c,$$
$$a \cdot (b + c) = a \cdot b + a \cdot c.$$

L'exemple le plus connu de relations multiplicatives de ce type en géométrie est la valeur de l'aire d'un parallélogramme et du volume d'un parallélépipède, lesquelles sont exprimées par le produit de deux ou trois longueurs, à savoir un côté et une ou deux hauteurs. La physique construit cependant un grand nombre de produits de ce type avec des unités différentes, ainsi que les quotients, puissances et produits leur correspondant. Appelons l une longueur, t un temps et m une masse, alors on obtient les dénomminations

d'une surface	l^2,
d'un volume	l^3,
d'une vitesse	$\frac{l}{t}$,
d'une force motrice	$\frac{m \cdot l}{t^2}$,
d'un travail	$\frac{m \cdot l^2}{t^2}$,
de la pression sur une surface	$\frac{m}{l \cdot t^2}$,
de la tension dans une surface	$\frac{m}{t^2}$,
de la densité	$\frac{m}{l^3}$,

d'un moment magnétique $\frac{l}{t}\sqrt{m \cdot l},$

d'une force magnétique $\frac{l}{t}\sqrt{\frac{m}{l}},$

Etc.[30].

30. Dans cette représentation, on nomme dimension l'expression de droite. Expliquons ce concept avec l'exemple de la force. On ne définit de prime abord le concept d'une force *n*-uple par l'équation bien connue :

$$K = m\,.\frac{d^2 l}{dt^2}$$

(K = force, m = masse d'un point matériel, l = chemin parcouru, t = temps), mais de la manière suivante : des forces sont égales si elles peuvent être remplacées ou annulées les unes par les autres. La force n-uple correspondant une force donnée est celle qui peut être remplacée ou annulée par n des forces égales données. On *trouve* alors que la force est proportionnelle à une masse (à savoir celle du point matériel), à une longueur et à la puissance – 2 du temps. On utilise alors l'équation :

$$K = m\,.\frac{d^2 l}{dt^2}$$

pour définir l'unité de force (et pas le concept « force *n*-uple »), ce qui n'entre pas en contradiction avec le fait que K peut aussi être proportionnel à d'autres puissances d'autres masses, longueurs et temps. En effet, d'après la loi de la gravitation, la force est proportionnelle à une expression : $\frac{m_1 . m_2}{r^2}$ (m_1, m_2 étant des masses, r leur distance).

Si l'on définit l'unité de la force de telle sorte que l'équation :

$$K = m\,.\frac{d^2 l}{dt^2}$$

demeure, alors il est vrai que : Si les unités de masse, longueur et temps sont modifiées de telle sorte que les nombres correspondant à ces mesures soient multipliés par μ, λ, τ, alors le nombre correspondant à la mesure de la force est multiplié par :

$$\mu\lambda\tau^{-2},$$

si bien que dans ce système l'expression $m.\ l.\ t^{-2}$ se nomme dimension de la force. Reste qu'il suffit de prendre en compte l'exemple ci-dessus pour réfuter le point de vue selon lequel les équations physiques, de par leur nature, ne peuvent contenir que des grandeurs de dimensions égales. On peut parfaitement renforcer cette condition en attribuant dans ces équations une dimension aux nombres, paramètres ou coefficients qui y interviennent (voir H. v. Helmholtz, dans ce volume, p. 132).

L'importance du concept de dimension provient du fait que les unités de longueur, de masse et de temps sont de part en part quelque chose d'arbitraire et que nous sommes donc en droit de demander ce qui se produirait si on venait à les modifier. Typiquement, on n'attribue habituellement aucune dimension à la température ou à la mesure d'angle. Malgré tout, les nombres correspondant aux grandeurs permettant de les mesurer (constante de gaz, vitesse de rotation) sont modifiés si l'on choisit pour eux d'autres unités (Réaumur contre Celsius; mesure ordinaire en degré ou radians). Le critère décisif est le suivant : on peut pour ces grandeurs introduire une mesure une fois pour toutes par définition (100° = différence de

La plupart de ces combinaisons reposent sur la détermination de coefficients; mais beaucoup de ces grandeurs peuvent aussi présenter des relations physiques additives, comme la lumière, les coursants, les forces, les presssions, les densités, etc.

Toutes ces unités définies de manière multiplicative ne sont cependant pas du même type que celles à partir desquelles elles sont obtenues, et ne reçoivent un sens que par notre connaissance de lois géométriques ou physiques particulières.

On se doit de mentionner ici le type particulier de multiplication que H. Grassmann a présenté dans sa théorie de l'extension pour les grandeurs orientées, et qui est au fondement de la théorie des quaternions[31]. Elle suppose une autre loi commutative, à savoir :

température entre la glace et la vapeur) ou par construction (pour l'angle de 1 degré). Ce procédé semble faire défaut pour la construction d'une unité de longueur, et c'est la raison pour laquelle il a fallu trouver refuge dans le mètre étalon et le kilogramme étalon.

On a reconnu par la suite qu'on diposait de longueurs invariantes dans les longueurs d'onde de la lumière. A. A. Michelson a ainsi déterminé précisément le mètre avec les longueurs d'onde du cadmium. De manière purement théorique, on peut par exemple choisir le rayon de l'électron.

Il y a donc des longueurs qui peuvent être déterminées conceptuellement.

Par ailleurs, l'espace euclidien se distingue de l'espace sphérique ou elliptique par le fait qu'en lui toutes les longueurs ont le même statut; donc aussi que dans les théorèmes de la géométrie élémentaire, les longueurs et les angles jouent un rôle différent, et que des figures semblables sont possibles. Il en va autrement pour la géométrie elliptique ([n. 30 p. 97]) : dans tous ses théorèmes, les droites et les angles peuvent être interchangés; il y a une longueur la plus grande, il n'y a pas de figures semblables, et on peut retrouver certaines longueurs par prescription ([n. 17 p. 40]).

Doit-on donc voir dans le fait qu'il existe une classe de corps dont les mesures demeurent identiques (électrons, noyaux d'hydrogène) une preuve du caractère non euclidien de l'espace ? Eu égard à ce point, on peut aussi rappeler qu'Einstein représente le monde comme un espace fini de métrique elliptique. Si cette conception était confirmée, les longueurs ne devraient pas être considérées comme fondamentalement différentes des angles, et il ne serait plus nécessaire d'attribuer de dimensions à aucune grandeur. De la même manière, nous comprendrions aussi pourquoi les différents genres de choses [*Gattungen*] se distinguent de manière discontinue. Mais même en évitant les spéculations de ce type, de nombreux aspects de notre système de mesure se trouveraient modifiés. La masse pourrait être exprimée en longueur et temps, d'après la loi de la gravitation. Il serait théoriquement possible de poser les unités suivantes : le rayon des électrons, la masse des électrons, le temps que met la lumière à traverser le rayon d'un électron. On ne connaît certes pas avec précision le rayon d'un électron; mais avec les mesures spectroscopiques, on peut déterminer assez précisiément (A. Sommerfeld, *Atombau und Spektrallinien*, Braunschweig, Vieweg, 1921, p. 367) la charge des électrons, la masse des électrons et une constante h introduite par Planck dans la théorie de la radiation et des quanta. Si on pose ces trois constantes comme = 1, on obtient alors indirectement les unités de masse, de longueur et de temps.

31. *Cf.* [n. 28 p. 137 et n. 32 p. 142].

$$a{\cdot}b = -b{\cdot}a$$

et permet en réalité une très grande simplification de la symbolique, quoiqu'elle ne simplifie pas le calcul des valeurs obtenues par la combinaison de différentes valeurs orientées.

Le produit de deux vecteurs est, d'après ce mode de calcul, l'aire du parallélogramme dont ils constituent les côtés ; mais la surface du parallélogramme sera considérée d'un côté comme positive, de l'autre comme négative. Si je considère un des côtés de la surface, je dois faire une rotation vers la droite pour parcourir l'angle qui sépare le côté a du côté b ; si je considère l'autre côté, je dois à l'inverse faire une rotation de la gauche vers la droite pour aller de b à a. C'est sur cela que repose la différence entre la séquence $(b{\cdot}a)$ et la séquence $(a{\cdot}b)$[32].

Il suffit d'avoir fait mention ici de cette forme de calcul et d'avoir indiqué sa place dans les formes de calcul de la théorie des nombres purs, puisque la présente étude n'avait pour tâche que de montrer la signification et la légitimité du calcul sur les nombres purs ainsi que la possibilité de leur application aux grandeurs physiques.

Que nous décrivions une relation physique particulière comme une grandeur ne peut donc jamais que reposer sur la connaissance empirique de certains aspects de son comportement physique lorsqu'elle en rencontre d'autres ou interagit avec elles. Je conçois ainsi la congruence de deux grandeurs spatiales qui interviennent dans des corps ou qui sont limitées par des corps, au sens de mes travaux antérieurs sur les axiomes de la géométrie, comme une relation physique qui doit être constatée empiriquement. Nous devons *premièrement* connaître la méthode de comparaison des grandeurs en question, méthode par laquelle leur type est déterminé, et *deuxièmement* connaître soit les méthodes de mise en relation [*Verknüpfung*] additive, soit les lois de la nature dans lesquelles elles interviennent comme coefficients, afin de pouvoir les exprimer dans des nombres dénommés.

32. Le produit vectoriel de deux vecteurs ayant pour composantes $a_x a_y a_z$ et $b_x b_y b_z$ est un vecteur axial ([n. 24 p. 135]) et a pour composantes :

$a_y b_z - a_z b_y$
$a_z b_x - a_x b_z$
$a_x b_y - a_y b_x$.

La théorie des quaternions conduit également à ces formules. Car si on les multiplie conformément à la loi de la multiplication (n. 28 p. 137), les quaternions $a_x i + a_y j + a_z k, b_x i + b_y j + b_z k$ donnent :

$$(a_y b_z - a_z b_y)\, i + (a_z b_x - a_x b_z)\, j + (a_x b_y - a_y b_x)\, k.$$

La compréhension beaucoup plus simple et englobante que nous atteignons en ramenant la multiplicité variée des choses et des changements qui nous environnent à des relations quantitatives, trouve son fondement profond dans l'essence de notre mode de conceptualisation. Lorsque nous construisons le concept d'une classe, nous rassemblons en lui tout ce qui est identique dans les objets qui appartiennent à cette classe. Lorsque nous concevons une relation [*Verhältnis*] physique comme un nombre dénommé, nous avons aussi exclu du concept de ses unités toutes les différences qui lui sont liées dans la réalité effective. Nous ne considérons maintenant ces objets que comme des exemplaires de leur classe et leur effet sur ce qu'il s'agissait d'étudier ne dépend que du fait qu'ils soient de tels exemplaires. Dans les grandeurs formées à partir d'eux, il ne reste que la distinction la plus accidentelle qui soit, et qui n'est autre que leur nombre cardinal.

LES FAITS DANS LA PERCEPTION [1]

Notes de Moritz SCHLICK *

Très cher auditoire !

Nous fêtons aujourd'hui la fondation de notre université, en ce jour anniversaire de la naissance de son fondateur, le roi très éprouvé Friedrich Wilhelm III. L'année de cette fondation, 1810, tombait dans la période de la plus grande menace extérieure sur notre pays. Une part considérable de notre territoire était perdue, le pays était profondément épuisé par la guerre précédente et par l'occupation ennemie. L'orgueil guerrier qui lui restait de l'époque du grand prince électeur et du grand roi était profondément humilié. Et pourtant, quand nous regardons en arrière, cette même époque nous apparaît maintenant si riche en biens de nature spirituelle, en

* La traduction de ce texte, sans les notes de Schlick ni les « Suppléments », est initialement parue dans la revue *Philosophia Scientiae*, 7/1, 2003, p. 49-78. Je remercie C. Bouriau et G. Heinzmann ainsi que la direction de la revue de m'avoir donné la permission de reprendre cette traduction dans ce volume [N.d.T.].

1. La conférence rectorale « Les faits dans la perception » donnée en 1878 à l'occasion de l'anniversaire de la fondation de l'Université de Berlin compte de plein droit parmi les travaux les plus importants de Helmholtz en théorie de la connaissance. Si la remarque de Koenigsberger (*H. v. Helmholtz*, Braunschweig, Vieweg, 1902-1903, Bd. II, p. 78) selon laquelle Helmholtz donnerait ici « un système complet de sa philosophie » paraît légèrement exagérée, il n'en demeure pas moins vrai que cet article contient la présentation la plus complète et la plus autonome de sa théorie de la connaissance. La forme et le contenu y atteignent de tels sommets qu'on s'accorderait volontiers avec Koenigsberger lorsqu'il décrit ce travail comme « la plus belle et la plus importante » de ses œuvres (*ibid.*, p. 246). C'est peut-être à la longue liste de titres qu'il a envisagé de donner à sa conférence qu'on mesure le mieux l'importance fondamentale que Helmholtz lui-même accordait à son sujet. « Je choisirai le titre en dernier », écrit-il à son épouse, « je ne sais pas encore. Peut-être : "Qu'est-ce qui est effectif ?" ou "Tout ce qui passe n'est qu'apparence" ou "Descendre chez les mères". » (*Ibid.*).

enthousiasme, en énergie, en espérances idéales et pensées créatives, que nous pourrions, malgré la situation extérieure relativement brillante aujourd'hui de notre État et de notre nation, regarder vers cette période presque avec envie. Dans la situation menacée d'alors la première pensée du roi, avant d'autres exigences matérielles, fut la fondation de l'université; il risqua son trône et sa vie pour se confier à l'enthousiasme résolu de la nation dans la lutte contre le conquérant: tout cela montre à quelle profondeur la confiance dans les forces spirituelles de son peuple avait gagné l'homme simple qu'il était, peu enclin aux vives expressions du sentiment.

À l'époque l'Allemagne avait une série imposante de noms prestigieux à la fois dans l'art et dans la science, dont les titulaires, pour partie, doivent être comptés dans l'histoire de la culture humaine parmi les premiers de tous les temps et de tous les peuples.

Goethe et Beethoven vivaient alors; Schiller, Kant, Herder et Haydn avaient survécu aux premières années du siècle. Wilhelm von Humboldt ébauchait la nouvelle science de la linguistique comparée. Niebuhr, Fr. Aug. Wolf, Savigny enseignaient l'histoire ancienne, la poésie et le droit, pénétrés d'une compréhension vivante. Schleiermacher cherchait à saisir en profondeur le contenu spirituel de la religion et Fichte, le second recteur de notre université, conférencier puissant et intrépide, emportait son auditoire dans le flot de son inspiration morale et l'audacieuse envolée intellectuelle de son idéalisme.

Même les aberrations de cette mentalité, qui s'expriment dans les faiblesses facilement reconnaissables du romantisme, ont quelque chose d'attirant, comparées à l'égoïsme sec et calculateur. On s'admirait soi-même dans les beaux sentiments où l'on savait se complaire; on cherchait à cultiver l'art d'avoir de tels sentiments; on croyait que plus l'imagination s'était libérée des règles de l'entendement, plus l'on pouvait l'admirer comme force créatrice. Il y avait là-dedans beaucoup de vanité, mais au moins était-ce une vanité qui s'enthousiasmait pour de grands idéaux.

Les plus âgés d'entre nous ont encore connu les hommes de cette période, ces hommes qui autrefois entrèrent dans l'armée comme premiers volontaires, toujours prêts à se plonger dans la discussion de problèmes métaphysiques, nourris aux œuvres des grands poètes allemands, encore embrasés de colère à l'évocation de Napoléon 1er, d'enthousiasme et de fierté, à celle des faits d'arme de la guerre de libération.

Comme les choses ont changé ! Nous pourrions bien pousser une telle exclamation de stupéfaction en un temps où un mépris cynique envers tous les biens idéaux de l'humanité se propage dans les rues et dans la presse, mépris qui a atteint son comble dans deux crimes abominables, qui manifestement n'ont pris pour cible la tête de notre empereur que parce qu'en lui s'unissait tout ce que l'humanité a tenu jusqu'à ce jour pour digne vénération et de gratitude.

Nous devons presque faire un effort pour nous rappeler que huit années seulement ont passé depuis l'heure sublime où à l'appel du même monarque tous les rangs de notre peuple, emplis d'un patriotisme dévoué et enthousiaste, se sont lancés sans hésitation dans une guerre périlleuse contre un ennemi dont la puissance et la bravoure ne nous étaient pas inconnues. Nous devons presque faire un effort pour évoquer la large part que les efforts politiques et humains avaient prise dans l'activité et les pensées des classes cultivées, en vue de donner également aux rangs les plus pauvres de notre peuple une existence plus insouciante et plus digne de l'être humain. Semblable effort est requis pour mesurer à quel point leur sort, au plan matériel et juridique, s'est véritablement amélioré.

La caractéristique de l'humanité semble être qu'à côté de beaucoup de lumière l'on trouve toujours beaucoup d'ombre : la liberté politique donne d'abord aux motifs vulgaires davantage de licence pour se manifester et s'encourager les uns les autres, aussi longtemps qu'ils ne sont pas confrontés à une opinion publique prête à offrir une opposition énergique. Même dans les années précédant la guerre de libération, lorsque Fichte faisait des sermons pour inciter son époque au repentir, ces éléments ne manquaient pas. Les situations et les sentiments qu'il dépeint comme dominants rappellent les pires de notre temps : « Dans son principe fondamental l'époque présente considère avec un mépris hautain ceux qui, par un rêve de vertu, acceptent de se priver des plaisirs ; elle se réjouit de faire fi de ce genre de choses, et de cette manière n'accepte aucune contrainte »[a]. La seule forme de joie dépassant la simple sensualité qu'il concède être connue des représentants de cette époque, il la nomme « la délectation de sa propre malignité ». Et pourtant en cette même période se préparait un puissant redressement, qui appartient aux événements les plus glorieux de notre histoire.

Même si pour cette raison nous ne devons pas considérer notre époque comme sans espoir, nous ne devons pourtant pas nous rassurer trop facilement avec la consolation que ce n'était pas mieux en d'autres temps

a. Fichte, *Werke*, Bd. VII, *op. cit.*, p. 40.

que maintenant. Il est au moins recommandé, dans des circonstances aussi critiques, que chacun examine, dans le cercle où il travaille et qu'il connaît, comment le travail se situe par rapport aux fins éternelles de l'humanité, si elles sont toujours prises en vue, si l'on s'en est rapproché. Dans les jeunes années de notre université, la science avait elle aussi l'intrépidité de la jeunesse et elle était forte en espoirs : son regard se tournait en priorité vers les fins suprêmes. Certes ces fins n'étaient pas aussi faciles à atteindre que l'espérait cette génération, certes l'on prenait conscience qu'un travail spécialisé dans différents domaines devait préparer la voie, et qu'ainsi la nature des tâches exigeait d'abord une forme de travail moins enthousiaste, moins axée sur les fins idéales. Cependant, ce serait sans nul doute un désastre si notre génération, dans toutes ses tâches subordonnées et d'un intérêt pratique, venait à perdre de vue les idéaux éternels de l'humanité.

Le problème fondamental que cette époque plaçait au commencement de toute science, était celui de la théorie de la connaissance : « Qu'est-ce que la vérité[2] dans notre intuition et notre pensée ? En quel sens nos représentations correspondent-elles à la réalité effective[3] [*Wirklichkeit*] ? ». La philosophie et la science de la nature butent sur ce problème de deux côtés opposés ; c'est une tâche qui leur est commune. La première, qui considère le côté spirituel, cherche à séparer de notre savoir et de notre représentation ce qui vient des influences du monde corporel, pour poser dans sa pureté ce qui appartient à l'activité propre de l'esprit. La science de la nature, au contraire, cherche à mettre de côté ce qui est définition, symbolisme, forme de la représentation, hypothèse, pour ne garder dans sa pureté que ce qui appartient au monde de la réalité dont elle cherche les lois. Toutes deux cherchent à effectuer la même séparation, même si chacune s'intéresse à une partie différente de ce qui est séparé[4]. Dans la théorie des perceptions

2. Le prédicat « vrai » ne devrait être attribué au sens strict qu'à des jugements (affirmations). On peut aussi s'interroger sur la vérité de la *pensée* dans la mesure où « penser » et « juger » doivent être considérés comme synonymes. Mais si nous parlons de la vérité de nos *intuitions*, cette formule ne s'applique qu'aux jugements *sur* nos intuitions, ou aux jugements que nos intuitions contiennent implicitement, si tant est que de tels jugements existent.

3. Cette question peut être englobée dans la précédente, puisque la relation entre nos représentations et la réalité effective est d'autant plus importante pour la vie et la recherche qu'on doit la connaître pour formuler des jugements vrais sur la réalité effective.

4. Les intuitions de Helmholtz semblent présupposer qu'on définit la philosophie, d'une certaine manière, comme la science du spirituel. Cependant, cette détermination conceptuelle est peu pertinente car le spirituel, qui est clairement pensé ici comme synonyme de « psychique », constitue bien l'objet d'une science particulière, la psychologie. On a certes déjà tenté d'identifier tout simplement les recherches philosophiques et psychologiques (comme Theodor Lipps qui a voulu définir la philosophie comme « science de l'esprit ou science de l'expérience interne »), mais ce faisant, on ne fait à coup sûr justice ni à la

sensorielles et dans les investigations sur les principes fondamentaux de la géométrie, de la mécanique et de la physique, même le naturaliste ne peut éluder ces questions. Puisque mes propres travaux sont souvent entrés dans les deux domaines, je veux tenter de vous donner une vue d'ensemble de ce qui a été accompli dans cette direction du côté des naturalistes. Naturellement, en dernière analyse les lois de la pensée ne sont pas différentes chez le naturaliste [*Naturforscher*] de ce qu'elles sont chez le philosophe. Dans tous les cas où les faits de l'expérience quotidienne, dont la richesse est somme toute déjà très grande, ont suffi pour donner à un penseur perspicace, animé d'un sentiment intègre pour la vérité, un matériau dans une certaine mesure suffisant pour un jugement correct, le naturaliste doit se contenter de reconnaître que la collection méthodique et complète des faits empiriques confirme simplement le résultat antérieurement acquis. Mais il se présente aussi des cas contraires. Je dis cela pour m'excuser si tant est qu'il faille s'en excuser de ce que dans ce qui suit toutes les réponses ne seront pas nouvelles, mais répéteront pour la plupart celles données depuis longtemps aux questions concernées. Assez souvent même un vieux concept, mesuré à des faits nouveaux, gagne une luminosité plus vive et un aspect neuf.

Peu avant le début de ce siècle, Kant avait développé la théorie des formes de l'intuition et de la pensée données avant toute expérience[5] pour

philosophie ni à la psychologie – certains considérant d'ailleurs, et non sans justification, que la psychologie est une branche de la science de la nature. Sans entrer ici dans cette question controversée et, au fond, inessentielle, de la définition de la philosophie, nous pouvons dire que l'idée tout à fait juste que Helmholtz a ici en vue serait mieux formulée ainsi : les sciences de la nature et les sciences de l'esprit, lorsqu'elles suivent leurs propres questions jusqu'à leurs fondements ultimes, finissent toujours nécessairement par atteindre la théorie de la connaissance, et se rencontrent donc dans le domaine de la philosophie. C'est aussi à partir de ce domaine qu'il est possible de déterminer si et en quel sens la distinction traditionnelle entre le psychique et le corporel mérite d'être conservée. Lorsque Helmholtz oppose ici les « influences du monde corporel » à « ce qui appartient à l'activité propre de l'esprit », il se rapproche de l'expression d'une conception populaire du monde – quant à savoir s'il introduit ainsi, de manière non critique, certains présupposés lourds de conséquences, c'est ce que nous verrons dans la suite de notre discussion (cf. *infra*, [n. 49 p. 180]).

5. On doit être attentif à se garder de toute mauvaise interprétation de la signification du terme « avant l'expérience » dans la philosophie kantienne. Le petit mot « avant » est en effet équivoque, puisqu'il peut être compris temporellement ou logiquement. Pour Kant, les connaissances *a priori* ne sont que *logiquement* antérieures à l'expérience, c'est-à-dire que leur validité ne dépend pas de l'expérience : « Selon le temps, aucune connaissance ne précède donc en nous l'expérience, et toutes commencent avec elles. Mais bien que toute notre connaissance commence *avec* l'expérience, elle ne résulte pas pour autant toute *de* l'expérience » (E. Kant, *Critique de la raison pure*, 2ᵉ éd., « Introduction », B I, trad. fr. *OP*, I, p. 758).

cette raison il les avait nommées « transcendantales »[6] –, dans lesquelles tout contenu de notre représentation devait nécessairement être appréhendé pour devenir représentation. Concernant les qualités de la sensation, Locke avait déjà fait valoir la contribution de notre constitution corporelle et spirituelle à la manière dont les choses nous apparaissent[7].

Les investigations sur la physiologie des sens, complétées et critiquement examinées en particulier par Johannes Müller, puis résumées par lui dans la loi des énergies spécifiques des nerfs sensoriels, ont apporté dans cette direction la plus totale confirmation – on peut presque dire à un degré inattendu. En même temps elles ont présenté et rendu évidente, d'une manière très concluante et concrète, la nature et la signification d'une telle forme subjective du sentir donnée d'avance. Ce thème ayant été déjà souvent discuté, je peux en parler brièvement aujourd'hui.

On rencontre deux niveaux distincts de différence entre les différentes sortes de sensations. La différence la plus profondément décisive est celle entre les sensations qui relèvent de sens différents, comme celle entre le bleu, le sucré, le chaud, l'aigu. Je me suis permis de nommer cela une différence dans la modalité de la sensation. Elle est décisive au point d'exclure toute transition de l'une à l'autre, tout rapport de plus grande ou de moindre ressemblance. Par exemple, on ne peut absolument pas demander si le

6. Plutôt que « transcendantal », il eût été plus juste de dire « *a priori* ». On a déjà souligné le fait que Helmholtz confondait souvent les deux termes ([n. 55 p. 66]). *A priori* désigne pour Kant tout ce qui vaut indépendamment de l'expérience ; le mot « transcendantal » a une signification autrement plus complexe. La définition que Kant donne de ce mot est la suivante : « J'appelle *transcendantale* toute connaissance qui s'occupe en général non pas tant d'objets que de notre mode de connaissance des objets en tant qu'il est possible en général » (*Critique de la raison pure*, 2e éd., « Introduction », B 25, trad. fr. *OP*, I, p. 777). Il dit aussi ailleurs : « Ainsi, ni l'espace, ni aucune détermination géométrique *a priori* de l'espace ne sont des représentations transcendantales ; la connaissance de l'origine non empirique de ces représentations et la possibilité qu'elles ont de pouvoir tout de même se rapporter *a priori* à des objets de l'expérience peuvent seules être nommées transcendantales » (*Critique de la raison pure*, 2e éd., « Introduction », B 80-81, trad. fr. *OP*, I, p. 816).

7. Pour Locke (1632-1704), il existe deux sortes de propriétés, à savoir : celles, spatiales et temporelles, qui peuvent être saisies quantitativement, qui appartiennent de son point de vue aux choses elles-mêmes et qu'il qualifie de propriétés « premières » ; et les « qualités secondes » comme rouge, froid, fort, etc. qui s'en distinguent par le fait qu'elles ne sont que des déterminations de la conscience percevante, dans laquelle elles ne sont produites que par l'influence des corps sur nos organes sensoriels. Elles ne sont donc aucunement des propriétés des choses, mais appartiennent seulement au sujet et n'ont aucune similitude avec les véritables propriétés des choses extérieures. Il s'agit de la doctrine de la « subjectivité des qualités sensibles » qui avait déjà été exprimée très clairement par Démocrite dans l'Antiquité. Dans les temps modernes, cette doctrine avait déjà été reprise avant Locke, à commencer par Galilée.

sucré ressemble davantage au bleu ou au rouge. En revanche la seconde sorte de différence – la moins décisive est celle entre différentes sensations du même sens ; je restreins le terme différence de qualité à cette seule différence. Fichte rassemble ces qualités d'un même sens sous le terme « cercle de qualités », et sous le terme « différence des cercles de qualités » ce que je viens de nommer une différence de modalité. À l'intérieur de chacun de ces cercles la transition et la comparaison sont possibles. Du bleu nous pouvons passer au rouge écarlate par le violet et le rouge carmin, et par exemple déclarer le jaune plus semblable au rouge orangé qu'au bleu. Ce que les investigations physiologiques enseignent à présent, c'est que la différence profondément décisive ne dépend d'aucune manière du type d'impression externe par laquelle la sensation est suscitée, mais qu'elle est uniquement et exclusivement déterminée par le nerf sensoriel qui a été touché par l'impression. L'excitation du nerf optique produit uniquement des sensations de lumière, peu importe qu'il ait été touché par une lumière objective, c'est-à-dire par des vibrations de l'éther, ou bien par des courants électriques que l'on conduit à travers l'œil, ou par une pression sur le globe oculaire, ou par tension du faisceau de nerfs optiques au gré d'un mouvement rapide du regard. La sensation résultant de ces dernières actions est à ce point semblable à celle d'une lumière objective qu'on a longtemps cru à une véritable production de lumière dans l'œil. Johannes Müller montra qu'une telle production n'avait absolument pas lieu, que la sensation de lumière n'était effectivement là qu'à cause de l'excitation du nerf optique[8].

De même que, d'une part, chaque nerf sensoriel excité par les influences les plus diverses ne donne toujours que des sensations relevant du cercle de qualités qui lui est propre, de même, d'autre part, les mêmes influences externes produisent, quand elles affectent des nerfs sensoriels différents, les types les plus variés de sensation, celles-ci relevant toujours du cercle de qualités du nerf concerné. Les mêmes vibrations de l'éther, que l'œil ressent comme lumière, la peau les ressent comme chaleur. Les mêmes vibrations de l'air, que la peau ressent comme un tremblement,

8. Johannes Müller n'a pas formulé de manière tout à fait inattaquable ce qu'il nomme la loi des énergies sensorielles spécifiques. On pourrait peut-être l'exprimer plus scrupuleusement ainsi : la modalité de la sensation dépend immédiatement seulement de la région de l'organe central qui est mise en excitation correspondante, indépendamment des causes extérieures qui déclenchent l'excitation. D'autres formulations meilleures et plus générales sont sans doute possibles – mais l'idée fondamentale, qui exprime le mieux la doctrine de la subjectivité des qualités sensibles dans le vocabulaire psychologique, demeure la même et reste correcte. Toutes les attaques *de principe* qui ont été menées contre la doctrine de Johannes Müller, par ex. par B. W. Wundt, sont ainsi injustifiées.

l'oreille les ressent comme son. Ici la différence dans la nature de l'impression est si grande, que les physiciens ne se sont sentis à l'aise avec l'idée que des agents apparemment aussi différents que la lumière et la chaleur rayonnante sont de même nature et en partie identiques, qu'après que la parfaite similitude [*Gleichartigkeit*] de leur comportement physique ait été établie par de laborieuses recherches expérimentales menées dans toutes les directions.

Mais même à l'intérieur du cercle de qualités de chaque sens individuel, où la nature de l'objet exerçant une influence co-détermine au moins la qualité de la sensation produite, se présentent encore les incongruités les plus inattendues. À cet égard la comparaison entre l'œil et l'oreille est instructive. En effet les objets de ces deux sens, la lumière et le son, sont des mouvements ondulatoires [9], qui suscitent différentes sensations selon la vitesse de leurs vibrations : dans l'œil différentes couleurs, dans l'oreille différentes hauteurs de son. Si nous nous autorisons, pour une plus grande clarté, à désigner les rapports de fréquences de la lumière du nom des intervalles musicaux formés par les fréquences sonores correspondantes, il en résulte la chose suivante : l'oreille perçoit environ dix octaves de sons différents, l'œil seulement une sixte, bien que des fréquences de son comme de lumière physiquement démontrables se produisent au-delà de ces limites. L'œil n'a dans sa courte gamme que trois sensations de base différentes les unes des autres, à partir desquelles toutes ses qualités se composent par addition, à savoir le rouge, le vert et le violet clair. Celles-ci se mélangent dans la sensation sans interférer les unes sur les autres [10]. L'oreille en revanche discerne un nombre colossal de sons de

9. C'est un fait qu'on ne conçoit plus aujourd'hui, depuis la théorie électromagnétique de la lumière (à la victoire de laquelle Helmholtz lui-même aura contribué), les ondulations de la lumière comme des mouvements matériels, et elles sont donc perçues comme essentiellement différentes des ondes sonores ; mais cela est sans incidence sur la comparaison dressée ici par Helmholtz.

10. Selon la théorie de Young-Helmholtz, il y a dans la rétine trois *processus fondamentaux* différents qui correspondent aux sensations rouge, vert, bleu. Les sensations des autres couleurs, d'après cette théorie, interviennent quand plusieurs de ces processus sont excités en même temps. Psychologiquement parlant, cependant, toute sensation de couleur est sans aucun doute quelque chose de simple, de non analysable. On ne peut donc proprement parler que d'un mélange de processus psychologiques et non pas d'un mélange de sensations ou « dans la sensation ». Que Helmholtz n'ait pas assez fermement distingué entre le processus psychologique de l'excitation sensorielle et le processus psychologique de la sensation, c'est ce que nous constaterons encore à plusieurs reprises. Remarquons au passage que les théories modernes de la couleur (Hering, v. Kries, G. E. Müller), pour atteindre une meilleure description des faits d'expérience, se sont assez considérablement éloignés de la

différentes hauteurs. Deux accords composés de sons différents ne sonnent pas pareillement, tandis qu'avec l'œil l'analogue précisément est le cas. Car un blanc d'aspect identique peut être produit par le rouge et le bleu-vert du spectre chromatique, par le jaune et le bleu outremer, par le jaune-vert et le violet, par le vert, le rouge et le violet, ou par deux, trois, ou la totalité de ces mélanges. Si les rapports dans l'oreille étaient similaires, la consonance do et fa sonnerait comme ré et sol, comme mi et la, ou comme do, ré, mi, fa, sol, la, etc. De plus, concernant la signification objective de la couleur, il est remarquable qu'en dehors de l'effet sur l'œil, aucune relation physique n'a pu être trouvée attestant que la lumière paraîssant identique est nomologiquement équivalente [*regelmässig gleichwertig*]. Finalement, ce qui fonde l'effet musical de la consonance et de la dissonance dépend entièrement du phénomène particulier des battements. Ils sont basés sur un rapide changement dans l'intensité du son, qui naît du fait que deux sons d'une hauteur presque identique coopèrent en alternance, tantôt en phase, tantôt en phase opposée, en conséquence de quoi ils provoquent des vibrations tantôt fortes, tantôt faibles, des corps en résonance. Le phénomène physique pourrait aussi bien arriver par la coopération de deux trains d'ondes lumineuses que par celle de deux trains d'ondes sonores. Mais premièrement il faut que le nerf ait la capacité d'être affecté par les deux trains d'onde à la fois, et deuxièmement il faut qu'il puisse suivre suffisamment vite l'alternance entre l'intensité forte et l'intensité faible. Sous ce dernier rapport le nerf auditif est nettement supérieur au nerf optique. En même temps, chaque fibre du nerf auditif n'est sensible qu'à des sons pris sur un intervalle étroit de la gamme, de sorte que seuls les sons situés en elle très près les uns des autres peuvent coopérer, tandis que les sons très éloignés les uns des autres ne le peuvent pas ou du moins pas directement. S'ils le font, c'est par l'intermédiaire des sons supérieurs ou des sons combinés qui les accompagnent. Voilà pourquoi l'on a avec l'oreille cette différence entre intervalles bourdonnants et intervalles non bourdonnants, c'est-à-dire entre consonance et dissonance. Chaque fibre du nerf optique en revanche sent à travers le spectre tout entier, bien qu'avec une puissance différente selon ses différentes parties. Si le nerf optique pouvait suivre dans la sensation les battements terriblement rapides des oscillations lumineuses, alors chaque couleur composée agirait comme une dissonance[11].

vision de Young-Helmholtz. Mais cela est sans importance au regard des considérations épistémologiques.

11. La théorie helmholtzienne de la consonnance à laquelle il est fait référence dans ce paragraphe n'est pas restée incontestée. En particulier, Stumpf a développé dans sa *Tonpsychologie* une position qui repose sur des fondements essentiellement différents. Mais encore

Vous voyez comment toutes ces différences touchant la manière dont la lumière et le son nous affectent sont conditionnées par la manière dont l'appareil nerveux réagit face à eux.

Nos sensations sont effectivement des effets produits dans nos organes par des causes externes [12], et la manière dont un tel effet s'exprime dépend naturellement [13], de façon tout à fait essentielle, de la nature de l'appareil sur lequel l'effet est produit. Dans la mesure où la qualité de notre sensation nous donne une information sur la particularité de l'influence externe par laquelle elle est suscitée, elle peut valoir comme un signe, mais non comme une image de celle-ci. Car de l'image on exige une quelconque forme de ressemblance [*Gleichheit*] avec l'objet dont elle est l'image, d'une statue la ressemblance de la forme, d'un dessin la ressemblance de la projection perspective dans le champ visuel, d'un tableau, en outre, la ressemblance des couleurs. Mais un signe n'a pas besoin d'avoir la moindre espèce de ressemblance [*Ähnlichkeit*] avec ce dont il est le signe. La relation entre les deux se limite au fait que des objets semblables [*gleiche*] exerçant une influence sous des circonstances semblables évoquent des signes semblables, et qu'ainsi des signes dissemblables correspondent toujours à des influences dissemblables.

Comparé à l'opinion populaire qui admet en toute bonne foi la totale vérité des images [14] que nos sens nous donnent des choses, ce résidu de

une fois, il ne s'agit pas dans ces réflexions de la justesse de la théorie psycho-physique en elle-même, car elle ne remplit ici que le rôle explicatif d'un exemple.

12. La formulation de cette phrase pourrait être comprise de plusieurs manières. Remarquons simplement ici qu'il ne va pas de soi de qualifier les sensations d'effets « dans nos organes », puisqu'elles sont des grandeurs psychiques non pas dans les organes mais dans la *conscience*. Nous avons affaire au même *quiproquo* que nous avions relevé plus haut [n. 10 p. 152], et cela demeurerait sans gravité si l'on pouvait démontrer que Helmholtz n'entend le mot « sensation » jamais que « sous un aspect physique », comme processus dans un organe sensoriel (*cf.* B. Erdmann, *Die philosophischen Grundlagen von Helmholtz' Wahrnehmungs-theorie*, Berlin, Verlag der Akademie der Wissenschaften, 1921, p. 19). Lorsqu'il le fait, il y oppose le *datum* psychique correspondant qu'il qualifie de « perception » ; c'est comme cela qu'il l'appelle dans une remarque citée par Koenigsberger (*H. v. Helmholtz*, *op. cit.*, II, p. 129) : « La perception est le devenir conscient d'une sensation déterminée, c'est-à-dire d'un processus déterminé de nos organes ». Mais cette manière de désigner ou de penser la chose ne semble pas avoir toujours été suivie de manière conséquente.

13. Comme ce n'est pas seulement l'expression de la sensation, mais la sensation elle-même qui diffère ici, on ne devrait pas dire « la manière dont un tel effet s'exprime » mais plutôt : « le type d'effet qui se produit ».

14. D'après [n. 2 p. 148], l'expression « vérité des images » doit être comprise au sens de : « la vérité des jugements dans lesquels est affirmée la similitude des objets avec les images ». De manière analogue, Helmholtz décrit ailleurs (1re éd. de l'*Optique physiologique*, *op. cit.*, repris dans la 3e éd., Bd. III, § 26, p. 18 ; trad. fr. E. Javal et N. Th. Klein, Paris, Masson, 1867, p. 579-580) la représentation vraie comme celle qui nous conduit à un acte pertinent (*zweck-*

similitude que nous reconnaissons quant à nous pourrait sembler très insignifiant. Pourtant il ne l'est pas, car à partir de ce résidu on peut obtenir un chose de la plus grande importance, à savoir l'image de ce qui est nomologique [*Gesetzmässigkeit*] dans les processus du monde réel[15]. Chaque loi naturelle déclare que de préconditions identiques [*gleich*] sous un certain rapport, suivent toujours des effets identiques sous un certain rapport différent. Dans la mesure où ce qui est le même dans notre monde sensitif est signalé par les mêmes signes, il s'ensuit qu'à la loi naturelle s'offrant comme une suite des mêmes effets à partir des mêmes causes va correspondre une suite tout aussi régulière dans le domaine de nos sensations.

Si les fruits rouges d'une certaine espèce présentent, à leur maturité, à la fois une pigmentation rouge et du sucre, alors la couleur rouge et la saveur sucrée se trouveront toujours ensemble dans notre sensation des fruits de cette nature.

Donc même si nos sensations quant à leur qualité ne sont que des signes, dont la nature particulière dépend entièrement de notre organisation, ils ne sont cependant pas à rejeter comme pure illusion, puisqu'ils sont précisément signe de quelque chose qui existe ou arrive, et, ce qui est le plus important, ils peuvent nous donner une image de la loi de cette chose qui arrive.

Ainsi la physiologie reconnaît elle aussi que les qualités de la sensation sont une simple forme de l'intuition[16]. Mais Kant est allé plus loin. D'après

mässigem Handeln) : le succès de l'action est ainsi la preuve de la rectitude des jugements qui étaient à son fondement : « Je crois donc que cela ne présente absolument aucun sens de parler d'une vérité de nos représentations autre qu'une vérité *pratique*. Les représentations que nous nous formons des choses *ne peuvent* être que des symboles, des signes naturels des objets, dont nous apprenons à nous servir pour régler nos mouvements et nos actions. Lorsque nous avons appris à déchiffrer correctement ces symboles, nous sommes à même, avec leur aide, de diriger nos actions de façon à produire le résultat désiré, c'est-à-dire à faire naître les sensations nouvelles que nous attendons. Non seulement il n'existe en *réalité* aucune autre comparaison entre les représentations et les objets – toutes les écoles sont d'accord sur ce point – mais encore on ne peut se figurer aucun autre genre de relation : cela ne présenterait absolument aucune sens ».

15. Une telle représentation de ce qui est nomologique dans la réalité à l'aide d'un système de signes constitue l'essence même de toute connaissance, si bien que notre connaissance ne remplit sa fonction que de cette manière et sans aucune autre méthode ; c'est cela qu'on cherche à montrer dans M. Schlick, *Allgemeine Erkenntnistheorie*, *op. cit.*, 1re partie.

16. La manière dont cette phrase est formulée (ainsi que ce qui suit) donne l'impression que Kant aurait décrit les qualités de la sensation comme une « forme de l'intuition ». Ce n'est pas du tout le cas. Seuls l'espace et le temps sont des formes pour Kant, les qualités de sensation sont pour lui des *contenus* de l'intuition et elles ont chez lui une tout autre importance pour la connaissance que les formes (seules ces dernières en effet sont la source de

lui ce ne sont pas seulement les qualités sensorielles qui sont données par les particularités de notre faculté intuitive, mais encore l'espace et le temps, dans la mesure où nous ne pouvons rien percevoir dans le monde externe qui n'advienne dans un temps spécifique et ne s'inscrive dans un lieu spécifique. La détermination de temps est également un attribut de toute perception interne. C'est pourquoi Kant nomma le temps la forme transcendantale de l'intuition interne, forme qui est donnée et nécessaire, et l'espace la forme correspondante de l'intuition externe. Kant considère ainsi que les déterminations spatiales appartiennent aussi peu au monde de la réalité [*die Welt der Wirklichen*] ou « à la chose en soi » que les couleurs que nous voyons n'appartiennent aux corps en soi, couleurs que notre œil introduit pourtant en eux. Ici encore la manière scientifique de considérer les choses sera d'accord jusqu'à une certaine limite. Supposons que nous demandions s'il existe un caractère commun, perceptible dans la sensation immédiate, par lequel se caractérise pour nous toute perception relative aux objets dans l'espace: nous trouvons un tel caractère dans cette circonstance, que le mouvement de notre corps nous place dans d'autres relations spatiales aux objets perçus, et change ainsi également l'impression qu'ils font sur nous. Mais l'impulsion au mouvement que nous donnons à travers l'innervation de nos nerfs moteurs est quelque chose d'immédiatement perceptible[17]. En donnant une telle impulsion nous sentons que nous faisons quelque chose. Ce que nous faisons, nous ne le savons pas directement. Seule la physiologie nous apprend que nous mettons les nerfs moteurs en état d'excitation, c'est-à-dire que nous les innervons, que leur stimulation est transmise aux muscles, à la suite de quoi ceux-ci se contractent et meuvent les membres. En revanche nous savons même sans étude scientifique quel effet perceptible suit chacune des innervations variées que nous sommes susceptibles d'initier. Que nous l'apprenions par des essais et des observations fréquemment répétés, cela peut être démontré de manière sûre dans une longue série de cas. Même à l'âge adulte nous pouvons encore apprendre à trouver les innervations

jugements synthétiques *a priori*). La phrase de Helmholtz a simplement pour but de dire que les qualités de sensation sont purement *subjectives*.

17. Cette phrase ne doit pas être interprétée comme si Helmholtz affirmait l'existence, contestée par la plus grande partie de la psychologie moderne, de ce qu'on nomme les « sensations d'innervation ». Il fait seulement référence au fait absolument incontestable qu'en exécutant un mouvement volontaire, nous avons également la conscience que nous initions le mouvement. Les changements de position et les mouvements de nos membres eux-mêmes deviennent conscients pour nous par l'intermédiaire de ce qu'on nomme les sensations kinesthésiques, lesquelles sont censées être obtenues par le moyen de nerfs sensibles spécifiques se terminant dans les muscles, les tendons et les articulations.

nécessaires pour prononcer les lettres d'une langue étrangère ou acquérir une technique particulière de chant, pour remuer les oreilles, loucher vers l'intérieur ou vers l'extérieur, vers le haut et vers le bas, etc. La difficulté à accomplir ce genre de choses tient uniquement au fait que nous devons chercher, par des essais, quelles innervations encore inconnues sont nécessaires à ce type de mouvements non effectués jusqu'à présent. Du reste nous ne connaissons ces impulsions sous aucune autre forme et par nul autre caractère définissable que le fait qu'elles produisent précisément l'effet observable attendu. Et cet effet observable sert à lui seul à distinguer des impulsions différentes dans notre propre représentation [18].

Maintenant, lorsque nous donnons des impulsions de ce genre – tourner le regard, bouger les mains, aller et venir –, nous découvrons que les sensations appartenant à certains « cercles des qualités » (notamment celles relatives aux objets spatiaux) peuvent de cette manière être modifiées. D'autres états psychiques dont nous sommes conscients : souvenirs, intentions, souhaits, humeurs, peuvent parfaitement l'être. Ainsi une différence radicale entre les premiers et les seconds est-elle posée dans la perception immédiate. Si nous voulons appeler spatiale la relation que nous modifions de façon immédiate par les impulsions de notre volonté – même si la nature de cette relation nous reste encore entièrement inconnue –, alors les perceptions d'activités psychiques n'entrent absolument pas dans une relation de ce genre. Cependant toutes les sensations des sens externes doivent procéder d'un type quelconque d'innervation, c'est-à-dire être déterminées spatialement [19]. Dès lors l'espace nous apparaîtra lui aussi de

18. De toute évidence, Helmholtz conteste ici explicitement l'existence de sensations spécifiques d'innervation, puisqu'il estime que la conscience des impulsions ne se caractérise pas par des qualités de sensation déterminées spécifiques, mais par la représentation des mouvements qui y sont liés. Quoiqu'il en soit, les hypothèses développées ici par Helmholtz de manière détaillée sont, comme l'affirme aussi B. Erdmann (*Die philosophischen Grundlagen von Helmholtz' Wahrnehmungstheorie*, *op. cit.*, p. 26), « de peu d'importance pour l'aspect essentiel de sa théorie ».

19. Quoique le sens de cette phrase soit tout à fait compréhensible, la formulation est à nouveau faussée par la tendance à brouiller la distinction entre la sensation comme *datum* psychique et l'excitation d'un organe sensoriel. La différence construite par Helmholtz entre les « perceptions d'activités *psychiques* » et les « sensations des sens externes » ne semble pas possible si l'on interprète ces dernières comme non psychiques ; mais cela est contredit par les deux phrases suivantes, dans lesquelles il est clairement question des qualités de sensation comme des contenus de conscience. Si Helmholtz avait opposé les sens « externes » à l'activité « interne » (et non pas « psychique »), cela aurait correspondu à la distinction, posée dans les paragraphes précédents (p. 156) entre l'intuition interne et externe. Mais cette distinction non plus ne va pas de soi, pour plusieurs raisons (*cf.* M. Schlick, *Allgemeine Erkenntnislehre*, *op. cit.*, § 19), et la seule manière légitime de justifier la différence établie ici

manière sensible, chargé des qualités de nos sensations de mouvement, comme ce à travers quoi nous pouvons nous mouvoir, comme ce à travers quoi nous pouvons regarder. L'intuition spatiale serait en ce sens une forme subjective de l'intuition, à l'instar des qualités sensibles rouge, sucré, froid[20]. Naturellement cela signifierait aussi peu pour la première que pour les secondes, que la détermination locale d'un certain objet individuel est une pure illusion[21].

De ce point de vue l'espace apparaîtrait toutefois comme la forme nécessaire de l'intuition externe, précisément parce que nous comprenons comme monde extérieur ce que nous percevons comme déterminé spatialement. Ce qui n'a pas de relation spatiale perceptible, nous le concevons comme le monde de l'intuition interne, comme le monde de la conscience de soi[22].

par Helmholtz entre les vécus spatiaux et non-spatiaux consiste sûrement à classer dans la première *toutes les perceptions sensibles* sans exception et dans la dernière tous les autres contenus de conscience.

On peut expliquer par des exemples la proposition selon laquelle les sensations « doivent procéder d'un type quelconque d'innervation » : les perceptions tactiles requièrent en général un mouvement de la main touchant, les perceptions visuelles un mouvement des yeux regardant, de la tête, etc. Quant aux perceptions auditives, dans lesquelles cela ne vaut que dans une moindre mesure (quoique ployer l'oreille ou la rapprocher de la source sonore, etc., puisse également jouer un rôle ici), la détermination spatiale y est elle aussi d'autant moins précise.

20. Ici comme plus haut, l'expression « forme de l'intuition » est prise en un sens tout à fait différent de chez Kant (*cf.* [n. 16 p. 155]). Helmholtz a cependant raison de coordonner l'intuition spatiale telle qu'il la décrit avec les qualités de sensation, puisqu'il s'agit dans les deux cas de contenus subjectifs, psychiques. En fait, ce qu'il décrit, dans ce qui précède et dans ce qui suit, est l'espace *psychologique* (ou plus précisément les espaces psychologiques ; car on doit doit séparer les données spatiales par exemple des sensations de mouvement de celles de la perception visuelle ou tactile comme quelque chose de tout à fait différent, même si elles sont reliées entre elles par une association forte), et non pas l'espace physico-géométrique. Ce dernier est une construction formelle, conceptuelle, sans qualités, tandis que le premier, en tant que donnée intuitive, est, dans les termes de Helmholtz, rempli par les qualités des sensations et demeure donc aussi subjectif qu'elles.

21. En réalité, quoique, par exemple, la douceur du sucre soit purement subjective, elle n'en est pas pour autant une apparence, mais une qualité de sensation d'une réalité effective [*Wirklichkeit*] indubitable. De même pour les propriétés spatiales des perceptions à l'aide desquelles nous nous orientons avec une très grande certitude dans le monde environnant. On aurait affaire à une apparence si les perceptions nous conduisaient à des comportements inappropriés vis-à-vis des choses – un peu comme lorsque nous cherchons à saisir l'image d'un objet dans le miroir, parce que nous l'avons faussement prise pour l'objet même. *Cf.* [n. 31 p. 165].

22. D'après cette explication tout à fait exacte, le jugement selon lequel notre intuition externe est spatiale s'avère *nécessairement* valide puisqu'il est analytique (*cf.* [n. 2 p. 32]), dans la mesure où nous nommons « extérieur » ce qui est déterminé spatialement dans le sens

Et l'espace serait une forme donnée de l'intuition, fournie avant toute expérience, dans la mesure où sa perception serait liée à la possibilité d'impulsions motrices volontaires, dont la capacité mentale et physique doit nous être donnée par notre organisation avant que nous puissions avoir l'intuition spatiale[23, 24].

en question. Naturellement, notre propre corps appartient à cette catégorie, lui qui est perçu comme quelque chose d'extérieur par opposition à la conscience de soi.

23. On doit qualifier de « psychologique » le type d'apriorité de l'espace que Helmholtz décrit dans le texte. Il n'est pas inutile de préciser si et dans quelle mesure sa conception recouvre la doctrine de Kant à laquelle Helmholtz fait explicitement référence et de laquelle il part. Deux interprétations différentes de l'*a priori* kantien s'pposent donc : en premier lieu, la conception psychologique principalement soutenue par Helmholtz lui-même (mais aussi par ex. par Schopenhauer), laquelle considère que le trait essentiel de la connaissance *a priori* n'est autre que d'être conditionnée par l'organisation psychique de la conscience connaissante. En second lieu, l'interprétation logique transcendantale d'après laquelle l'essence de l'*a priori* tient à cela qu'il contient les fondements ultimes sur lesquels repose toute connaissance rigoureuse, et qui en garantissent la validité. Une lecture impartiale des écrits de Kant semble montrer que le second point de vue est le plus important pour son système, mais dans une imbrication très étroite, presque indissoluble, avec le premier point de vue. Aussi ne peut-on rendre justice à la pensée kantienne ni par la conception uniquement psychologique, ni non plus par l'interprétation logique de l'école dite « néokantienne », laquelle prétend retirer tout lien avec l'*a priori* à tout ce qui est psychologique. Dans les recherches helmholtziennes, comme nous l'avons dit, l'apriorité de l'intuition de l'espace ne sera admise qu'au sens psychologique, tant et si bien que son épistémologie s'éloigne fortement de celle de Kant, comme Helmholtz lui-même l'avait clairement perçu. B. Erdmann juge aussi dans son dernier écrit (*Die philosophischen Grundlagen von Helmholtz' Wahrnehmungstheorie*, *op. cit.*, p. 27) que, pour Helmholtz, l'espace est une forme subjective de l'intuition « en un sens tout à fait étranger à la doctrine kantienne de l'espace », et il affirme très justement qu'ici « les pensées rationalistes de Kant sont déviées vers leur contrepartie empiriste ».

24. Une partie conséquente de la conférence sur « Les faits dans la perception » a été reprise presque mot à mot dans le § 26 de *L'optique physiologique*. On y trouve, p. 588 de la seconde édition (trad. fr. cit., p. 581-583), des précisions sur ce passage tirées de la première édition, lesquelles ont toute leur place ici en vertu de leur intérêt épistémologique : « Pour ce qui concerne d'abord les *propriétés* des objets extérieurs, il suffit d'un peu de réflexion pour voir que toutes les propriétés que nous pouvons leur attribuer désignent seulement les *actions* qu'ils exercent soit sur nos sens, soit sur d'autres objets de la nature. La couleur, le son, le goût, l'odeur, la température, le poli, la consistance appartiennent à la première classe : ils désignent des effets produits sur les organes de nos sens. Le poli et la consistance désignent le degré de résistance que les corps opposent au glissement ou à la pression de la main. Mais la main peut être remplacée par d'autres corps ; il en est de même pour l'examen des autres propriétés mécaniques, comme l'élasticité et le poids. Les propriétés chimiques se rapportent également à des réactions, c'est-à-dire à des actions que le corps examiné exerce sur d'autres corps. Il en est de même des autres propriétés physiques des corps : propriétés optiques, électriques, magnétiques. Il s'agit toujours de relations et d'actions réciproques qui dépendent

Il sera difficile de mettre en doute que le caractère dont nous avons parlé, celui du changement [*Veränderung*] lors du mouvement, appartient

des forces que les corps manifestent les uns à l'endroit des autres. Car toutes les forces de la nature sont des actions exercées par un corps sur un autre. Si nous nous figurons la matière dépourvue de force, elle est aussi sans propriétés autres que la position dans l'espace et le mouvement. Aussi les propriétés des corps ne se manifestent-elles que lorsque nous les mettons en rapport avec d'autres corps ou avec les organes de nos sens. Mais comme ce rapport peut se produire à tout instant et être occasionné à chaque instant par notre volonté, comme nous voyons toujours alors se produire des actions mutuelles, nous attribuons aux objets une faculté d'action continuelle, toujours prête à agir : c'est à cette faculté continuelle que nous donnons le nom de *propriété*.

Il résulte de là qu'en réalité, malgré leur nom, les *propriétés* des corps ne désignent absolument rien de propre à chaque corps en lui-même, mais bien par rapport à un autre objet, y compris les organes de nos sens. Naturellement, le mode d'action doit toujours dépendre des propriétés du corps qui agit aussi bien que de celles du corps qui subit l'action : c'est un point dont nous ne doutons pas un instant lorsqu'il s'agit des propriétés que présentent les corps en agissant les uns sur les autres, dans les réactions chimiques, par exemple. Mais lorsqu'il s'agit des propriétés qui reposent sur les rapports de modification qui existent entre les objets et nos organes des sens, on a toujours eu tendance à oublier qu'il s'agit encore d'une réaction sur un réactif particulier, à savoir notre appareil nerveux, et que la couleur, l'odeur et le goût, la sensation de chaud et de froid, sont également des actions qui dépendent tout à fait essentiellement de la nature de l'organe qui les subit. Les réactions des corps sur les sens sont assurément celles que l'on perçoit le plus fréquemment et le plus généralement, elles ont la plus grande importance pour notre bien-être et pour notre commodité ; mais si le réactif au moyen duquel nous les éprouvons a été mis en nous par la nature, la relation n'en est pas moins la même.

C'est donc une question qui ne présente absolument aucun sens que de demander si le cinabre est réellement rouge, tel que nous le voyons, ou si c'est seulement là une illusion des sens : la sensation du rouge est la réaction normale des yeux normaux, pour la lumière réfléchie par le cinabre. Un individu atteint d'anérythropsie verra le cinabre noir ou d'un jaune-gris foncé ; c'est également la réaction exacte pour son œil, mais il a besoin de savoir que son œil est autrement conformé que ceux des autres. En elle-même, l'une de ces sensations n'est ni plus vraie ni plus fausse que l'autre, bien que ceux qui déclarent le cinabre rouge aient pour eux une grande majorité ; la couleur rouge du cinabre n'existe qu'en tant qu'il existe des yeux conformés comme ceux de la majorité des hommes, et c'est à tout aussi juste titre que le cinabre possède la propriété d'être noir, relativement aux individus atteinds d'anérythropsie. Lorsque nous parlons des propriétés que présente un corps par rapport aux autres corps du monde extérieur, nous n'oublions jamais de spécifier aussi relativement à quel corps cette propriété existe chez lui. C'est ainsi que nous disons : "Le plomb est soluble dans l'acide azotique et ne l'est pas dans l'acide sulfurique". Si l'on nous disait simplement : "le plomb est soluble", nous remarquerions aussitôt que c'est là une assertion incomplète, et nous demanderions dans quoi le plomb est soluble. Mais quand on dit : "le cinabre est rouge", on comprend implicitement qu'il est rouge pour notre œil et pour ceux d'autres hommes que nous à toutes les perceptions relatives aux objets spatiaux[a]. Par contre il faudra fournir une réponse à cette question : doit-on dorénavant dériver de cette source toutes les déterminations particulières de notre intuition spatiale ? À cette fin nous devons considérer ce qui peut être atteint avec les ressources de la perception mentionnées jusqu'à présent.

Essayons de nous replacer dans la situation d'un homme sans la moindre expérience. Nous devons admettre, pour débuter sans intuition spatiale, qu'un tel homme ne connaît les effets de ses innervations que dans la mesure où il a appris comment, par relâchement d'une première innervation ou par l'exécution d'une seconde impulsion contraire, il peut se rétablir dans l'état dont il s'est éloigné lui-même par la première impulsion. Cette mutuelle auto-neutralisation de différentes innervations est entièrement indépendante de ce qui est alors perçu : l'observateur peut donc découvrir, sans avoir acquis auparavant la moindre connaissance du monde extérieur, comment il doit faire pour l'obtenir.

Supposons qu'un tel observateur se trouve initialement en face d'un environnement d'objets au repos. La première chose qui lui permettra d'en prendre conscience, c'est le fait que ses sensations restent inchangées aussi longtemps qu'il ne donne pas d'impulsion motrice. S'il donne une semblable impulsion (par exemple s'il bouge ses yeux ou ses mains, s'il avance), alors les sensations changent ; et si ensuite, par relâchement ou par l'impulsion contraire adéquate, il revient à son état antérieur, alors toutes ses sensations redeviennent celles du début[25].

Appelons le groupe entier d'agrégats de sensations provoqués dans un intervalle de temps par un certain groupe spécifique et limité d'impulsions volontaires : présentables de cet intervalle. Appelons d'autre part « présent » l'agrégat de sensations de ce groupe qui est en train d'être perçu. Notre observateur est ponctuellement lié à un certain cercle de présentables, dont il peut cependant rendre chaque individu présent à chaque moment qu'il souhaite par l'exécution du mouvement adéquat. Ainsi,

supposons conformés comme les nôtres ; nous pensons qu'il est inutile de faire cette mention, et cette omission constante du langage peut contribuer à nous faire croire que le rouge soit une propriété qui appartienne au cinabre, ou à la lumière que réfléchit ce corps, et indépendante de nos organes sensoriels. C'est tout autre chose quand nous disons que les ondes de la lumière réfléchie par le cinabre ont une certaine longueur : c'est là une assertion que nous pouvons faire indépendamment de la nature particulière de notre œil, mais qui n'exprime que des relations entre la substance lumineuse et les différents systèmes d'ondulation de l'éther ».

25. De manière assez comparable, H. Poincaré (*La valeur de la science*, 2e éd., *op. cit.*, p. 61 *sq.*) clarifie la spécificité des modifications spatiales (mouvements) par opposition aux changements qualitatifs (par ex. les variations de couleur d'un corps).

a. Voir le supplément I « Sur la localisation des sensations dans les organes internes ».

chaque présentable individuel de ce groupe lui apparaît comme existant à chaque moment de cet intervalle de temps : il l'a observé à chaque moment individuel qu'il a voulu. L'affirmation qu'il aurait aussi bien pu l'observer à chaque autre moment intermédiaire voulu par lui, est à considérer comme une inférence inductive, obtenue en passant tout simplement de chaque moment où l'essai a réussi à tous les moments de l'intervalle de temps. De cette manière donc, pourra être acquise la représentation d'une existence durable de différentes choses en même temps les unes à côté des autres. « L'un à côté de l'autre » est une description spatiale; mais elle est justifiée, puisque nous avons défini comme « spatiale » la relation modifiée par les impulsions de la volonté. Concernant ce qui est posé ici comme existant « l'un à côté de l'autre », on n'a pas encore besoin de penser à des choses substantielles. À ce niveau de connaissance on pourrait dire par exemple : « À droite c'est éclairé, à gauche c'est sombre; devant cela résiste, pas derrière », « droite » et « gauche » n'étant alors que des noms pour certains mouvements des yeux, « devant » et « derrière » pour certains mouvements des mains.

À d'autres moments cependant le cercle des présentables, pour le même groupe d'impulsions de la volonté, est devenu autre. Ce cercle avec son contenu individuel nous confronte ainsi à quelque chose de donné, à un « objectum ». Les modifications que nous pouvons provoquer et révoquer par des impulsions conscientes de la volonté sont distinctes de celles qui ne sont pas des conséquences de semblables impulsions et qui ne peuvent être éliminées par elles. Cette dernière détermination est négative. L'expression appropriée de Fichte pour cela, c'est qu'un « Non-Moi » confronté au « Moi » oblige celui-ci à le reconnaître[26].

Si nous nous enquérons des conditions empiriques sous lesquelles l'intuition spatiale se développe, nous devons tenir compte, dans ces considérations, principalement du sens tactile, puisque les aveugles peuvent développer complètement l'intuition spatiale[27] sans l'aide de la vue. Même

26. Voir par ex. Fichte, *Grundlage der gesamten Wissenschaftslehre* (1794), § 2, n° 9; trad. fr. A. Philonenko, *Les principes de la doctrine de la science (1794-1795)*, dans *Œuvres choisies de philosophie première*, Paris, Vrin, 1999, p. 26.

27. Conformément à l'usage, Helmholtz parle simplement de « l'intuition » spatiale au singulier, quoiqu'il doive à proprement parler y avoir, comme nous l'avons déjà noté ([n. 20 p. 158]) autant d'intuitions spatiales différentes qu'il y a de sens; il manque par exemple à l'aveugle l'espace intuitif visuel. Il existe cependant entre les représentations de l'espace une très étroite relation associative, et on est en droit de demander si un domaine sensible particulier joue ici un rôle éminent, comme s'il constituait le cœur de l'association autour duquel les autres représentations spatiales viendraient se regrouper. On ne peut que répondre affirmativement à cette question, et, comme cela ressort des réflexions de Helmholtz

si pour eux le remplissage de l'espace avec des objets sera moins riche et détaillé que pour les voyants, il paraît cependant éminemment improbable que pour ces deux classes de personnes les fondements de l'intuition spatiale puissent différer entièrement. Essayons nous-mêmes, dans l'obscurité ou les yeux fermés, d'observer par le toucher : nous pouvons très bien toucher avec un seul doigt ou même avec un crayon tenu dans la main, comme un chirurgien avec une sonde, et cependant établir de manière détaillée et sûre la forme corporelle de l'objet devant nous. Lorsque nous voulons trouver notre chemin dans l'obscurité, nous parcourons habituellement les objets plus larges avec cinq ou dix extrémités de doigt à la fois. Nous obtenons alors, dans le même laps de temps, cinq à dix fois plus d'informations qu'avec un seul doigt. De même nous nous servons de nos doigts comme des pointes d'un compas ouvert pour mesurer les grandeurs des objets. Toutefois cette circonstance, que nous avons une surface de peau étendue et sensible dotée de plusieurs points sensibles, reste entièrement à l'arrière plan quand nous touchons. Ce que nous sommes en mesure d'établir sur la foi de ce que sent la peau, quand nous appliquons posément la main par exemple sur la surface d'une médaille, est extraordinairement imprécis et indigent comparé à ce que nous découvrons par une sensation tactile obtenue au gré d'un mouvement, même si ce n'est qu'avec la pointe d'un stylo. Avec la vue, ce processus devient beaucoup plus complexe car à côté de l'endroit de la rétine qui capte de la manière la plus fine, à savoir la cavité centrale de l'œil qui tout en regardant est portée autour de l'image rétinienne, coopèrent aussi dans le même temps une grande foule d'autres points sensibles, d'une manière beaucoup plus féconde que dans le cas du toucher.

En parcourant les objets du doigt on apprend la séquence dans laquelle s'offrent leurs impressions. Cette séquence se révèle indépendante du doigt choisi pour toucher. En outre il ne s'agit pas d'une série déterminée unilatéralement, dont on devrait parcourir les éléments toujours dans le même ordre, pour aller de l'un à l'autre ; il ne s'agit donc pas d'une série linéaire, mais d'un « l'un à côté de l'autre » sur une surface, ou encore, dans la terminologie de Riemann, d'une multiplicité du second ordre. On peut facilement constater tout ceci. Bien sûr le doigt qui touche peut aller d'un point à un autre, sur la surface touchée, au gré d'autres impulsions motrices

lui-même (p. 156 *sq.*), ce sont en premier lieu les données des sensations de mouvement qui doivent occuper cette place centrale. C'est aussi en ce sens que l'on doit entendre Poincaré lorsqu'il dit (*La valeur de la science*, *op. cit.*, p. 71) : « L'espace réel est l'espace du mouvement ». En second lieu, comme le souligne Helmholtz, il faudrait avant tout prendre en compte le sens du toucher dont les représentations possèdent le lien le plus étroit avec le sens du mouvement.

que celles qui le poussent le long de la surface, et différentes surfaces touchables requièrent différents mouvements pour glisser sur elles. Ainsi l'espace dans lequel ce qui touche se déplace requiert une multiplicité supérieure à celle que requiert la surface offerte au toucher; la troisième dimension doit être ajoutée. Mais cette multiplicité suffit pour toutes les expériences qui se présentent; une surface fermée divise complètement l'espace que nous connaissons[28]. Les gaz et les liquides, qui ne sont pourtant pas liés à la forme de la faculté humaine de représentation[29], ne peuvent pas s'échapper d'une surface entièrement fermée; et de même qu'une ligne fermée ne peut délimiter qu'une surface, non un espace – c'est-à-dire une entité spatiale bidimensionnelle et non tridimensionnelle –, de même une surface ne peut clôturer qu'un espace tridimensionnel et non quadri-dimensionnel.

Ainsi peut-on acquérir la connaissance de l'ordre spatial de ce qui existe « l'un à côté de l'autre ». L'étape suivante serait la comparaison des grandeurs les unes aux autres, une fois observée la congruence de la main touchante avec les parties ou les points des surfaces corporelles, ou encore la congruence de la rétine avec les parties ou les points de l'image rétinienne.

Le fait que cet ordre spatial intuitif des choses dérive, à l'origine, de la séquence dans laquelle les qualités sensibles s'offrent à l'organe sensoriel en mouvement, a une conséquence étonnante qui subsiste même dans la représentation complète de l'observateur expérimenté : les objets existant dans l'espace nous apparaissent revêtus des qualités de nos sensations. Ils nous apparaissent rouge ou vert, froid ou chaud, ils ont une odeur, une saveur, etc., alors même que ces qualités sensibles n'appartiennent qu'à

28. Un *continuum* n-dimensionnel se caractérise par le fait qu'il peut être entièrement divisé par un *continuum* (n-1)-dimensionnel. Poincaré lui-même (*La science et l'hypothèse*, *op. cit.*, p. 33 *sq*; *La valeur de la science*, *op. cit.*, p. 73) utilise cette spécificité pour caractériser un *continuum* n-dimensionnel.

29. Cette proposition relative montre à quel point Helmholtz altère le sens des termes qu'il emprunte à la philosophie de Kant. Chez Kant, bien sûr, tous les objets empiriques sont de part en part « liés à la forme de la faculté humaine de représentation », puisqu'ils acquièrent de prime abord leur objectivité grâce à cette forme. Helmholtz précise ici explicitement que les propriétés spatiales des corps revêtent une importance objective particulière pour la « faculté de représentation ». Cela pourrait correspondre à ce que voulait dire Kant, dans la mesure où il était également d'avis que toute détermination spatiale devait « aussi avoir un fondement dans l'objet inconnu en lui-même » (E. Kant, *Metaphysische Anfangsgründe der Naturwissenschaft*, « Dynamique », théorème 4, remarque 2, Akademie Ausgabe, Bd. IV, p. 521 ; trad. fr. A. Pelletier, *Principes métaphysiques de la science de la nature*, Paris, Vrin, 2017, p. 157. *Cf.* aussi A. Riehl, *Der philosophische Kritizismus I*, Leipzig, Engelmahn, 1908, p. 470).

notre système nerveux et ne passent absolument pas dans l'espace extérieur[30]. Même si nous le savons, l'illusion ne cesse pas, car cette illusion est en fait la vérité originelle : ce sont en effet les sensations qui initialement s'offrent à nous dans un ordre spatial[31].

30. Prise mot à mot, la formulation du texte est hautement critiquable et, pour des raisons que nous avons déjà signalées à plusieurs reprises, conduirait inévitablement à des incompréhensions et des confusions si elle n'était pas nuancée par la phrase suivante (*cf.* note suivante). Les qualités de sensation appartiennent en tant que telles seulement à la conscience, et certainement pas au système nerveux. Lorsque je ressens un goût amer ou lorsque j'entends un son fort, mes nerfs ne sont pas amers ou forts. Helmholtz s'exprime comme si la conscience et ses sensations se trouvaient dans le système nerveux et donc aussi dans l'espace – puisque le système nerveux est un objet dans l'espace. On aboutirait ainsi à une « théorie projective » de la perception, d'après laquelle les qualités de sensation se trouveraient de prime abord dans le corps (le système nerveux) lui-même et seraient ensuite « projetées à l'extérieur » dans l'espace. (Il ne faudrait pas confondre cette doctrine philosophique bien étrange que serait la théorie projective avec une certaine théorie psychologique de la vision spatiale qu'on a également pris l'habitude de nommer – quoique de manière inappropriée – théorie projective. À ce sujet, *cf.* par ex. B. von Kries dans le t. III de la 3e édition de l'*Optique physiologique* de Helmholtz, *op. cit.*, p. 466). Puisque le spatial (y compris chez Helmholtz) est une forme d'intuition de la conscience, il ne convient pas de localiser la conscience elle-même à son tour quelque part dans l'espace intuitif. Si l'on prétend malgré tout le faire, on s'enferme dans des contradictions insolubles et on commet l'erreur que R. Avenarius nomme « l'introjection » et qu'il a clarifiée avec une grande rigueur en montrant qu'elle était évitable, dans ses écrits *Kritik der reinen Erfahrung* [*Critique de l'expérience pure*] (Leipzig, Reisland, 1888) et *Der menschliche Weltbegriff* [*Le concept humain de monde*] (Leipzig, Reisland, 1891). *Cf.* sur ce point M. Schlick, « Idealität des Raumes, Introjektion und psychophysisches Problem », *Vierteljahrschrift für wissenschaftliche Philosophie*, 40, 1916, [p. 129-175].

31. Quoique cette phrase n'exclue peut-être pas toute incompréhension, elle souligne cependant avec une clarté tout à fait remarquable le fait que ce que Helmholtz décrit comme une apparence (à savoir que les objets étendus dans l'espace soient chargés des qualités de sensation) est en réalité « la vérité originelle », puisque ces qualités se donnent effectivement dans l'espace intuitif et n'ont d'existence nulle part ailleurs. Si l'on entend par « corps » (*Körper*) les objets perçus dans l'espace intuitif, on doit donc s'accorder avec Kant pour dire que « ni les corps, ni leur mouvement ne sont quelque chose hors de nous, mais de simples représentations en nous ; ainsi, ce n'est pas le mouvement de la matière qui produit en nous des représentations, mais il n'est lui-même qu'une simple représentation (*Critique de la raison pure*, A 387 ; trad. fr. *OP*, I, p. 1457) ». De la même manière, E. Mach dit (*Analyse des sensations*, *op. cit.*, p. 23 ; trad. fr. p. 30) : « Ce ne sont pas les corps qui produisent des sensations, mais les complexes élémentaires (les complexes de sensations) qui constituent les corps ». Les « causes externes » dont les sensations, d'après ce qu'affirmait Helmholtz p. 154, étaient les effets, ne sont donc en aucun cas ces corps, mais pourraient bien être considérées comme étant les choses transcendantes (auxquelles on ne pourrait pas d'après Kant appliquer le concept de cause) ; que ces choses ne possèdent pas de qualités sensibles, c'est ce que Kant a clairement voulu exprimer dans la phrase citée précédemment. On peut regretter que Helmholtz n'affirme pas plus fermement qu'il ne s'agit *en aucune manière* d'« apparences » si nous percevons les qualités sensibles comme localisées dans l'espace intuitif.

Vous voyez que les traits les plus essentiels[32] de l'intuition spatiale peuvent être dérivés de cette manière. Pour la conscience populaire toutefois, une intuition apparaît comme quelque chose de simplement donné, survenant sans réflexion ni recherche, et ne réclamant pas somme toute d'être résolu en d'autres processus psychiques. À cette croyance populaire se rallient une partie des opticiens physiologues ainsi que les kantiens de stricte obédience, du moins en ce qui concerne l'intuition spatiale. Comme on sait, Kant n'admettait pas seulement que la forme générale de l'intuition spatiale était transcendantalement donnée, mais encore que celle-ci contenait d'avance, et avant toute expérience possible[33], certaines déterminations plus spécifiques exprimées

32. Si, revenant sur ces dernières pages de l'exposé de Helmholtz, nous nous demandons en quoi consistent ces « traits les plus essentiels » de l'intuition de l'espace, nous nous voyons conduits à constater que l'espace consiste en une multiplicité tridimensionnelle continue dans laquelle des entités différentes existent en même temps côte à côte, et dans laquelle des comparaisons de grandeur [*Grössenvergleichungen*] sont possibles.

33. Helmholtz introduit ici la distinction, de la plus haute importance pour sa doctrine, entre la « forme générale de l'intuition de l'espace » et ses « déterminations plus spécifiques », ces dernières étant exprimées par les axiomes de la géométrie. La forme « générale » est pour lui le « schéma vide de contenu » qu'il avait décrit p. 33 comme la véritable forme de l'intuition – ce en vertu de quoi la doctrine kantienne de l'*a priori* devait être maintenue. Il faut demander : que sont donc les déterminations *plus larges*, par opposition à celles dites « plus spécifiques », par lesquelles il faudrait encore caractériser la « forme générale », puisque certaines de ces caractéristiques lui appartiennent aussi dans la mesure où, sinon, on ne pourrait aucunement en parler comme de quelque chose de déterminé ? À cette question, il semble qu'on puisse répondre de deux manières. Premièrement, les caractéristiques en question pourraient consister en certaines particularités des perceptions des sens qui ne pourraient pas être davantage décrites, mais seulement signalées dans l'expérience, et qui leur confèreraient le caractère de la spatialité – quelque chose comme « l'être-étendu » d'une perception visuelle ou « l'être-étendu » très différent de la perception tactile. Mais deuxièmement, lesdites déterminations de la forme « générale » de l'intuition spatiale seraient à chercher dans quelqu'un des « traits les plus essentiels » dont parlait Helmholtz un peu plus haut et auxquels nous avons consacré la précédente note. Ce second cas soulève cependant la question de savoir si ces traits généraux aussi bien que les « déterminations plus spécifiques » ne peuvent et ne doivent pas être formulés dans des axiomes géométriques déterminés. La géométrie moderne aurait tendance à répondre par l'affirmative à cette question, et dans ce cas on ne pourrait pas maintenir la distinction entre les déterminations générales et particulières de l'intuition spatiale. Pour que cela soit possible, il faudra comprendre par « forme générale » tout moment psychologique indescriptible de la spatialité qui serait attaché à la perception des sens. Poincaré (*La valeur de la science*, *op. cit.*, p. 48) pose la question de savoir si l'espace ne serait pas « une forme imposée à notre sensibilité », dans la mesure où l'on considère ses déterminations comme purement *qualitatives*. Les propriétés de cette « forme générale » ou de ce « schéma vide de contenu » ne pourraient alors pas s'exprimer dans les propositions de l'*analysis situs* (cf. *supra*, [n. 21 p. 45]). Poincaré en vient cependant au résultat suivant : même ces propositions reposent probablement sur l'expérience.

dans les axiomes de la géométrie. Ces déterminations peuvent se ramener aux propositions suivantes[34] :

1) Entre deux points une seule ligne la plus courte est possible. Nous nommons « droite » une telle ligne.

2) Par trois points on peut tracer un plan. Un plan est une surface qui inclut entièrement toute ligne droite si celle-ci coïncide avec deux de ses points.

3) Par un point on ne peut faire passer qu'une seule ligne parallèle à une ligne droite donnée. Sont parallèles deux lignes droites qui se trouvent dans la même surface et qui ne se coupent sur aucune distance finie.

Kant utilise le fait présumé que ces propositions géométriques nous apparaissent comme nécessairement correctes, et que nous ne pourrions jamais nous représenter un comportement différent de l'espace, pour prouver qu'elles doivent être données avant toute expérience, et que l'intuition spatiale contenue en elles, pour cette raison, est elle-même une forme transcendantale de l'intuition[35], indépendante de l'expérience.

Eu égard aux controverses menées ces dernières années sur la question : les axiomes de la géométrie sont-ils des propositions transcendantales ou empiriques ?, je voudrais souligner tout d'abord que cette question doit être totalement séparée de celle discutée en premier lieu : l'espace en général est-il ou n'est-il pas une forme transcendantale de l'intuition[a] ?

Certains néokantiens (comme P. Natorp, E. Cassirer) ont tenté de présenter l'apriorité de l'intuition de l'espace en un sens purement kantien (donc pas dans l'interprétation psychologique helmholtzienne) de sorte qu'elle ne comprenne pas la stipulation d'une géométrie déterminée quelconque, euclidienne ou non-euclidienne. Ils semblent cependant se heurter à l'impossibilité de déterminer quelles sont véritablement ces lois *a priori* qui, selon eux, demeurent. *Cf.* M. Schlick, « Kritizistische oder empiristische Deutung der neuen Physik », *Kantstudien*, XXVI, 1924, p. 91-111.

34. Les propositions suivantes ne constituent cependant pas un système d'axiomes complet sur lequel pourrait être construite la géométrie générale sans l'aide de propositions supplémentaires. *Cf.* [n. 6 p. 35]. Pour les passages suivants du texte, *cf.* l'article sur « les axiomes de la géométrie ».

35. Ici et dans ce qui suit, il serait plus juste d'employer « *a priori* » plutôt que « transcendantal ».

a. Voir *infra*, le supplément II, p. 197.

Tout ce que notre œil voit, il le voit comme un agrégat de surfaces colorées dans le champ visuel; telle est sa forme d'intuition[36]. Les couleurs particulières qui apparaissent en telle ou telle occasion, leur agencement et leur séquence, tout cela résulte des influences externes et n'est déterminé par aucune loi de notre organisation. De la même manière, que l'espace soit une forme de l'intuition n'implique rien du tout concernant les faits exprimés par les axiomes. À supposer que semblables propositions ne soient pas empiriques, mais qu'elles appartiennent à la forme nécessaire de l'intuition, il s'agit alors d'une autre détermination particulière de la forme générale de l'espace; et les motifs faisant conclure que la forme de l'intuition de l'espace est transcendantale ne suffisent pas encore nécessairement à prouver en même temps que les axiomes ont eux aussi une origine transcendantale[37].

36. Puisque Helmholtz parle ici de la forme d'intuition de l'œil, il s'ensuit qu'il pense également qu'au fond, chaque sens particulier possède sa propre forme d'intuition au sens où il emploi ce mot. Il est intéressant de se reporter ici aux développements [n. 33 p. 166], à savoir que von Kries (dans la 3^eéd. de l'*Optique physiologique* de Helmholtz, Bd. III, p. 499) a adopté le point de vue selon lequel l'intuition spatiale de l'œil reposerait quant à ses déterminations *quantitatives* sur l'expérience, tandis que ses propriétés de situation *qualitatives* (donc les données traitables par l'*analysis situs*) seraient données, de manière fixe et par avance, par les lois physiologiques de formation : « Ce que nous pouvons penser comme fixé par les lois de formation pourrait cependant être modifié de la même manière que l'image peinte sur un disque de caoutchouc peut être modifiée localement si l'on étire localement le caoutchouc ».

37. Ce paragraphe explique encore une fois la différence entre ce qu'est l'espace en tant que forme de l'intuition et ce que les axiomes expriment de lui. À nouveau, les explications de Helmholtz semblent relever des précisions que nous avons données [n. 33 p. 166]. Si nous laissons de côté, dans la représentation de l'espace, tout ce qui peut être dérivé conceptuellement (donc en dernière instance par le biais des axiomes géométriques), alors il ne reste que l'élément qualitatif de la spatialité (l'étendue) que nous éprouvons comme une donnée ultime inanalysable. Helmholtz n'a jamais formulé cela lui-même, et il semble qu'il ait conféré au concept de forme d'intuition un contenu plus riche; mais comme il ne précise nulle part explicitement ce contenu, c'est la tâche de l'interprétation que de le déterminer tel qu'il puisse être compatible avec les faits psychologiques et géométriques.

On trouve l'exposé le plus complet de ce que Helmholtz se figurait être le contenu de la pure intuition de l'espace – et encore, seulement sous la forme d'une comparaison – dans le passage suivant (*Wissenschaftliche Abhandlungen*, II, p. 641 *sq.*) extrait de l'article dirigé contre Land (cf. *infra*, [n. 72 p. 201]).

« Pour rappeler une situation tout à fait similaire, cela fait sans aucun doute partie de l'organisation de notre appareil visuel que tout ce qui est vu ne soit jamais vu que comme une distribution spatiale de couleurs. C'est en nous la forme innée de nos perceptions visuelles. Mais cette forme ne préjuge en rien de la manière dont les couleurs que nous voyons doivent s'ordonner les unes à côté des autres dans l'espace ou se suivre les unes après les autres dans le temps. J'estime que, de la même manière, le fait que nous représentons tous les objets extérieurs dans des relations spatiales pourrait bien être la seule forme possible, donnée

Lorsque Kant affirmait que des relations spatiales contredisant les axiomes d'Euclide ne pourraient jamais être représentées d'aucune manière, il était influencé par l'état de développement de la mathématique et de la physiologie des sens de son époque, tout comme il l'était dans sa conception d'ensemble de l'intuition en général comme processus psychique simple[38], n'ayant pas à être résolu.

Si l'on veut essayer de se représenter une chose qui n'a jamais été vue auparavant, on doit savoir se figurer la série des impressions sensorielles qui, en accord avec les lois connues de celles-ci, devraient se produire si l'on observait cet objet et ses graduelles modifications successives de chaque point de vue possible et avec tous les sens[39]. Et en même temps ces

a priori, dans laquelle nous pouvons en général nous représenter des objets, sans qu'il soit nécessaire d'imposer qu'une perception spatiale déterminée intervienne après ou à côté de certaines autres perceptions spatiales, donc par ex. qu'un triangle équilatéral formé par des lignes droites ait des angles de 60 degrés quelle que soit la longueur de ses côtés. Chez Kant, bien sûr, la preuve du fait que l'espace soit une forme donnée *a priori* de l'intuition repose pour l'essentiel sur l'idée que les axiomes sont des propositions synthétiques, données *a priori*. Si cependant on rejette cette proposition et la preuve qui repose sur elle, on peut malgré tout considérer la forme de la représentation spatiale comme la forme nécessaire et donnée *a priori* de l'intuition de l'existence de différentes choses les unes à côté des autres. Ainsi, aucun trait essentiel du système kantien ne serait perdu ; au contraire, ce système aurait gagné en conséquence et compréhensibilité, puisqu'on aurait de la sorte éliminé la preuve, construite pour l'essentiel à partir de la force persuasive des axiomes géométriques, de la possibilité d'une métaphysique – et Kant ne savait pas lui-même comment tirer davantage de cette science que les axiomes de la géométrie et des sciences de la nature eux-mêmes. En ce qui concerne ces derniers, ils sont pour une part d'une justesse contestable, pour une part de simples conséquences du principe de causalité, c'est-à-dire du besoin de notre entendement de considérer tout ce qui se produit comme nomologique, c'est-à-dire compréhensible [*begreiflich*]. Maintenant, comme la critique de Kant est par ailleurs toujours dirigée contre la validité des raisonnements métaphysiques, il me semble que son système est libéré d'une inconséquence et gagne un concept plus clair de l'essence de l'intuition si on abandonne l'origine *a priori* des axiomes et si on conçoit la géométrie comme la première et la plus complète des sciences de la nature ».

38. Cette description ne fait pas pleinement droit à la doctrine kantienne de l'intuition car elle ne fait aucune référence à la « pure » intuition qui, d'après Kant, est saisissable dans l'expérience (dont elle est la forme et détermine ce qui, en elle, est nomologique) et n'est aucunement elle-même un « processus psychique ». Pour Kant, en outre, on peut d'autant mieux la résoudre qu'elle s'exprime dans les axiomes géométriques. Aussi Helmholtz a-t-il voulu dire autre chose lorsqu'il accuse Kant de ne pas avoir cherché à résoudre davantage l'intuition. Il a certainement voulu dire que Kant a omis de poser la question de savoir *pourquoi* l'intuition spatiale comportait en elle les axiomes valant empiriquement et non pas d'autres. C'est également en ce sens qu'il faut interpréter le passage où Helmholtz dit : « La question de savoir si l'intuition devait être décomposée, dans une plus ou moins grande mesure, en structures conceptuelles, n'avait pas encore été soulevée en ce temps-là » (*infra*, p. 198).

39. *Cf.* l'article sur l'origine et la signification des axiomes géométriques, p. 38.

impressions doivent être telles que toute autre interprétation soit exclue[40]. Si cette série d'impressions sensorielles peut être formulée complètement et sans ambiguïté, alors on doit à mon sens déclarer cette chose intuitivement représentable. Puisque par hypothèse celle-ci ne doit encore jamais avoir été observée, aucune expérience antérieure ne peut nous venir en aide et guider notre imagination dans la découverte de la série requise d'impressions; cette découverte ne peut advenir qu'au moyen du concept de l'objet ou de la relation à représenter. Il faut donc tout d'abord élaborer un tel concept et le spécifier autant que l'exige l'objectif proposé. Le concept d'entité spatiale [*Raumgebilden*] ne correspondant pas à l'intuition habituelle ne peut être développé de manière sûre que par le calcul de la géométrie analytique. Les outils analytiques pour le présent problème ont été fournis tout d'abord par Gauss en 1828, à travers son essai sur la courbure des surfaces, et Riemann les a appliqués à la découverte de systèmes de géométrie logiquement possibles, et en eux-mêmes cohérents; ce n'est pas improprement que ces investigations ont été qualifiées de métamathématiques[41]. Du reste il est à noter que déjà en 1829 et 1840 Lobatchewski avait élaboré, en suivant la voie synthétique et intuitive habituelle, une géométrie sans l'axiome des parallèles, qui est en parfait accord avec la partie correspondante des plus récentes investigations analytiques. Enfin Beltrami a indiqué une méthode pour former les images d'espaces métamathématiques dans les parties de l'espace euclidien, méthode grâce à laquelle la détermination de leur mode d'apparition dans la vision perspective est faite assez facilement. Lipschitz a démontré que les principes généraux de la mécanique peuvent être transposés à de semblables espaces, de sorte que la série des impressions sensorielles qui arriveraient en eux peut être complètement indiquée: ceci prouve

40. Ce paragraphe n'a pas d'équivalent dans la conférence sur les axiomes; il soulève une question importante. Nous montrons ailleurs ([n. 38 p. 155]) que dans le cas de la géométrie non-euclidienne, l'exclusion de « toute autre interprétation » ne peut jamais avoir lieu par nécessité logique mais seulement pour l'économie de la connaissance, car d'un point de vue purement théorique, l'interprétation physicaliste demeure toujours possible à côté de l'interprétation géométrique. Ce point trouve son expression la plus complète dans la critique dirigée par Helmholtz contre Land qui est reprise dans ce volume (Appendice III).

41. Sur cette expression « métamathématique », Helmholtz dit ailleurs (*Wissenschaftliche Abhandlungen*, II, 640) : « Le nom est de toute évidence pris par les détracteurs de cette discipline en un sens ironique, obtenu à partir du terme "métaphysique". Mais puisque ceux qui ont développé la géométrie non-euclidienne n'ont jamais affirmé sa vérité objective, nous pouvons fort bien accepter ce nom ».

l'intuitionnabilité de tels espaces, conformément à la définition susdite de ce concept [42].

C'est ici toutefois qu'intervient le point de désaccord. Comme preuve de l'intuitionnabilité je demande seulement que l'on soit capable d'indiquer précisément et sans ambiguïté, pour chaque sorte d'observation, les impressions sensorielles naissantes, en utilisant si nécessaire la connaissance scientifique de leurs lois, d'où il résulterait – du moins pour le connaisseur de ces lois que la chose en question ou la relation à intuitionner serait effectivement disponible [a]. La tâche consistant à se représenter les relations spatiales dans les espaces métamathématiques exige, de fait, quelque exercice dans la compréhension des méthodes analytiques, des constructions perspectives et des phénomènes optiques.

Mais ceci contredit le vieux concept d'intuition, qui reconnaît quelque chose comme donné par intuition seulement si sa représentation vient à la conscience en même temps que l'impression sensible, sans réflexion et sans effort. Ce qui manque à nos tentatives pour nous représenter des espaces mathématiques, c'est cette facilité, cette rapidité, cette évidence éclair avec laquelle nous percevons par exemple la forme d'une pièce dans laquelle nous entrons pour la première fois, la disposition et la forme des objets qui s'y trouvent, le matériau dont ils sont faits, et bien d'autres choses encore. Donc si ce type d'évidence était une propriété originairement donnée et nécessaire de toute intuition, nous ne pourrions pas affirmer jusqu'à ce jour l'intuitionnabilité de semblables espaces.

42. Helmholtz a tout à fait raison, dans l'optique qui est ici la sienne, de présenter comme il le fait le concept d'intuitionnabilité, puisqu'il n'a qu'une différence de degré, et non pas une différence de principe, avec ce que Helmholtz nomme, dans le paragraphe suivant, le « vieux concept d'intuition ». Dans ces considérations philosophiques, il ne s'agit bien sûr purement et simplement que de déterminer *en principe* le concept d'intuition. Une chose ne peut être considérée comme relevant de l'intuition que s'il est possible de donner une méthode grâce à laquelle la chose peut devenir représentable sensiblement pour nous. Un aveugle de naissance ne peut apprendre d'aucune manière ce que ressent un voyant qui perçoit du jaune ; une telle méthode n'existe pas pour lui. Ou si l'on rapportait que des êtres vivants quelconques possédaient un organe sensible inconnu de nous – disons par exemple pour les pertubations magnétiques – nous ne pourrions d'aucune manière nous procurer un vécu de la sensation correspondante : ce sont des exemples de cas situés au-delà de toute intuitionnabilité. Les explications que donne Helmholtz par la suite expliquent que la représentabilité des espaces non-euclidiens n'appartient pas à ce type de cas mais qu'elle ne requiert que de décrire une succession de perceptions composées à partir de sensations provenant de l'expérience quotidienne.

a. Voir ma conférence sur les axiomes de la géométrie, p. 38 *sq*.

En réfléchissant bien cependant, nous sommes confrontés à une foule de cas qui montrent que la sûreté et la rapidité avec laquelle surgissent certaines représentations à l'occasion de certaines impressions peut également être acquise, même lorsque la nature ne donne aucune connexion semblable. L'un des exemples les plus frappants est la compréhension de notre langue maternelle. Les mots sont des signes choisis arbitrairement ou de manière contingente, qui diffèrent selon chaque langue. La compréhension d'une langue n'est pas héréditaire, puisque pour un enfant allemand ayant grandi parmi des français et n'ayant jamais entendu parler allemand, l'allemand est une langue étrangère. L'enfant apprend à connaître la signification des mots et des phrases uniquement à travers des exemples de leur usage. Dans ce processus on ne peut jamais faire comprendre à l'enfant, avant qu'il ne comprenne la langue, que les sons qu'il entend sont censés être des signes ayant un sens. Finalement en grandissant il comprend ces mots et phrases sans réflexion ni effort, sans savoir quand, où et à travers quels exemples il les a appris, et il saisit les plus fines nuances de leur sens souvent celles que les tentatives de définition logique ne font que poursuivre maladroitement.

Il ne sera pas nécessaire pour moi de multiplier les exemples de tels processus, la vie quotidienne en est suffisamment riche. C'est précisément la base de l'art, et plus clairement de la poésie et des arts graphiques. La forme la plus haute de l'intuitionner, telle que nous la trouvons dans un regard d'artiste, est cette saisie d'un nouveau type de manifestation, mobile ou stationnaire, de l'homme et de la nature. Lorsque les traces similaires, déposées dans notre mémoire par des perceptions souvent répétées, se renforcent les unes les autres : c'est précisément le nomologique qui de la sorte se répète lui-même le plus régulièrement, tandis que la fluctuation contingente est effacée. Chez l'observateur fervent et attentif se développe de cette manière une image intuitive du comportement typique des objets qui l'ont intéressé, dont il sait aussi peu retracer après coup la genèse que l'enfant qui devrait recenser les exemples sur lesquels il a appris la signification des mots. Que l'artiste a vu quelque chose de vrai s'atteste dans le fait que cette chose nous saisit nous aussi d'une conviction de vérité, lorsqu'il nous la présente dans un exemple purifié des perturbations contingentes. Il est supérieur à nous, toutefois, parce qu'il a su comment la dégager de tout ce qui est accidentel, et de toute confusion émanant de l'agitation du monde.

Tout ceci uniquement pour rappeler combien ce processus psychique est actif dans notre vie mentale, des plus bas aux plus hauts degrés de son développement. Dans mes travaux antérieurs j'ai appelé inférences inconscientes les connexions entre représentations qui interviennent ici; inconscientes, dans la mesure où leur majeure est formée à partir d'une série d'expériences qui ont chacune disparu depuis longtemps de la mémoire, et qui ne sont pas nécessairement entrées dans notre conscience formulées en mots comme des phrases, mais uniquement sous la forme d'observations sensibles. La nouvelle impression sensible entrant avec la perception présente forme la mineure, à laquelle est appliquée la règle imprimée par les observations antérieures[43]. Plus tard j'ai renoncé au terme d'« inférences inconscientes » afin d'éviter la confusion avec la représentation à mon sens entièrement confuse et injustifiée que Schopenhauer et ses héritiers désignent par ce terme. À l'évidence toutefois nous avons affaire ici à un processus élémentaire qui se trouve effectivement au

43. On peut illustrer cette situation à partir d'exemples souvent pris par Helmholtz à d'autres occasions. On peut construire le raisonnement suivant :

Majeure (ou « Obersatz ») : La lumière que je vois avec mon œil droit dans le voisinnage de mon nez provient d'une source lumineuse située à ma gauche.

Mineure (ou « Untersatz ») : Lorsqu'une pression déterminée s'applique sur mon globe oculaire droit, je vois une tâche de lumière du côté de mon nez.

Conclusion (ou « Schlusssatz ») : La source de la sensation de lumière (la pression) provient de la gauche.

L'inférence (il est bien connu qu'on appelle cette forme d'inférence un syllogisme) est fausse car il est bien connu que l'œil doit subir une pression sur la droite pour que l'apparence de lumière correspondante semble localisée à gauche. L'erreur tient au fait que la majeure « imprimée par les observations antérieures » est prise à tort comme valant en général et se trouve appliquée à un cas auquel elle ne convient pas. Dans l'*Optique physiologique* (2ᵉ éd., *op. cit.*, p. 582 ; trad. fr. p. 586), Helmholtz dit : « Lorsque nous avons senti une excitation dans les appareils nerveux dont les extrémités périphériques se trouvent du côté droit des deux rétines, nous avons appris, par une expérience répétée de tous les instants, qu'il y avait à notre gauche un corps lumineux. Nous avons constaté qu'il nous a fallu porter la main à gauche pour cacher cette lumière ou pour saisir l'objet lumineux, que nous avons dû nous transporter vers notre gauche pour nous en rapprocher. Si donc, dans les cas de ce genre, nous ne faisons pas de raisonnements [*Schlüsse*] conscients, nous n'en avons pas moins exécuté le travail essentiel et primitif d'un raisonnement, et nous en avons obtenu la conclusion, bien que ce travail n'ait été fait, sans doute, que par les procédés inconscients de l'association des idées, qui résident dans les parties inexplorées de notre mémoire. Aussi ces résultats s'imposent-ils à notre conscience comme produits, pour iansi dire, par une puissance extérieure qui nous domine et sur laquelle notre volonté n'a aucune action. À ces conclusions inductives [*Induktionsschlüssen*], qui servent à la formation de nos perceptions visuelles, manque assurément le travail de vérification et de rectification de la pensée consciente ; cependant, je crois pouvoir les considérer, dans leur essence, comme des *conclusions* [*Schlüsse*], comme des résultats de raisonnements inductifs [*Induktionsschlüsse*] accomplis à notre insu ».

fondement de toute pensée proprement dite, même si manquent encore ici l'examen critique et le décompte exhaustif des étapes individuelles qui entrent en jeu dans la formation scientifique des concepts et des inférences[44].

44. À propos de la célèbre doctrine de l'« inférence inconsciente » sur laquelle le paragraphe précédent a donné un bref aperçu, commentons rapidement quelques points. La psychologie moderne rejette fermement le concept d'inférence inconsciente car elle considère à juste titre la pensée, le processus logique, exclusivement comme une fonction de la *conscience*. On peut se demander si Helmholtz utilise seulement une terminologie inappropriée ou si la terminologie impropre est véritablement l'expression d'une pensée qui ne résiste pas à une critique épistémologique solide. Nous pensons que, dans ses limites, la présentation helmholtzienne admet et par là exige la première interprétation, la plus favorable. Dans ce paragraphe, Helmholtz abandonne le terme « inférence inconscience » seulement pour éviter la confusion avec les pensées « entièrement confuses » de Schopenhauer. Qu'il n'ait pas par ailleurs de réserve substantielle par rapport à cette expression, c'est ce que suggère le fait que, dans le passage cité dans la note précédente, il a conservé dans la seconde édition de l'*Optique physiologique* (1894), sans aucune modification, le texte de la première, en ajoutant (p. 602) explicitement qu'il « trouve le nom encore aujourd'hui tout à fait fondé et pertinent ». Il précise cependant clairement qu'en réalité, le processus consiste en un « processus d'association », et il s'exprime aussi de la même manière dans d'autres passages, par ex. p. 601 de la 2e édition de l'*Optique physiologique* où il dit « Nous voyons donc que ce processus qui, pour l'essentiel et dans la mesure où nous pouvons le savoir, ne se déroule qu'à travers l'action involontaire et inconsciente de nos pensées, peut donc susciter en nous des associations de représentations dont les résultats correspondent pour l'essentiel à ceux de la pensée inconsciente ». Helmholtz se justifie de conserver le terme logique pour ces processus psychiques en remarquant que ces processus conduisent au même *résultat* [*Resultat*], donc rendent les mêmes services que les bons raisonnements. Il est certain que les associations et les instincts nous guident en général de manière plus sûre que notre entendement dans nos comportements dans le monde evironnant; mais bien sûr on ne saurait admettre une inférence de l'égalité des résultats à l'égalité de l'être. Aussi pourrait-on bien dire que, relativement à la question posée ici (où il s'agit de l'ordre de nos perceptions), la théorie helmholtzienne de l'« inférence inconsciente » ne doit être rejetée que dans sa formulation et non pas dans son fond.

Il n'est pas nécessaire ici de se demander si cela vaut aussi lorsque Helmholtz ne rend pas seulement les inférences inconscientes responsables de l'ordre des perceptions mais aussi de la croyance en l'existence des corps comme origine des sensations. Il le fait par ex. dans la conférence tenue en 1855 à Königsberg pour le mémorial de Kant, « Sur le voir humain », dans laquelle il dit (*Vorträge und Reden*, I, 112; trad. fr. C. Bouriau, « Sur le voir humain », *Philosophia Scientiae*, 14/1, 2010, p. 31) : « Si la conscience ne perçoit pas les corps immédiatement au lieu où ils se trouvent, elle ne peut les connaître qu'au gré d'une inférence » (de même Schopenhauer, *Le monde comme volonté et comme représentation*, § 4 (trad. fr. p. 35) : « La première manifestation de l'entendement, celle qui s'exerce toujours, c'est l'intuition du monde réel; or, cet acte de pensée consiste uniquement à connaître l'effet par la cause… »). Mais comme Helmholtz s'est exprimé de manière plus prudente sur ce point par la suite (voir les dernières pages de la conférence sur les faits dans la perception) et comme nous ne nous intéressons pas au développement historique des vues de Helmholtz mais à leur

Concernant premièrement la question de l'origine des axiomes géométriques, le fait que la représentation des relations spatiales métamathématiques, par manque d'expérience, ne soit pas aisée, ne peut être retenu comme argument contre leur intuitionnabilité. D'ailleurs, cette dernière est parfaitement démontrable. La preuve kantienne de la nature transcendantale des axiomes géométriques est donc caduque. D'autre part l'investigation des faits d'expérience montre que les axiomes géométriques, pris uniquement au sens où ils sont habilités à s'appliquer au monde réel, peuvent être testés empiriquement et démontrés ou bien, le cas échéant, réfutés[a].

Les restes de mémoire d'expériences passées jouent également un rôle très influent dans l'observation de notre champ visuel.

Un observateur qui n'est plus totalement inexpérimenté obtient même sans mouvement des yeux – soit par une illumination momentanée causée par une décharge électrique, soit par une volontaire fixation rigideune image relativement riche des objets en face de lui. Toutefois même un adulte se persuade facilement que cette image devient beaucoup plus riche, et surtout beaucoup plus précise, s'il fait circuler son regard dans le champ visuel, employant ainsi ce mode d'observation spatiale que j'ai précédemment décrit comme le mode fondamental. Nous sommes en fait tellement habitués à laisser notre regard errer sur les objets que nous observons, qu'un entraînement assez important est requis avant que nous parvenions, pour les besoins d'expérimentations en optique physiologique, à le maintenir plus longtemps fixé sur un point sans osciller. Dans mes travaux d'optique physiologique[b], j'ai cherché à expliquer comment notre connaissance du champ visuel peut être acquise par l'observation des images lors des mouvements de l'œil, pourvu seulement qu'il existe, entre des sensations rétiniennes par ailleurs qualitativement semblables, une quelconque différence perceptible correspondant à la différence entre des lieux distincts sur la rétine. Il faudrait nommer une semblable différence un signe local, selon la terminologie de Lotze; seulement le fait que ce signe

contenu et à leur importance pour la pensée d'aujourd'hui, nous pouvons laisser de côté les formulations antérieures. Pour plus de détails sur la doctrine helmhholtzienne des inférences inconscientes, voir l'article académique déjà cité à plusieurs reprises de B. Erdmann ainsi que F. Conrat, *H. v. Helmholtz' Psychologische Anschauungen*, Halle, 1904, chap. VIII.

a. Voir mes *Wissenschaftliche Abhandlungen*, Bd. II, *op. cit.*, p. 640; un extrait est donné dans le « Supplément III », *infra*, p. 201 *sq.*

b. *Handbuch der Physiologischen Optik; Vorträge über das Sehen der Menschen*, dans *Vorträge und Reden*, Bd. I, *op. cit.*, p. 85 et p. 265.

soit un signe local[45] – c'est-à-dire qu'il corresponde à une différence de lieu et laquelle n'a pas besoin d'être connu à l'avance. De récentes observations ont également confirmé que des personnes aveugles depuis leur jeunesse, ayant plus tard recouvré la vue au gré d'une opération, ne pouvaient au début distinguer par l'œil entre des formes aussi simples qu'un cercle et qu'un carré, tant qu'ils ne les avaient pas touchées[a]. En outre, l'investigation physiologique nous enseigne que nous pouvons comparer par estimation visuelle [*Augenmass*], d'une manière relativement précise et assurée, uniquement les lignes et les angles du champ visuel dont on peut reproduire l'image en une succession rapide, par des mouvements normaux de l'œil, sur les mêmes endroits de la rétine. De fait nous estimons bien plus sûrement les vraies grandeurs et distances des objets spatiaux qui ne sont pas trop éloignés que celles des objets perspectifs, qui changent selon le point de vue dans le champ visuel de l'observateur, bien que la première tâche, qui se rapporte à un espace à trois dimensions, soit beaucoup plus complexe que la seconde, qui se rapporte à une image plane. Il est bien connu que l'une des plus grandes difficultés du dessin est de se libérer de l'influence involontairement exercée par notre représentation des vraies grandeurs des objets vus. Or la situation décrite est précisément celle à laquelle nous devons nous attendre, si nous n'avons acquis notre compréhension des signes locaux que par expérience. Il nous est beaucoup plus facile d'apprendre à connaître de manière sûre les signes sensoriels changeants pour ce qui reste objectivement constant, que pour ce qui change à chaque mouvement de notre corps, comme le font les images perspectives.

Pour un grand nombre de physiologues, dont nous pouvons qualifier la conception de nativiste par opposition à la conception empiriste que j'ai moi-même essayé de défendre, cette idée d'une connaissance acquise du champ visuel apparaît inacceptable, car ils n'ont pas pris clairement conscience de ce qui est pourtant si net dans l'exemple de la langue, à savoir de tout ce qui peut être accompli grâce aux impressions mémorielles accumulées. Pour cette raison une foule de tentatives variées ont été faites

45. C'est comme des signes locaux de ce type que Lotze considère les mouvements des yeux (sensations de mouvement) qui sont nécessaires pour amener le bon endroit de la rétine à la position où la vision sera la plus précise. D'après W. Wundt (*Physiologische Psychologie*, Leipzig, Engelman, 1874, II, p. 668 *sq.*), les différences de couleur, par exemple, peuvent aussi jouer le rôle de signes locaux. Que les parties périphériques de la rétine possèdent par exemple une tout autre sensibilité à la lumière que les parties centrales, cela est d'ailleurs bien connu.

a. M. Dufour (Lausanne) dans le *Bulletin de la Société médicale de la Suisse Romande*, 1876.

pour ramener au moins une certaine partie des perceptions visuelles à un mécanisme inné, au sens où certaines impressions sensorielles seraient censées déclencher certaines représentations spatiales déjà prêtes. J'ai démontré en détail[a] que toutes les hypothèses de ce genre proposées à ce jour étaient insuffisantes, car finalement on peut toujours présenter des cas où notre perception visuelle se trouve en concordance plus précise avec la réalité que ces suppositions ne permettraient de l'être. On est donc contraint d'avancer cette autre hypothèse, que l'expérience conquise au cours des mouvements peut finalement triompher de l'intuition innée, et ainsi achever en opposition à cette dernière ce qu'elle est censée achever, pour l'empiriste, sans un semblable obstacle.

Ainsi les hypothèses nativistes sur notre connaissance du champ visuel, premièrement, n'expliquent rien, mais ne font qu'admettre l'existence du fait à expliquer tout en récusant, dans le même temps, que ce fait puisse être ramené à des processus psychiques sûrement établis, bien qu'elles doivent elles-mêmes toujours faire appel à ces derniers dans d'autres cas. Deuxièmement la supposition de toute théorie nativiste – que des représentations déjà prêtes d'objets sont suscitées par notre mécanisme organique –, apparaît bien plus audacieuse et douteuse que la supposition de la théorie empiriste, qui est que seul le matériau non encore compris des sensations relève des influences externes, tandis que toutes les représentations sont formées à partir de lui en accord avec les lois de la pensée.

Troisièmement, les suppositions nativistes ne sont pas utiles. La seule objection qu'on a pu avancer contre l'explication empiriste est l'assurance avec laquelle de nombreux animaux se meuvent lorsqu'ils viennent de naître ou juste après avoir rampé hors de l'œuf[46]. Moins ils sont dotés mentalement, plus vite ils apprennent ce qu'ils sont en général capables d'apprendre. Plus étroits sont les chemins que leurs pensées doivent emprunter, plus facilement ils les trouvent. Pour ce qui est de voir, un nouveau-né humain est extrêmement malhabile; il lui faut plusieurs jours

46. Cette objection a été soulevée par ex. par Du Bois-Reymond après sa lecture des conférences données par Helmholtz sur « Les nouvelles avancées dans la théorie de la vision » (« Die neueren Fortschritte in der Theorie des Sehens », publiées d'abord dans les *Preussischen Jahrbücher,* puis dans les *Vorträge und Reden*, I, *op. cit.*, p. 265 *sq.*). Il écrit en 1868 (*cf.* L. Koenigsberger, *H. v. Helmholtz*, *op. cit.*, II, p. 84) à Helmholtz : « Toujours contre cette forte intuition empiriste, il me semble qu'elle devrait pouvoir être entièrement développée de manière cohérente, ce qui, comme tu le reconnais toi-même, n'est pas le cas ; car s'il est inné pour le veau de se fier à l'odorat pour aller sous la mamelle, alors qu'est-ce qui peut encore ne pas être inné pour lui ? Il me semble toujours qu'il y a tant à conserver du nativisme qu'on ne voit pas ce que cela change d'en garder un peu plus ou un peu moins ».

a. Voir mon ouvrage d'*Optique Physiologique*, *op. cit.*, 3e partie.

pour apprendre à juger, d'après ses images visuelles, dans quelle direction il doit tourner la tête pour atteindre le sein de la mère. Les jeunes animaux sont assurément beaucoup plus indépendants de l'expérience individuelle. Mais nous ne savons pratiquement rien de précis sur ce qu'est cet instinct qui les guide. Un héritage direct des cercles de représentation des parents est-il possible? S'agit-il seulement d'un désir ou d'une aversion ou d'un besoin moteur qui s'attache à certains agrégats de sensations? Des vestiges de ce dernier phénomène se présentent encore d'une manière clairement reconnaissable chez l'être humain. Des observations proprement et critiquement exécutées dans ce domaine seraient infiniment souhaitables.

Ainsi les structures que présuppose l'hypothèse nativiste peuvent-elles revendiquer au mieux une certaine valeur pédagogique, celle de faciliter la découverte des premières relations nomologiques. La position empiriste serait elle aussi compatible avec des présuppositions ordonnées à ce but: par exemple les signes locaux de points voisins sur la rétine sont plus semblables les uns aux autres que ne le sont ceux de points plus éloignés; les signes locaux des points correspondants des deux rétines sont plus semblables les uns aux autres que ceux de points disparates, etc. Pour notre présente investigation il suffit de savoir que l'intuition spatiale peut se former pleinement chez l'aveugle également, et que chez le voyant – même en supposant que les hypothèses nativistes soient partiellement pertinentes –, la détermination ultime et la plus précise des relations spatiales est conditionnée par les observations faites lors du mouvement[47].

47. Les paragraphes précédents contiennent une description de la théorie de la perception visuelle que Helmholtz nomme empiriste et défend comme telle, et dans laquelle il confronte clairement et brillamment ses thèses fondamentales avec la doctrine nativiste, si bien qu'on peut sûrement dire de ce célèbre passage (comme le fait Fr. Hillebrand dans son texte sur Ewald Hering, [*Ewald Hering : ein Gedenkwort der Psychophysik*], Berlin, Springer, 1918, p. 102) qu'il « constitue la présentation la plus complète de la théorie empiriste ». Ce n'est pas ici le lieu de s'engager dans le combat entre les positions empiristes et nativistes, lequel n'est pas encore clos aujourd'hui. Car il s'agit seulement de poser des questions, relatives à une science particulière, qui demeurent indifférentes à la problématisation épistémologique. Helmholtz dit quelque part (*Optique physiologique*, *op. cit.*, p. 796 de la 1re éd., p. 945 de la 2de éd.; trad. fr. p. 1000) : « Je crois que jusqu'ici, dans le choix qu'ils ont eu à faire entre le différentes opinions, les auteurs se sont plutôt laissé influencer chacun par la tendance métaphysique de son esprit que par l'autorité des faits », et on peut en réalité noter parfois une influence des opinions philosophiques sur les opinions physiologiques, mais cela n'est ni nécessaire, ni justifié. La représentation empiriste de la perception de l'espace ne dépend absolument pas de l'empirisme épistémologique, ce qu'on peut d'ailleurs déduire du fait que quelqu'un comme E. Mach combine un nativisme poussé avec une épistémologie empiriste voire sensualiste stricte. En réalité, on ne voit pas pourquoi la thèse nativiste selon laquelle les sensations possèderaient des propriétés spatiales connues en avance ne devrait pas être tout aussi cohérente avec l'empirisme épistémologique que ce qu'il reconnaît bien comme

Je reviens à notre discussion sur les faits initiaux, originaires de notre perception. Comme on l'a vu, nous n'avons pas seulement des impressions sensorielles changeantes qui nous adviennent sans que nous fassions rien pour. Bien plutôt, nous observons au gré de notre propre activité continue, et atteignons ainsi la connaissance de *l'existence* d'une relation nomologique entre nos innervations et le devenir-présent des diverses impressions du cercle des présentables d'un intervalle. Chacun de nos mouvements volontaires, par lesquels nous modifions le mode d'apparition des objets, doit être considéré comme une expérimentation par laquelle nous testons si nous avons correctement appréhendé le comportement nomologique de l'apparence qui nous a été présentée, c'est-à-dire son existence présumée dans un ordre spatial déterminé.

La principale raison pour laquelle nous sommes beaucoup plus convaincus par une expérimentation que par l'observation d'un processus se déroulant sans notre concours, c'est que dans l'expérimentation la chaîne des causes passe par la conscience de soi. Nous connaissons un maillon de ces causes, à savoir notre impulsion volontaire, par l'intuition

évident, à savoir le fait que les sensations sont empreintes d'une qualité et d'une modalité originaire et indérivable. Il faut souligner explicitement que c'est une erreur d'interpréter le nativisme, tel il nous apparaît encore parfois, comme une forme d'apriorisme kantien. La doctrine kantienne a pour but d'expliquer la valeur apodictique des axiomes géométriques (*cf.* [n. 3 p. 33]), alors que le nativisme est une théorie de la la *perception sensible*; aussi son but ne peut-il pas être de fonder une nomologie mathématique stricte de l'espace, puisque toute perception n'est jamais comme telle qu'une donnée approximative. v. Kries, par exemple, dit ainsi très justement (dans la 3e éd. de l'*Optique physiologique* de Helmholtz, Bd. III, *op. cit.*, p. 524) que le nativisme de Herings « n'a plus rien à voir avec les intuitions de Kant ».

En outre, même au sein de la psychophysiologie, l'opposition entre les positions nativistes et empiristes n'est pas aussi fondamentale et insoluble qu'on le pense souvent. Une théorie nativiste qui, sur la question de la localisation, n'accorde pas à l'expérience un rôle considérable semble tout aussi peu complète qu'une théorie empiriste qui entreprendrait de construire la représentation spatiale à partir d'éléments de sensation nécessairement non spatiaux. Nous pensons aussi que la doctrine de Helmholtz ne doit pas être prise comme une recherche de ce dernier type; car il a au contraire considéré le spatial comme une forme d'intuition originaire (dans son sens psychologique) et nous avions dû interpréter cela ([n. 33 p. 166 et n. 37 p. 168]) en affirmant qu'à toute sensation élémentaire appartient un moment d'extension qui ne provient pas directement de l'expérience (pour les sensations visuelles, quelque chose comme le « caractère de surface [*Fläschenhaftigkeit*] »). La phrase de Helmholtz (*ibid.*, p. 122) : « Tout ce que notre œil voit, il le voit comme un agrégat de surfaces colorées dans le champ visuel; telle est sa forme d'intuition » semble sous cet angle résumer parfaitement la chose (*cf.* aussi la citation donnée à [n. 37 p. 168]). Quant à savoir s'il peut s'avérer nécessaire de se rapprocher encore jusqu'à un certain point des positions nativistes, cela, comme nous l'avons dit, est sans conséquence aucune au regard du pur problème épistémologique de la perception.

interne, et savons par quels motifs elle s'est produite[48]. À partir d'elle, comme d'un maillon initial connu de nous et à un point du temps connu de nous, commence à agir la chaîne des causes physiques qui cesse à l'issue de l'expérimentation. Mais une présupposition essentielle pour atteindre la conviction est que l'impulsion de notre volonté elle-même n'ait pas été déjà influencée par des causes physiques qui dans le même temps déterminaient aussi le processus physique, et que de son côté elle n'ait pas influencé psychiquement les perceptions ultérieures.

C'est surtout le dernier doute qui peut entrer en considération pour notre sujet. L'impulsion de la volonté pour un mouvement défini est un acte psychique, tout comme l'est la modification de la sensation perçue immédiatement après. Mais le premier acte ne peut-il pas provoquer le second par des médiations purement psychiques ? Ce n'est pas impossible. Lorsque nous rêvons, il se passe quelque chose de ce genre. En songe nous croyons exécuter nous-mêmes un mouvement, et nous rêvons ensuite que se produit ce qui devrait en être la conséquence naturelle. Nous rêvons que nous montons dans une barque, que nous lui donnons une poussée, que nous glissons sur l'eau, que nous voyons les objets alentour se déplacer, etc. Ici le fait que le rêveur s'attende à voir arriver les conséquences de sa conduite semble entraîner la perception rêvée dans une voie purement psychique. Qui peut se prononcer sur la durée et la finesse de développement, sur le degré de cohérence qu'un tel rêve est susceptible d'atteindre ? Si tout arrivait en lui de la manière la mieux réglée qui soit, en accord avec l'ordre de la nature, il ne resterait pas d'autre différence d'avec l'état veille que la possibilité du réveil, que la rupture de cette série rêvée d'intuitions.

Je ne vois pas comment l'on pourrait réfuter un système de l'idéalisme subjectif même le plus extrême, qui voudrait considérer la vie comme un songe[49]. On pourrait le déclarer aussi invraisemblable, aussi insatisfaisant que possible – à cet égard je souscrirais aux formules de rejet les plus

48. W. Dilthey a entrepris de montrer d'une autre manière que la croyance en l'existence du monde extérieur peut être fondée sur l'expérience de la volonté (*Beiträge zur Lösung der Frage vom Ursprung unseres Glaubens an die Realität der Aussenwelt und seinem Recht*, Sitzungsberichte der Berliner Akademie, 1890).

49. L'idéalisme subjectif le plus extrême, qui nie l'existence d'un monde extérieur différent du sujet, se nomme solipsisme. La possibilité théorique de ce point de vue a été admise par la plupart des philosophes, même si personne, évidemment, ne le soutient réellement. Ce passage précise que le mode réaliste dans lequel Helmholtz conclut sa théorie de la perception n'est pas l'expression d'une pensée non critique, mais a plutôt été choisi comme la formulation la plus immédiatement simple et dont les interprétations réaliste ou idéaliste doivent être laissées au métaphysicien.

dures–, mais il serait en toute rigueur applicable; et il me paraît très important de ne pas perdre cela de vue. On sait avec quelle ingéniosité Calderon a exploité ce thème dans *La vie est un songe*.

Fichte lui aussi admet que le Moi pose lui-même le Non-Moi, c'est-àdire le monde tel qu'il apparaît, parce qu'il en a besoin pour développer sa propre activité de pensée. Toutefois son idéalisme se distingue de celui que nous venons d'évoquer en ce qu'il conçoit les autres individus humains non comme des images oniriques mais, sur la base de ce qu'affirme la loi morale, comme des êtres semblables au Moi propre[50]. Cependant puisque les images par lesquelles ils se représentent le Non-Moi doivent toutes s'accorder les unes aux autres, il saisissait tous les Moi individuels comme des parties ou des émanations du Moi absolu. Le monde dans lequel ils se trouvaient était ainsi ce monde de représentations que l'esprit du monde posait pour lui-même, et il pouvait à nouveau recevoir le concept de réalité, ce qui arriva avec Hegel.

L'hypothèse réaliste en revanche se fie au témoignage de l'observation de soi ordinaire, d'après laquelle les modifications de la perception consécutives à une conduite donnée n'ont absolument aucune connexion psychique avec la précédente impulsion de la volonté. Elle considère comme existant indépendamment de la façon dont nous formons des représentations, ce qui semble s'avérer tel dans la perception quotidienne, à savoir le monde matériel hors de nous. Indubitablement l'hypothèse réaliste est la plus simple que nous puissions former, elle a été testée et confirmée dans des champs d'application extraordinairement larges. Elle est nettement définie dans toute détermination individuelle, et pour cette raison extraordinairement fonctionnelle et féconde comme base pour l'action. Même en régime idéaliste de pensée, nous ne saurions pratiquement pas exprimer ce qui est nomologique dans nos sensations autrement qu'en disant : « Les actes de la conscience qui se présentent avec le caractère de la perception se déroulent comme si le monde des choses matérielles admis par l'hypothèse réaliste existait véritablement »[51]. Mais nous ne pouvons pas surmonter ce « comme si » ; nous ne pouvons reconnaître à l'opinion réaliste d'être davantage qu'une hypothèse

50. *Cf.* par ex. Fichte, *Die Bestimmung des Menschen*, Berlin, Voss, 1800; trad. fr. J.-C. Goddard, *La destination de l'homme*, Paris, Flammarion, 1995, livre I.

51. Dans ce cas, l'existence du monde extérieur devrait être décrite comme une fiction – une idée que H. Vaihinger a approfondie dans plusieurs passages de sa *Philosophie du comme si*. Le présent passage de Helmholtz semble lui avoir échappé puisqu'il n'y fait aucune référence dans son œuvre. Pour Helmholtz lui-même, la vision réaliste du monde n'est pas une fiction, mais précisément une hypothèse.

éminemment fonctionnelle et précise. Nous ne sommes pas autorisés à lui attribuer une vérité nécessaire, puisqu'à côté d'elle des hypothèses idéalistes non réfutables sont possibles.

Il est bon de ne jamais perdre cela de vue, afin de ne pas vouloir déduire des faits plus que ce qui peut s'en déduire. Les gradations variées des conceptions idéalistes et réalistes sont des hypothèses métaphysiques. Aussi longtemps qu'elles sont reconnues comme telles, elles ont leur parfaite justification scientifique, quelque dommageables qu'elles puissent devenir quand on veut les ériger en dogmes ou en prétendues nécessités de la pensée. La science doit discuter toutes les hypothèses admissibles, pour garder un panorama complet des tentatives possibles d'explication. Les hypothèses sont encore plus nécessaires pour l'action, car on ne peut pas toujours attendre d'avoir atteint une décision assurée et scientifique, mais l'on doit se décider soit d'après la probabilité, soit d'après le sentiment esthétique ou moral. En ce sens on ne peut rien objecter même contre les hypothèses métaphysiques. Mais il est indigne d'un penseur qui se veut scientifique d'oublier l'origine hypothétique de ses propositions. L'arrogance et la véhémence avec lesquelles semblables hypothèses dissimulées sont défendues sont les conséquences habituelles du sentiment d'insatisfaction que leur défenseur nourrit, dans les profondeurs cachées de sa conscience, quant à la justesse de sa cause.

En revanche ce que nous pouvons trouver sans ambiguïté et factuellement, sans aucune imputation hypothétique, c'est le nomologique [*das Gesetzliche*] dans le phénomène. Dès le premier pas, lorsque nous percevons devant nous les objets distribués dans l'espace, cette perception est la reconnaissance d'une connexion nomologique entre nos mouvements et les sensations qui les accompagnent. Ainsi mêmes les premières représentations élémentaires contiennent intrinsèquement un penser et se produisent en accord avec les lois de la pensée. Tout ce qui dans l'intuition s'ajoute au matériau brut des sensations peut être résolu en pensée, si nous donnons au concept de pensée la même extension que plus haut[52].

Car si « concevoir » signifie former des concepts, et si dans le concept d'une classe d'objets nous recueillons et réunissons leurs caractéristiques identiques, alors il s'ensuit de manière analogue que le concept d'une série

52. Ainsi élargi (de manière assez peu pertinente), le terme « pensée » rassemble tous les processus spirituels qui conduisent d'une manière ou d'une autre à des comportements pertinents vis-à-vis du monde extérieur, et en particulier les activités d'association et de reproduction.

d'apparences changeant dans le temps doit chercher à réunir ce qui reste identique à tous ses stades[53]. Le sage, comme le dit Schiller,

> Cherche à démêler la loi dans les miracles chargés d'épouvante du hasard,
> Cherche la stabilité du pôle dans l'écoulement du phénomène[a].

Ce qui reste identique, sans dépendance à l'égard d'autre chose, à travers tout changement temporel, nous le nommons substance. La relation qui reste identique entre des grandeurs variables, nous la nommons la loi qui les relie. Ce que nous percevons directement, c'est uniquement cette loi[54]. Le concept de substance ne peut être gagné que par des examens exhaustifs et demeure toujours problématique, tant qu'un examen plus étendu n'a pas eu lieu. Autrefois lumière et chaleur étaient comptées comme substances, jusqu'à ce qu'on découvre plus tard qu'elles sont des formes de mouvement périssables. Et nous devons toujours nous préparer à de nouvelles décompositions des éléments chimiques actuellement connus. Le premier produit de la conception pensante du phénomène est le nomologique. Une fois que nous l'avons isolé de manière suffisamment pure, que nous avons délimité de manière suffisamment complète et assurée ses conditions et qu'en même temps nous les avons formulées avec une généralité suffisante, de sorte que pour tout cas susceptible de se présenter le résultat est déterminé sans équivoque, et que nous avons en même temps acquis la conviction qu'il a fait ses preuves et qu'il les fera en tous temps et dans tous les cas: alors nous le reconnaissons comme une

53. La pensée exprimée ici par Helmholtz est une des idées fondamentales de toute théorie de la connaissance. Elle constitue déjà le fondement la doctrine platonicienne des Idées – car les Idées de Platon sont les images originaires inchangeantes des choses individuelles sans cesse changeantes – et aussi de la théorie moderne de la science. Les « Principles of Science » de Stanley Jevons commencent par cette phrase: « La science provient de la découverte de l'égalité au sein de la différence ».

54. Cette phrase ne doit pas être prise au pied de la lettre, car de toute évidence une *loi* ne peut absolument pas être l'objet d'une perception. Établir quelque chose de nomologique constitue bien plutôt la conclusion d'un processus d'observation, d'ordonnancement ou de clarification. Helmholtz veut seulement dire que la découverte de lois est quelque chose de plus immédiat que l'assertation des substances et c'est cette idée qu'il précise dans les deux phrases suivantes. Si on suit ce raisonnement plus loin, on parvient aisément à l'opinion exprimée de plus en plus clairement dans la science moderne de la nature, selon laquelle le concept de substance peut entièrement être réduit au concept de loi, donc qu'au plus haut niveau de la connaissance de la nature, on peut se passer du premier comme concept fondamental.

a. « *Sucht das vertraute Gesetz in des Zufalls grausenden Wundern, /Suchet den ruhenden Pol in der Erscheinungen Flucht* » (F. Schiller, « La promenade », trad. fr. R. d'Harcourt, dans *Poèmes philosophiques*, Paris, Aubier, éd. bilingue, 1944, p. 192-193).

réalité indépendante de notre représenter et nous le nommons la *cause*, c'est-à-dire ce qui à l'origine reste et persiste derrière ce qui change. À mon avis, seul l'emploi du terme en ce sens est justifié, même si le langage courant l'emploie d'une manière très flottante pour tout ce qui est l'antécédent ou l'occasion de quelque chose[55]. Dans la mesure où ainsi nous reconnaissons la loi comme ce qui régit notre perception et le cours des processus naturels, comme une puissance équivalente à notre volonté, nous l'appelons «force»[56]. Ce concept d'une puissance opposée à nous est directement conditionné par la manière dont naissent nos perceptions les plus simples. Depuis le début les modifications que nous produisons nous-mêmes par les actes de notre volonté se distinguent de celles qui ne peuvent

55. La manière étonnante par laquelle Helmholtz prétend définir ici le concept de cause en identifiant cause et loi pourrait bien ne pas être pertinente. Car on n'a pas le droit de continuer à employer le terme de cause quand on ne désigne pas par là un concept qui conserve au moins les caractéristiques principales de ce qu'on entend habituellement par ce mot. Si les causes doivent être ce qui demeure éternellement identique tandis que les effets seraient les événements qui changent continuellement dans le monde, alors on détruit entièrement la correspondance réciproque entre les deux, laquelle appartient pourtant à leur concept; un effet ne pourrait plus alors être considéré comme la cause d'autres effets. On ne voit pas pourquoi il faudrait introduire, en sus du concept de loi, aussi le terme de cause qui possède un tout autre sens, ni pourquoi il serait impropre de n'appliquer les termes de cause et d'effet qu'aux processus naturels auxquels leur signification est généralement réduite, avec circonspection, en science. Il est vrai que le terme de cause est souvent utilisé « d'une manière très flottante »; cela pourrait cependant être évité sans créer de confusion avec les concepts d'antécédent ou d'occasion. *Cf.* M. Schlick, «Naturphilosophische Betrachtungen über das Kausalprinzip», *Die Naturwissenschaften*, VIII, *op. cit.*, p. 461 *sq.*

56. Au fondement de cette affirmation (qui sans interprétation plus précise pourrait aisément conduire à un contresens), on trouve l'idée suivante: puisque, par une sorte d'anthropomorphisme, le concept de cause (que Helmholtz a identifié plus haut à celui de loi) est compris comme quelque chose qui «qui régit notre perception et le cours des processus naturels, comme une puissance équivalente à notre volonté», alors il se réduit en réalité au concept de *force*. Pour préciser le point de vue de Helmholtz, on peut citer quelques explications tirées du § 5 et du § 6 de sa «Einleitung zu den Vorlesungen über theoretische Physik». Il y explique comment par exemple la loi de l'attraction se résume au premier abord à: « deux corps lourds se trouvant à une distance finie l'un de l'autre dans l'espace subissent une accélération et plus précisément l'un en direction de l'autre », et comment, «en formant des abstractions et en remplaçant les verbes par des substantifs, [nous l'avons] exprimée sous la forme selon laquelle entre deux corps lourds [...], il existe de manière continue une force d'attraction d'une certaine grandeur. Nous avons ainsi substitué à la simple description du phénomène du mouvement une abstraction, la force d'attraction. Nous ne décrivons en réalité rien de cette manière, et en particulier rien qui ait encore un sens factuel, au-delà de ce qui est déjà contenu dans la description d'un simple phénomène. En posant la loi sous cette forme, qui utilise le concept de force, nous ne faisons qu'assurer le fait que ce phénomène de rapprochement réciproque de deux corps intervient à tout moment du temps sous réserve que certaines conditions soient remplies ».

être ni produites ni écartées par notre volonté. C'est surtout la douleur qui nous donne l'enseignement le plus pénétrant sur la puissance de la réalité. La force de cet enseignement tient à ce fait d'observation, que le cercle des présentables n'est pas posé par un acte conscient de notre représentation ou volonté. Le « Non-Moi » de Fichte est ici l'expression négative exactement appropriée[57]. Il semble également au rêveur que ce qu'il croit voir et sentir n'est pas suscité par sa volonté ou par l'enchaînement conscient de ses représentations, alors qu'en réalité cela pourrait bien être assez souvent le cas, de manière inconsciente. Pour lui aussi c'est un Non-Moi. Il en va de même pour l'idéaliste, qui considère le Non-Moi comme le monde des représentations de l'Esprit du monde.

Dans notre langue nous avons une manière très heureuse de caractériser ce qui se tient derrière le changement des apparences et agit sur nous, à savoir : « das Wirkliche » [l'effectif]. Par là, seul le *wirken* [l'agir, l'effectuer] est exprimé. Manque cette seconde référence à ce qui subsiste comme substance, qui est inclue dans le concept du réel [*des Reellen*], c'est-à-dire du chosal [*des Sachlichen*]. Dans le concept de l'objectif d'autre part s'insinue habituellement le concept de l'image achevée d'un objet, concept qui ne convient pas aux perceptions les plus primaires. Concernant le rêveur cohérent, nous devrions là encore qualifier d'effectifs et de réels les états d'âme ou les motifs qui lui suggèrent à un moment donné des sensations qui sont en correspondance réglée avec l'état présent de son monde onirique. Il est clair par ailleurs qu'une séparation entre ce qui est pensé et ce qui est réel ne devient possible que si nous savons faire la séparation entre ce que le Moi peut et ce qu'il ne peut pas changer. Toutefois cette séparation ne devient possible que si nous connaissons quelles sont à tel moment les conséquences nomologiques des impulsions de notre volonté. Le nomologique [*das Gesetzmäßige*] est donc la présupposition essentielle pour le caractère du réel.

57. On peut être surpris par le fait que Fichte soit cité par Helmholtz relativement souvent et toujours de manière positive, quoique le système rationaliste de ce penseur présente peu de points communs avec ses idées et quoique la forme dans laquelle Fichte exposa ses idées théoriques ne puisse aucunement lui convenir. On peut en trouver l'explication dans le fait que Helmholtz se laisse guider dans son appréciation de Fichte par un sentiment de piété. Sa sympathie pour le philosophe remonte sans doute aux impressions que, de son propre aveu (*Vorträge und Reden*, I, *op. cit.*, p. 17), il avait reçues enfant dans la maison de son père, lequel était un fervent admirateur de Fichte.

Je n'ai pas besoin de vous expliquer que vouloir présenter le réel ou la « chose en soi » de Kant dans des termes positifs, mais sans pour autant l'absorber dans la forme de notre représentation, est une *contradictio in adjecto*. Ce point est souvent débattu. Ce que nous pouvons atteindre, toutefois, c'est une connaissance de l'ordre légal dans le royaume du réel, certes uniquement tel qu'il est présenté dans le système de signes de nos impressions sensorielles.

> Tout ce qui passe
> N'est que symbole [a].

Je tiens pour un signe favorable qu'ici et dans la suite, nous trouvions Goethe avec nous sur le même chemin. Lorsqu'il s'agit de larges vues panoramiques, nous pouvons bien nous fier à son regard clair et impartial pour la vérité. Il attendait de la science qu'elle limite sa tâche à un arrangement artistique des faits sans former de concepts abstraits, qui lui semblaient des noms vides ne faisant qu'obscurcir les faits. À peu près dans le même sens Gustav Kirchhoff a récemment caractérisé la tâche de la *mécanique*, la plus abstraite des sciences de la nature, comme étant de décrire *exhaustivement et de la manière la plus simple* les mouvements qui se présentent dans la nature [58]. Pour ce qui est d'obscurcir, cela se produit en effet quand nous campons dans le royaume des concepts abstraits sans nous expliquer leur sens réel, c'est-à-dire sans mettre au clair quelles sont les nouvelles relations nomologiques observables entre phénomènes qui découlent d'eux. Chaque hypothèse correctement formée propose, conformément à son sens factuel, une loi des phénomènes plus générale que celle directement observée jusqu'alors ; elle est une tentative pour s'élever à une nomologie toujours plus générale et plus inclusive. Ce qu'elle affirme de nouveau sur les faits doit être testé et confirmé par observation et

58. Ces mots célèbres de Kirchhoff qui sont pour ainsi dire devenus programmatiques pour la physique orientée épistémologiquement, s'expliquent, d'après l'auteur lui-même (*Vorrede zu den Vorlesungen über Mechanik*, Leipzig, Teubner, 1883), de la manière suivante : « Je veux dire par là qu'il doit seulement être question de déterminer *quelles* sont les apparences qui ont lieu et non pas de se prononcer sur leurs *causes* ». Il se sentait contraint d'adopter cette position parce que la définition de la mécanique admise jusque-là ne convenait pas : « On prétend définir la mécanique comme science des forces et les forces comme les *causes* par lesquelles des mouvements sont introduits ou qui *s'efforcent* d'introduire des mouvements », et cette définition « est affectée par le manque de clarté indétachable des concepts de cause et de "s'efforcer" ». La motivation de Kirchhoff était donc l'élimination de l'anthropomorphisme dont il était question ci-dessus ([n. 56 p. 184]).

a. « *Alles vergängliche/ Ist nur ein Gleichnis* » (J. W. v. Goethe, *Faust*, trad. fr. H. Lichtenberg, Paris, Aubier, éd. bilingue, 1946, t. 3, p. 257-258.

expérimentation. Les hypothèses qui n'ont pas ce sens factuel ou qui d'aucune manière ne spécifient sûrement et sans ambiguïté les faits qui tombent sous elles, ne doivent être considérées que comme des phrases sans valeur.

Toute reconduction des phénomènes aux substances et aux forces sous-jacentes affirme avoir trouvé quelque chose d'invariable et de définitif. Nous n'avons jamais de justification pour une affirmation inconditionnelle de ce genre : ce n'est autorisé ni par le caractère lacunaire de notre connaissance, ni par la nature des inférences inductives sur lesquelles repose toute notre perception du réel dès le premier pas.

Toute inférence inductive est basée sur la confiance dans le fait qu'un comportement nomologique, qui a été observé jusqu'à présent, se vérifiera également dans tous les cas qui n'ont pas encore été offerts à l'observation. C'est une confiance dans le fait que tout ce qui arrive se conforme à une loi. La conformité à une loi est la condition de la compréhensibilité. La confiance dans la conformité à une loi est donc en même temps la confiance dans la compréhensibilité des phénomènes de la nature. Toutefois si nous supposons que cette compréhension viendra à achèvement, que nous sommes capables d'établir quelque chose d'ultime et d'inaltérable comme cause des changements observés, alors nous nommons le principe régulateur de notre pensée qui nous pousse à cela la *loi causale*. Nous pouvons dire qu'elle exprime la confiance en la *complète compréhensibilité* du monde. La compréhension, au sens où je l'ai décrite, est la méthode au moyen de laquelle notre pensée maîtrise le monde, ordonne les faits et détermine le futur par avance. C'est son droit et son devoir d'étendre l'application de cette méthode à tout ce qui se présente, et elle a vraiment déjà récolté de grands résultats sur cette voie. Toutefois nous n'avons pas d'autre garantie pour l'applicabilité de la loi de causalité que son succès. Nous pourrions vivre dans un monde où chaque atome serait différent de chaque autre et où rien ne serait au repos. Il n'y aurait alors aucune régularité d'aucune sorte à trouver et c'est notre activité de penser qui devrait rester au repos[59].

59. Expliquons rapidement ce que Helmholtz nous apprend sur le contenu et la valeur du principe de causalité dans les paragraphes précédents. En termes de *contenu*, il exprime, d'après l'opinion (sans aucun doute correcte) de Helmholtz, la croyance dans la compréhensibilité complète du monde, qui n'est autre que la croyance en une régularité complète, si bien que « le principe de causalité n'est en fait rien d'autre que l'expression de la régularité de tous les phénomènes naturels » (c'est ainsi que le formule Helmholtz dans une note à son *Abhandlung über die Erhaltung der Kraft*, Berlin, Reimer, 1847 ; repr. Leipzig, Ostwald, 1862 ; trad. fr. L. Pérard, *Mémoire sur la conservation de la force*, Paris, Masson, 1869). Quant à sa *valeur*, c'est un *principe régulateur*, qui nous sert donc de fil directeur pour la

La loi de causalité est effectivement une loi donnée a priori, une loi transcendantale[60]. La prouver par l'expérience n'est pas possible, puisque les premiers pas de l'expérience, comme on l'a vu, ne sont pas possibles sans l'emploi d'inférences inductives, c'est-à-dire sans la loi de causalité. Mais même à supposer que l'expérience complète nous enseigne que tout ce qui a été observé jusqu'ici est arrivé de manière nomologique – et nous sommes bien loin de pouvoir l'affirmer –, c'est toujours uniquement par une inférence inductive, c'est-à-dire sous la présupposition de la loi de causalité, que la loi de causalité vaudrait également à l'avenir. Ici le seul conseil valide est : Aie confiance et agis !

L'imparfait
Ici trouve l'achèvement[a].

recherche, mais pour lequel nous n'avons aucune garantie de succès. La validité est donc factuelle : nous devons y croire mais ne pouvons pas la prouver.

Il en va tout à fait autrement pour Kant. Selon lui, la loi de causalité est un principe *constitutif*, elle participe à l'édification de notre expérience et la rend de prime abord possible ; elle vaut donc nécessairement pour toute expérience. Nous ne croyons donc pas seulement en sa validité, mais nous sommes sûrs d'elle.

60. Helmholtz utilise à nouveau les termes « *a priori* » et « transcendantal » en un sens très différent de Kant. D'après le philosophe, une proposition est *a priori* si elle est *valide* et peut être perçue comme telle indépendamment de l'expérience, et cela ne convient pas au principe de causalité tel que le présente Helmholtz dans les explications qui précèdent et qui suivent ce passage. Helmholtz n'entend exprimer par le terme « *a priori* » que le fait que la proposition causale ne peut pas être tirée de l'expérience par induction, mais doit toujours déjà être présupposée dans l'interprétation des expériences. Une présupposition de ce type, dont la valeur n'est pas établie par avance, revêt cependant le caractère d'une *hypothèse*. Helmholtz a également clarifié ses idées sur ce point, puisqu'il affirme dans une note posthume (L. Kœnigsberger, *H. v. Helmholtz*, *op. cit.*, I, p. 247 *sq.*) : « la loi de causalité (le caractère nomologique présupposé de la nature) n'est qu'une hypothèse et on ne peut prouver qu'elle soit autre chose que cela. Aucune régularité [*Gesetzmässigkeit*] actuelle ne peut prouver une régularité future. Contrairement aux autres hypothèses qui n'expriment que des lois particulières de la nature, la loi causale n'a que les caractéristiques suivantes : 1. Elle est le présupposé de la validité des autres lois ; 2. Elle nous donne tout simplement la seule possibilité pour nous de connaître quelque chose qui n'ait pas été observé ; 3. Elle est le fondement nécessaire de toute activité ayant un but ; 4. Nous y sommes conduits par la mécanique naturelle de nos combinaisons représentationnelles. Nous sommes donc conduits par les motifs les plus impérieux à *espérer* qu'elle soit juste ; elle est le fondement de toute pensée et de toute action. Tant que nous ne l'avons pas, nous ne pouvons même pas la prouver ; nous pouvons seulement *croire* en elle ou *agir* d'après elle... ». Helmholtz fait aussi référence à l'action, à la preuve *pratique* du principe de causalité, dans les développements du texte qui suivent tout juste ce passage. Ce n'est donc pas le point de vue de Kant qu'il soutient autour de la question de la loi causale, mais il emprunte plutôt le chemin de David Hume. Permettons-nous d'ajouter que pour nous aussi, le point de vue de Hume est le seul qui semble échapper à toute critique.

a. « *Das Unzulängliche/Dann wird's Ereignis* » (J. W. v. Goethe, *Faust,* trad. cit., p. 257-258).

Telle serait peut-être la réponse donnée par nous à la question : qu'est-ce que la vérité dans notre représenter ? Dans ce qui m'est toujours apparu comme l'avancée la plus essentielle dans la philosophie de Kant, nous nous tenons encore sur le sol de son système. À cet égard j'ai souvent souligné également dans mes travaux antérieurs l'accord[61] entre la récente physiologie des sens et les enseignements de Kant, ce qui ne signifie pas que je doive prêter serment aux *verba magistri* sur tous les sujets subordonnés. Je crois qu'il faut considérer la résolution du concept d'intuition dans les processus élémentaires de la pensée comme l'avancée la plus essentielle de la période récente. Cette résolution manque encore chez Kant, et ce manque conditionne également sa conception des axiomes de la géométrie comme propositions transcendantales. Ici ce sont surtout les investigations physiologiques sur les perceptions sensorielles qui nous ont conduit aux ultimes processus élémentaires du connaître. Ces processus devaient rester informulables en mots, inconnus et inaccessibles à la philosophie, aussi longtemps que celle-ci limitait son examen aux connaissances trouvant leur expression dans le langage.

Bien sûr pour les philosophes qui ont gardé l'inclination pour les spéculations métaphysiques, la chose la plus essentielle dans la philosophie de Kant semble être précisément ce que nous avons considéré comme un manque lié au développement insuffisant des sciences spécialisées de son temps. En effet la preuve de Kant pour la possibilité d'une métaphysique – il ne sut lui-même rien découvrir de plus sur cette prétendue science –, s'appuie purement et simplement sur la croyance que les axiomes de la géométrie et les principes affiliés de la mécanique sont des propositions transcendantales, données a priori. Du reste tout son système proprement dit contredit l'existence de la métaphysique, et les points obscurs de sa théorie de la connaissance, dont l'interprétation a été tant controversée, proviennent de cette racine.

61. Contrairement à cette affirmation, nous avons montré dans nos « Notes critiques » – et cela a été souvent souligné par ailleurs – que seules de bien minces traces de points philosophiques communs peuvent être repérés entre Kant et Helmholtz. La doctrine de la subjectivité de l'intuition spatiale et des qualités sensibles, qui de toute évidence était pour Helmholtz la plus importante, est à proprement parler le seul point sur lequel Helmholtz fait légitimement et sans nuance référence à Kant. Que Helmholtz lui-même ait pu croire s'accorder davantage avec Kant, cela s'explique en partie par le fait qu'il ne comprenait pas toujours avec précision la doctrine de Kant, mais lui conférait un sens fortement psychologique ; et en partie par le fait que sa haute estime pour cet auteur lui faisait voir ses points communs avec lui comme très importants, et ses divergences comme inessentielles.

D'après tout cela, il semblerait que la science de la nature ait son propre territoire assuré, sur lequel, solidement campée, elle peut chercher les lois du réel – un champ de travail merveilleusement riche et fécond. Tant qu'elle se limitera à cette activité, elle sera hors d'atteinte des doutes idéalistes. Un tel travail peut sembler modeste comparé aux plans de haut vol des métaphysiciens.

Car nul homme ne doit
Se mesurer
Avec les dieux.
S'il se soulève,
Jusqu'à toucher
Du front les astres,
Ses pieds peu sûrs
N'ont plus d'appui,
Et de lui jouent,
Vents et nuages.

S'il se tient, de ses os
Fermes jusqu'en leur moelle,
Sur cette terre
Bien assise et durable,
Il n'est pas digne
De s'égaler
Même à un chêne
Ou à la vigne[a].

Toutefois l'exemple de l'auteur de ces mots pourrait nous enseigner qu'un mortel qui a bien appris comment se tenir conserve toujours, même lorsqu'il touche les étoiles du sommet de son crâne, un œil clair pour la vérité et la réalité. L'authentique chercheur doit toujours avoir quelque chose de la vision de l'artiste, de la vision qui conduisit Goethe comme Léonard de Vinci à de grandes pensées scientifiques. L'artiste et le chercheur aspirent tous deux, bien que par des approches différentes, à ce but : découvrir une nouvelle nomologie. Seulement, on ne doit pas essayer de faire passer l'enthousiasme oisif et les folles divagations pour une vision d'artiste. L'authentique artiste et l'authentique chercheur savent tous deux

a. « Doch mit Göttern/Soll sich nicht messen/Irgendein Mensch./Hebt er sich aufwärts/Und berüht/Mit dem Scheitel die Sterne/Nirgends haften dann/Die unsichereh Sohlen, /Und mit ihm spielen/Wolken und Winde.//Steht er mit festen/Markigen Knochen/Auf der wohlgegründeten/Dauernden Erde : /Reicht er nicht auf, /Nur mit der Eiche/Oder der Rebe/Sich zu vergleichen » (J. W. v. Goethe, *Poésies*, t. II, trad. fr. R. Ayrault, Paris, Aubier, éd. bilingue, 1951, p. 128-129).

authentiquement travailler et donner à leur œuvre une forme ferme et une véracité convaincante.

Jusqu'à présent du reste, la réalité s'est révélée à la science explorant fidèlement ses lois bien plus sublime et plus riche que n'avaient su la dépeindre les efforts extrêmes de l'imagination mythique et de la spéculation métaphysique. Qu'est-ce que les monstrueux produits de la rêverie indienne, ces accumulations de dimensions gigantesques et ces nombres ont à nous dire comparés à la réalité [*Wirklichkeit*] de la structure de l'univers, des intervalles de temps dans lesquels le soleil et la terre furent formés, dans lesquels la vie évolua pendant l'ère géologique et s'adapta, dans des formes de plus en plus parfaites, aux conditions physiques les plus stables de notre planète.

Quelle métaphysique a préparé d'avance les concepts d'effets tels que ceux exercés l'un sur l'autre par les aimants et l'électricité dynamique ? En ce moment la physique s'efforce toujours de les réduire à des effets élémentaires bien déterminés, sans être parvenu à une conclusion claire. Mais déjà la lumière semble n'être rien d'autre qu'une modalité particulière du mouvement de ces deux agents, et l'éther remplissant l'espace est en train de recevoir des propriétés caractéristiques tout à fait nouvelles en tant que médium magnétisable et électrifiable.

Et dans quel schéma de concepts scolastiques pourrions nous insérer cette réserve d'énergie efficace dont la loi de la conservation de la force affirme la constance ? Cette réserve qui, comme une substance, ne peut être détruite ou augmentée, est à l'œuvre comme force motrice dans chaque mouvement de la matière, inerte ou vivante. Telle un Protée revêtant des formes toujours nouvelles, elle est active à travers l'espace infini et cependant non divisible sans reste avec l'espace, facteur actif dans chaque effet, moteur dans chaque mouvement, et, cependant, non esprit et non matière. Le poète en a-t-il eu l'idée ?

Dans les flots de la vie, dans l'ouragan de l'action,
Je m'élève et m'abaisse,
J'ondule de-ci de-là !
Naissance et tombeau,
Éternel Océan,
Activité changeante,
Vie ardente,
Ainsi j'œuvre au métier bruissant du temps,
Et tisse le vêtement vivant de la divinité [1].

a. « In Lebensfluten, in Tatensturm, /Wall'ich auf und ab, /Webe hin und her ! /Geburt und Grab, /Ein ewiges Meer, /Ein wechselnd Weben, /Ein glühend Leben, /So schaff' ich am

Nous sommes des particules de poussière sur la surface de notre planète, qui elle-même mérite à peine d'être nommée un grain de sable dans l'espace infini de l'univers. Nous sommes la plus jeune génération des êtres vivant sur terre, tout juste sortis du berceau après l'ère géologique, toujours au stade de l'apprentissage, à peine à demi éduqués, et déclarés majeurs uniquement par égards mutuels. Cependant nous avons déjà, sous l'impulsion la plus puissante de la loi de causalité, évolué au-delà de toutes les créatures terrestres, et nous les maîtrisons dans la lutte pour l'existence. Nous avons vraiment un motif suffisant d'être fiers que nous soit donné d'apprendre à comprendre lentement, par un travail fidèle, les « œuvres incompréhensiblement sublimes », et nous n'avons pas à nous sentir le moins du monde honteux de ne pas y parvenir immédiatement, comme au premier assaut d'un vol d'Icare.

sausenden Webstuhl der Zeit, /Und wirke der Gottheit legendiges Kleid » (J. W. v. Goethe, *Faust*, trad. cit., p. 18-19).

SUPPLÉMENTS À LA CONFÉRENCE « LES FAITS DANS LA PERCEPTION » *

Notes de Moritz SCHLICK

I. SUR LA LOCALISATION DES SENSATIONS DES ORGANES INTERNES (SUR LA PAGE [161]) [a]

Il pourrait être question ici de se demander si les sensations physiologiques et pathologiques des organes internes du corps ne devraient pas figurer dans la même catégorie que les états de l'âme, dans la mesure justement où beaucoup d'entre elles ne peuvent être modifiées par des mouvements, ou du moins pas de manière notable[62]. Car il existe effectivement des sensations ayant ce caractère ambigu, comme l'abattement, la mélancolie, la peur, ces sensations pouvant provenir de causes aussi bien corporelles que psychiques, et toute représentation de leur localisation

* La traduction de ce premier « Supplément » par A. Bienvenu était restée inédite. Je le remercie chaleureusement de me l'avoir confiée. J'y ai simplement rajouté la traduction des notes de M. Schlick [N.d.T.].

62. Dans le texte, Helmholtz a développé l'idée selon laquelle seules étaient intepprétées comme spatiales les données de la conscience qui étaient modifiées au cours des mouvements du corps. Il s'oppose ici l'argument selon lequel de nombreuses sensations provenant de l'intérieur du corps ne sont pas influencées de manière notable par les mouvements, mais que nous ne les considérons pas pour autant comme des états psychiques non-spatiaux (comme les souvenirs ou les souhaits), mais les localisons au contraire en un lieu déterminé, quoique plus ou moins distinct, de notre corps. Les arguments qui s'opposent à cette objection dans ce qui suit sont tout à fait de nature à lui enlever sa force ou à la rendre moins aiguisée, et Helmholtz a pour l'essentiel la psychologie moderne dans son camp. Certes, le point de vue nativiste selon lequel les sensations internes seraient localisées de manière déterminée à l'avance, donc sans l'intervention des mouvements, n'est pas complètement contredit et ne peut être considéré comme impossible.

a. Voir *supra* p. 161.

faisant également défaut[63]. Quand on a peur, la région du cœur se fait valoir tout au plus d'une manière indéterminée comme étant le siège de la sensation. C'est ainsi que de manière générale, la conception ancienne selon laquelle le cœur serait le siège de nombreux sentiments psychiques découla manifestement du fait que cet organe subit souvent des modifications de son mouvement à cause de ces sentiments, ce mouvement étant soit senti directement, soit indirectement en posant la main. Ainsi est donc engendrée une sorte de fausse localisation corporelle pour des états psychiques réels. Dans les états maladifs, cela va bien plus loin encore. Je me souviens d'avoir vu, en tant que jeune médecin, un cordonnier mélancolique qui croyait sentir que sa conscience s'était pressée entre le cœur et l'estomac.

D'autre part, il y a cependant une série de sensations corporelles comme la faim, la soif, la satiété, les douleurs névralgiques et inflammatoires, que nous localisons comme corporelles, même si ce n'est que de manière indéterminée, et ne prenons pas pour psychiques bien qu'elles puissent à peine être modifiées par des mouvements corporels. La plupart des douleurs inflammatoires et rhumatismales sont bien sûr considérablement accentuées en appuyant ou en mouvant les parties dans lesquelles elles ont leur siège. Mais même dans le cas contraire, elles ne doivent, de même que les douleurs névralgiques, être considérées que comme des intensités plus fortes de sentiments de pression et de tension qui se produisent en temps normal dans les parties en question. La nature de la localisation donne souvent une indication sur les raisons pour lesquelles nous avons appris quelque chose sur l'endroit de la sensation. Ainsi, presque toutes les sensations de la région intestinale sont déplacées vers des endroits précis de la paroi abdominale antérieure, et cela, même pour des organes qui, comme le duodénum, le pancréas, la rate, etc., sont plus proches du côté postérieur du tronc. Mais la pression de l'extérieur ne peut toucher tous ces organes que presque uniquement à travers la souple paroi abdominale, et non à travers les épaisses couches de muscles situées entre les côtes, la colonne vertébrale et l'os iliaque. Il est en outre vraiment curieux que, lors de maux de dents dus à l'inflammation de l'ivoire d'une dent, les patients, d'habitude, ne savent au début pas vraiment si, d'une

63. Il est remarquable que Helmholtz classe des états comme l'abattement ou la mélancolie parmi les sensations, alors qu'elles s'en distinguent par ailleurs comme étant des états du *sentiment*. Il semble anticiper ainsi les grands principes de la subtile théorie du sentiment de W. James (1884) et K. Lange (1887) d'après laquelle les sentiments ne doivent consister en rien d'autre qu'en des sensations des organes internes. Quoiqu'il en soit, la théorie de James-Lange est rejetée par la plupart des psychologues modernes.

paire de dents placées l'une au-dessus de l'autre, c'est la dent du dessus ou du dessous qui souffre. Il faut d'abord appuyer fortement sur les deux dents pour trouver laquelle fait mal. Cela ne devrait-il pas découler du fait que la pression sur l'ivoire des racines dentaires ne se produit à l'état normal qu'en mâchant, et qu'alors les deux dents de chaque paire ressentent en même temps une pression également forte ?

Le sentiment de satiété est la sensation de remplissement de l'estomac, ce sentiment étant nettement accentué par pression sur le creux épigastrique, alors que le sentiment de faim, lui, se réduit quelque peu par cette même pression. Ainsi peut-on être amené à localiser cette sensation dans le creux épigastrique. Du reste, si nous supposons que de mêmes signes locaux reviennent aux nerfs qui se terminent aux mêmes endroits du corps, la nette localisation d'une sensation d'un tel organe devrait être également suffisante pour les autres sensations de cet organe.

Cela vaut aussi bien pour la soif, dans la mesure où cette dernière est la sensation de sécheresse de la gorge. Le sentiment plus général lié à sécheresse du corps, qui, lui, n'est pas éliminé en humectant la bouche et le nez, n'est en revanche pas précisément localisé.

Le sentiment du besoin de respirer, que l'on appelle « faim d'air » et qui est un sentiment particulier dans sa qualité, est diminué par des mouvements respiratoires, et localisé d'après cela. Cependant, ce n'est qu'imparfaitement que les sensations d'entrave à la respiration dans les poumons se distinguent des sensations d'entrave à la circulation sanguine, dans les cas où ces dernières ne sont pas liées à des modifications sensibles des battements cardiaques. Peut-être cette distinction n'est-elle si imparfaite qu'à cause du fait que les troubles de la respiration engendrent aussi en règle générale une activité cardiaque plus élevée, et qu'une activité cardiaque troublée rend plus difficile la satisfaction du besoin respiratoire.

Au demeurant, il faut remarquer que, sans études d'anatomie et de physiologie, nous n'avons absolument aucune représentation de la forme ni des mouvements de ces parties si extraordinairement finement sensibles, et en même temps sûres et mues très adroitement, que sont notre voile du palais, notre épiglotte et notre larynx, puisque nous ne pouvons pas les voir sans instruments optiques, ni ne pouvons les toucher facilement. Et même en dépit de toutes les recherches scientifiques, nous ne savons toujours pas décrire de manière sûre tous leurs mouvements, comme par exemple les mouvements du larynx intervenant pour produire la voix de fausset. Si nous avions une connaissance innée de la localisation de nos organes munis du sens du toucher, nous devrions alors pourtant nous attendre à en avoir une pour le larynx aussi bien que pour les mains. Mais en réalité, notre connaissance de la forme, de la grandeur et du mouvement de nos propres organes internes ne va précisément que jusque là où nous pouvons encore les voir et les toucher[64].

Les mouvements extraordinairement divers du larynx, qui sont à exécuter si finement, nous enseignent en outre, quant à la relation entre l'acte de la volonté et son effet, que ce que nous savons provoquer de prime abord et immédiatement n'est ni l'innervation d'un certain nerf ou muscle, ni toujours non plus une certaine position des parties mobiles de notre corps, mais bien le premier effet externe observable. Tant que l'on peut établir par l'œil et par la main la position des parties du corps, c'est cette position qui est le premier effet observable auquel se réfère l'intention consciente de l'acte de la volonté. Là où nous ne le pouvons pas, comme pour le larynx et les parties postérieures de la bouche, ce sont les différentes modifications de la voix, de la respiration, de la déglutition, etc., qui sont les effets les plus proches.

Les mouvements du larynx, même s'ils sont engendrés par des innervations qui sont parfaitement semblables à celles utilisées pour mouvoir les membres, n'entrent donc pas en ligne de compte lors de l'observation des modifications de l'espace. Mais on pourrait alors encore se demander si l'expression de mouvement, nette et variée, que produit la musique, ne serait peut-être pas à attribuer au fait que la modification des hauteurs du son dans le chant est produite par l'innervation musculaire, c'est-à-dire par la même sorte d'activité interne que pour le mouvement des membres.

Pour les mouvements des yeux, il existe également un rapport semblable. Nous savons tous très bien diriger le regard sur un endroit précis du champ visuel, c'est-à-dire faire en sorte que l'image de cet endroit se trouve sur le creux central de la rétine. Des personnes sans instruction ne savent cependant pas comment ils meuvent les yeux à cette occasion, et ne savent pas toujours obtempérer à l'oculiste qui leur demande par exemple de tourner les yeux vers la droite si cela est dit sous cette forme. Et même, des personnes instruites savent certes regarder un objet tenu près de leur nez en louchant vers l'intérieur; mais quand on leur demande de loucher vers l'intérieur sans qu'un objet correspondant soit là, elles ne savent pas obtempérer.

64. E. Meumann (*Archiv für die gesamte Psychologie*, IX, 1907, p. 57) attribue en première ligne le caractère indéterminé de la localisation des sensations des organes internes au fait que nous ne *voyons* pas ces organes, ni ne pouvons suivre leurs mouvements.

II. L'ESPACE PEUT ÊTRE TRANSCENDANTAL SANS QUE LES AXIOMES LE SOIENT * (SUR LA PAGE [167])

Presque tous les adversaires philosophiques des recherches métamathématiques ont considéré ces deux affirmations comme étant identiques, ce qu'elles ne sont pourtant aucunement[65]. M. Benno Erdmann[a] l'a déjà expliqué très clairement dans le langage coutumier aux philosophes[66]. Je l'ai moi-même souligné dans une réponse dirigée contre les objections de M. Land, de Leyde[b]. Quoique l'auteur de la toute dernière réfutation de ma thèse, M. Albrecht Krause[c], cite ces deux écrits, les cinq premiers de ses sept paragraphes sont encore consacrés à la défense de la nature transcendantale de la forme d'intuition de l'espace, et deux seulement

*La traduction par A. Bienvenu de ce « Supplément » ainsi que celle du suivant est initialement parue, sans les notes de Schlick, dans la *Revue de Métaphysique et de Morale*, 35, 2002/3, p. 379-398. Je remercie les P.U.F. ainsi qu'Alexis Bienvenu de m'avoir donné leur accord pour reprendre ce texte dans ce volume [N.d.T.].

65. Dans des notes antérieures ([n. 33 p. 166 et n. 37 p. 168]), nous avons clarifié le sens dans lequel nous devons comprendre les termes de Helmholtz afin de rendre valide sa thèse principale. Nous en étions venus au résultat suivant. Si « transcendantal », dans l'usage qu'en fait Helmholtz, désigne la même chose qu' « *a priori* » et si nous devons comprendre ce terme dans sa signification kantienne, alors l'apriorité des axiomes ne fait qu'une avec celle de l'espace. Chez Kant, l'affirmation de cette dernière n'a d'autre but que d'expliquer la validité *a priori* des axiomes. Mais l'*a priori* helmholtzien n'est précisément pas l'*a priori* kantien, et n'a d'autre sens que de suggérer que la spatialité des perceptions est quelque chose de purement subjectif, au même titre et dans le même sens que la qualité des sensations (*cf.* [n. 16 p. 155]). Si on présuppose cela, la nature « transcendantale » de l'intuition spatiale n'a besoin de fournir aucun fondement pour la validité des axiomes synthétiques *a priori* sur l'espace.

66. En réalité, Erdmann tient ici (p. 97) la représentation spatiale pour *a priori* dans la mesure où elle ne pourrait naître en nous « s'il n'y avait pas certaines dispositions particulières de nos activités psychiques pour rassembler spatialement des groupes déterminés de *stimuli* extérieurs ». Elle doit cependant « sous d'autres aspects tout aussi justement » être dite empirique, à savoir évidemment dans la mesure où son contenu peut être exprimé dans des axiomes géométriques. Ceux-ci reposent sur l'expérience car, « aussi bien pour l'extension de notre espace sur trois dimensions que pour son caractère illimité ou que pour sa continuité, ou encore pour la valeur particulière de sa mesure de courbure, il doit y avoir certains facteurs dans les excitations qui expliquent le développement psychique de la représentation spatiale ». Dans ces explications, l'apriorité (ou « transcendantalité ») de l'intuition spatiale est prise dans le même sens que par Helmholtz lui-même.

a. B. Erdmann, *Die Axiome der Geometrie*, Leipzig, Voss, 1877, chap. III.
b. *Mind* (London/Edinburgh), III, 1878, p. 212.
c. A. Krause, *Kant und Helmholtz*, Lahr, Schauenburg, 1878.

traitent des axiomes[67]. L'auteur est d'ailleurs non seulement kantien, mais encore partisan des théories nativistes les plus extrêmes en optique physiologique. Il considère que le contenu entier des théories nativistes est inclus dans le système kantien de la théorie de la connaissance. De cela il n'existe cependant pas la moindre preuve[68], même si l'opinion personnelle de Kant, correspondant à l'état peu développé de l'optique physiologique de son temps, devait être à peu près celle-là. La question de savoir si l'intuition devait être décomposée, dans une plus ou moins grande mesure, en structures conceptuelles, n'avait pas encore été soulevée en ce temps-là[69]. En outre, M. Krause m'attribue des conceptions sur les signes locaux, sur la mémoire des sens, sur l'influence de la grandeur de la rétine, etc., que je n'ai jamais eues, jamais défendues, ou que je me suis même expressément efforcé de réfuter. Par « mémoire des sens » [*Sinnengedächtnis*] par exemple, j'ai toujours seulement désigné la mémoire de ces impressions sensorielles immédiates qui n'ont pas été formulées verbalement. Mais j'aurais toujours vivement protesté contre l'idée que cette mémoire des sens a son siège dans les organes sensoriels périphériques. Par ailleurs, j'ai conduit et décrit des expériences dans le but de montrer que, même lorsque nos images rétiniennes sont faussées, par exemple au moyen de lentilles, ou par des prismes convergents, divergents, ou qui décalent l'image vers les côtés, nous pouvons cependant apprendre rapidement à surmonter l'illusion, et nous voyons alors de nouveau d'une façon correcte. M. Krause m'attribue ensuite pourtant, page 41, l'affirmation selon laquelle un enfant devrait tout voir en plus petit qu'un adulte, car son œil est plus petit. Peut-être la présente conférence va-t-elle convaincre cet auteur qu'il s'est jusqu'ici totalement mépris sur le sens de ma théorie empiriste de la perception.

67. Comme Krause adoptait le point de vue de Kant (ce qui ne signifie pas qu'il ait interprété de manière parfaitement correcte la doctrine de ce philosophe), il pouvait se permettre de considérer comme identiques la question de savoir si l'espace constituait une forme *a priori* de l'intuition et la question de savoir si les axiomes géométriques étaient des jugements synthétiques *a priori*. Son erreur fut de se placer immédiatement sur un terrain kantien dans toutes ses présuppositions et de critiquer Helmholtz à partir de là. Comme la compréhension de la nouvelle théorie de l'espace requiert précisément de se libérer de ces propositions, il passe sans le comprendre au-dessus du véritable contenu de la théorie de Riemann-Helmholtz. Il n'est pas utile de s'attarder ici sur l'argument de Krause davantage que ne le fait Helmholtz lui-même dans le texte.

68. *Cf.* [n. 47 p. 78].

69. *Cf.* [n. 38 p. 169].

Ce que m'objecte M. Krause dans les paragraphes sur les axiomes est déjà en partie traité dans la présente conférence, tel que les raisons pour lesquelles la représentation intuitive d'un objet encore jamais observé peut être *difficile* à avoir. M. Krause poursuit en se référant à mon hypothèse, formulée dans une conférence sur « les axiomes de la géométrie »[a] afin d'éclairer les rapports entre les différentes géométries, supposant des êtres plats vivant sur une sphère ou un plan. M. Krause m'objecte que sur la sphère pourraient certes exister deux ou plusieurs lignes « les plus droites » entre deux points, mais que l'axiome d'Euclide concerne seulement une ligne « droite ». Cependant, pour ces êtres plats sur la sphère, la ligne droite qui relie deux points de la sphère n'a, d'après les hypothèses formulées, absolument aucune existence réelle dans leur monde. C'est justement la ligne « la plus droite »[b] qui serait pour eux ce qu'est pour nous une ligne « droite ». M. Krause tente certes de définir la ligne droite comme la ligne d'une seule direction. Mais comment donc définir la direction si ce n'est à nouveau par la ligne droite? On se meut ici dans un cercle vicieux. Et même, la direction est le concept le plus restreint des deux, car il existe pour chaque ligne deux directions opposées.

Il s'ensuit alors une autre objection selon laquelle, si les axiomes étaient des propositions de l'expérience, nous ne pourrions jamais être absolument convaincus de leur justesse, ce qui pourtant serait le cas. C'est précisément là que réside le point conflictuel. M. Krause est convaincu que nous ne prêterions pas foi à des mesures qui se prononceraient contre la justesse des axiomes[70]. En cela, il pourrait bien avoir raison pour le grand nombre de gens qui font plus confiance à une thèse s'appuyant sur une ancienne autorité, et étroitement unie à toutes leurs autres connaissances, qu'à leur propre réflexion. Mais chez un philosophe, cela devrait être différent. Les gens se sont montrés bien assez longtemps totalement incrédules au sujet de la forme sphérique de la Terre, de son mouvement, ou de l'existence de météorites. D'ailleurs, M. Krause a raison en affirmant qu'il convient d'être d'autant plus strict dans la vérification des arguments dirigés contre des thèses se réclamant d'une ancienne autorité, que ces thèses se sont jusqu'ici révélées effectivement justes depuis plus longtemps, dans l'expérience de nombreuses générations. Mais en dernière instance, ce sont pourtant bien les faits, et non les opinions préconçues, ni même l'autorité de Kant, qui doivent décider. En outre il est exact que les

70. Sur le fait que cette croyance demeure *possible*, mais pas justifiée, voir *supra*, [n. 38 p. 155 et n. 49 p. 63].

a. Voir *supra* p. 37.

b. C'est ainsi que j'ai nommé les lignes les plus courtes ou géodésiques.

axiomes, s'ils sont des lois de la nature, partagent la démontrabilité, toujours seulement approximative, de toutes les lois de la nature acquises par induction. Mais le souhait de vouloir connaître les lois exactes n'est pas encore une preuve de leur existence. Il est vraiment singulier que M. Krause, qui rejette les résultats des mesures scientifiques à cause de leur validité limitée, se tranquillise cependant, en ce qui concerne l'intuition transcendantale, par des estimations faites à l'œil pour prouver que nous n'avons nullement besoin de mesures pour nous convaincre de la justesse des axiomes. Cela s'appelle mesurer l'ami et l'ennemi selon une échelle différente ! Comme si le moindre compas tiré du plus mauvais étui n'était pas capable de quelque chose de plus précis que la meilleure mesure faite par l'œil, même abstraction faite de la question, que mon adversaire ne se pose d'ailleurs pas un instant, de savoir si cette dernière mesure est innée et donnée *a priori*, ou si elle n'est pas, elle aussi, acquise.

L'expression de « courbure », dans son emploi pour l'espace tridimensionnel, a créé un grand choc chez les gens de plume philosophique[a]. Ce nom désigne en fait une certaine grandeur définie par Riemann, qui, si on la calcule pour les surfaces, correspond à ce que Gauss a appelé la courbure des surfaces. Les géomètres ont conservé ce nom comme une appellation courte pour le cas plus général à plus de deux dimensions. La controverse tourne ici autour du nom, et seulement autour de lui, qui est utilisé pour un concept de grandeur au demeurant parfaitement défini[71].

71. Nous avons déjà noté ce point plus haut ([n. 25 p. 48]). L'incompréhension de ce terme critiquée par Helmholtz n'a pas été dissipée à ce jour, puisqu'on trouve encore et toujours, dans des articles populaires dirigés contre la théorie de la relativité, l'opinion selon laquelle il serait incorrect de parler d'espaces « courbes ».

a. Par ex. A. Krause, *Kant und Helmholtz, op. cit.*, p. 84.

III. L'APPLICABILITÉ DES AXIOMES AU MONDE PHYSIQUE[72] (SUR LA PAGE [170])

Je veux ici développer les conséquences auxquelles nous serions contraints si l'hypothèse kantienne de l'origine transcendantale des axiomes de la géométrie était vraie, et discuter la valeur qu'aurait alors cette connaissance immédiate des axiomes pour notre analyse de la structure du monde objectif[73].

§ 1

Dans ce premier paragraphe, je me placerai tout d'abord dans l'hypothèse réaliste[a], et parlerai sa langue, c'est-à-dire je supposerai que les choses que nous percevons objectivement existent réellement et agissent sur nos sens. Je ne fais cela que pour pouvoir parler, en premier lieu, la langue simple et compréhensible de la vie ordinaire et de la science de la nature, et exprimer ainsi le sens de mes pensées d'une manière compréhensible également pour des non-mathéma-ticiens. Je me réserve la possibilité d'abandonner dans le paragraphe suivant l'hypothèse réaliste, pour répéter l'explication correspondante dans une langue abstraite et sans présupposition particulière sur la nature du réel.

72. Les considérations menées ici par Helmholtz en guise de troisième supplément ont été initialement publiés (en traduction anglaise) dans la revue anglaise *Mind* (t. X, avril 1878) comme réponse à une critique que le prof. Land (*ibid.*, n° V) avait adressée à Helmholtz au sujet de son article « De l'origine et de la signification des axiomes géométriques ». L'article de *Mind* (repris dans les *Wissenschaftlichen Abhandlungen*, Bd. II, *op. cit.*, p. 640-660 sous le titre « Über den Ursprung und Sinn der geometrischen Sätze. Antwort gegen Herrn Prof. Land ») comporte quelques paragraphes liminaires que Helmholtz a abandonnés ici car leur contenu était développé sous une autre forme dans « Les faits dans la perception ». On en donne plus haut un court résumé ([n. 37 p. 168]). Le contenu de ce supplément est de la plus haute importance pour la pensée helmholtzienne car il remplit un véritable trou qui subsistait dans la suite de démonstrations du texte. Voir [n. 49 p. 63].

73. Voir *supra* p. 181.

a. Donc, afin d'éviter de nouvelles mésinterprétations comme chez A. Krause (*Kant und Helmholtz, op. cit.*, p. 84) : je ne prétends pas « [connaître] un espace transcendantal qui aurait en lui ses propres lois », mais je cherche ici à voir les conséquences de l'hypothèse que Kant admet d'une manière qui, selon moi, n'est ni démontrée ni correcte, selon laquelle les axiomes devraient être des propositions données par intuition transcendantale ; et si je le fais, c'est pour montrer qu'une géométrie qui s'appuierait sur une telle intuition deviendrait tout à fait inutile pour la connaissance objective.

En premier lieu, nous devons faire la différence entre l'égalité (ou la congruence) des grandeurs spatiales telle qu'elle pourrait découler, d'après la supposition faite plus haut, de l'intuition transcendantale, et l'équivalence de ces mêmes grandeurs telle qu'on peut la constater au moyen de mesures physiques[74].

J'appelle *physiquement équivalentes* [*Physisch gleichwertig*] des grandeurs spatiales dans lesquelles peuvent avoir lieu et se dérouler les mêmes processus physiques, dans les mêmes conditions et les mêmes intervalles de temps[75]. Le moyen le plus souvent utilisé pour déterminer l'équivalence physique de grandeurs spatiales en prenant des précautions appropriées, est le mouvement, d'un endroit vers l'autre, de corps rigides tels que les compas ou les règles. C'est de plus un résultat tout à fait général issu de toutes nos expériences, que deux grandeurs spatiales qui se sont déjà révélées équivalentes par une quelconque méthode satisfaisante de mesure physique, se révèlent également équivalentes relativement à tous les autres procédés physiques connus[76]. L'équivalence physique est donc une propriété parfaitement déterminée, univoque et objective, des grandeurs spatiales. À l'évidence, rien ne nous empêche de chercher à découvrir, par des expériences et des observations, comment l'équivalence physique d'un couple déterminé de grandeurs spatiales dépend de l'équivalence physique d'autres couples de telles grandeurs. Cela nous donnerait un type de géométrie que je vais ici appeler, pour les besoins de notre recherche actuelle, *géométrie physique*[77], afin de la distinguer de la

74. Helmholtz oppose ces deux types d'égalité (*Gleichheit*) dans un autre passage (*Wissenschaftliche Abhandlungen*, II, *op. cit.*, p. 641) en qualifiant la première d'« égalité subjective dans l'intuition transcendantale hypothétique » et la seconde comme « équivalence *objective* des valeurs du substrat réel de ces grandeurs spatiales qui se vérifie dans l'accomplissement de certains rapports et processus physiques ».

75. Helmholtz ramène dans cette définition « l'équivalence physique » des grandeurs spatiales à l'égalité des conditions physiques et l'égalité des périodes de temps et des processus. Il faut demander si la définition qu'il pose ainsi n'est pas circulaire ; car comment veut-on affirmer l'égalité des paramètres en question, par ex. les grandeurs de temps, autrement qu'à l'aide de l'égalité spatiale, puisque toutes les méthodes de mesure physique (la lecture sur des instruments) se réduisent en dernière instance à cette dernière ? La formulation ne peut donc pas être satisfaisante ; ce n'est que dans les deux phrases suivantes du texte qu'est esquissé le sens pertinent et utile de l'idée de Helmholtz.

76. Helmholtz fonde ici le concept d'équivalence physique sur des faits d'expérience déterminés et élargit ainsi sa définition précédente. En y regardant de plus près, on voit que les expériences dont il s'agit ici reviennent toujours en dernière instance à observer des coïncidences de points matériels. *Cf.* [n. 39 p. 56].

77. *Cf.* [n. 54 p. 66]. Nous avions distingué plus haut la géométrie physique de la géométrie conceptuelle pure. Le troisième type de géométrie, lequel pourrait à première vue

géométrie qui serait fondée sur l'intuition transcendantale de l'espace supposée par hypothèse. Cette géométrie purement physique et développée dans cette perspective serait manifestement possible, et posséderait entièrement le caractère d'une science de la nature.

Dès ses premiers développements, nous serions conduits à des propositions correspondant aux axiomes, si seulement, au lieu de l'égalité transcendantale des grandeurs spatiales, on posait leur équivalence physique.

En effet, aussitôt que nous aurions trouvé une méthode adéquate pour déterminer si les distances entre deux couples de points sont à chaque fois égales entre elles (c'est-à-dire physiquement équivalentes), nous pourrions distinguer également le cas particulier où trois points *a, b, c,* sont placés de telle manière qu'à part *b*, on ne peut trouver aucun autre point qui serait aux mêmes distances de *a* et de *c* que *b*. Nous disons en ce cas que les trois points sont placés sur une droite.

Nous serions donc à même de chercher trois points *A, B, C*, tels qu'ils soient tous à la même distance les uns des autres, c'est-à-dire représentant les angles d'un triangle équilatéral. Nous pourrions alors chercher deux nouveaux points *b* et *c*, tous deux à la même distance de *A*, tels que b soit placé sur la même droite que *A* et *B*, et *c* sur la même que *A* et *C*. Une question se poserait alors : le nouveau triangle *Abc* est-il lui aussi équilatéral (comme *ABC*), c'est-à-dire est-ce que $bc = Ab = Ac$? La géométrie euclidienne répond oui ; la *sphérique* affirme : $bc > Ab$ si $Ab < AB$; et la pseudo-sphérique que $bc < Ab$ pour la même condition[78]. Ici déjà, les axiomes pourraient être livrés au jugement des faits. J'ai choisi cet exemple simple parce que nous n'avons affaire ici qu'à des mesures d'égalité ou d'inégalité de distances entre des points en fonction de la détermination ou l'indétermination de la position de certains points, et parce que nous n'avons pas besoin pour cela de construire des grandeurs spatiales plus complexes, telles que des droites ou des plans. L'exemple montre que cette géométrie physique posséderait ses propres propositions, ces dernières prenant la place des axiomes.

Autant que je sache, les partisans de la théorie kantienne non plus ne peuvent douter qu'il serait possible, si nous n'avions encore aucune géométrie, d'en fonder une de cette manière, au moyen de la seule expérience. Dans cette géométrie, nous n'aurions affaire qu'à des faits

paraître possible, et qui n'est autre que la géométrie *a priori* de la pure intuition, est précisément rejeté par les analyses suivantes de Helmholtz.

78. Les deux triangles ABC et Abc ne seraient pas semblables [*ähnlich*] dans la géométrie non-euclidienne. Qu'il ne puisse y avoir de figures semblables que dans la géométrie euclidienne, c'est ce que nous avons déjà remarqué plus haut ([n. 17 p. 40]).

empiriques observables et à leurs lois. La science obtenue de cette façon ne serait une doctrine de l'espace indépendante de la nature des corps physiques contenus dans l'espace, que si la supposition selon laquelle l'équivalence physique a toujours lieu en même temps pour toutes les sortes de processus physiques, est vraie.

Mais les partisans de Kant affirment qu'il existe aussi, à côté d'une telle géométrie physique, une *géométrie pure*, fondée sur la seule intuition transcendantale, et qu'en réalité ce serait cette dernière qui jusqu'à présent aurait été scientifiquement développée. Dans cette géométrie, nous n'aurions aucunement affaire à des corps physiques et à leurs comportements dans le mouvement, mais au contraire nous pourrions nous donner, par intuition interne, des représentations de grandeurs spatiales, de corps, de lignes, tous absolument indéformables et immobiles, sans rien en connaître par l'expérience. Tous ces objets seraient en rapport d'égalité et de congruence les uns avec les autres, sans pourtant qu'on les ait jamais fait coïncider par des mouvements, – le mouvement étant réservé aux seuls corps physiques[a].

Je me permets de souligner que cette intuition interne devrait posséder une précision absolue quant à la rectitude des lignes et à l'égalité des distances et des angles. Sinon, nous ne serions autorisés ni à décider si deux droites indéfiniment prolongées ne se coupent qu'une fois, ou peut-être au contraire justement deux fois, ainsi que le font les grands cercles sur la sphère, ni ne pourrions affirmer que toute droite qui coupe une des deux droites parallèles coplanaires doit aussi couper l'autre[79]. On ne doit pas substituer la mesure faite à l'œil, si imparfaite, à l'intuition transcendantale, qui exige une absolue précision[80].

79. *Cf.* l'article précédemment cité ([n. 49 p. 63]) de F. Klein.

80. En réalité, l'« intuition pure » est d'après Kant l'expression d'une régularité [*Gesetzmässigkeit*] forte ; elle doit certes donner le fondement de la validité inviolable des axiomes. La mesure oculaire, au contraire, serait plutôt assimilable, dans la terminologie kantienne, à l'intuition « empirique ». Quant à savoir comment la pure intuition est véritablement liée à l'intuition empirique, nous ne disposons pas chez Kant d'explication véritablement convainquante pour le déterminer ; toujours est-il que d'après lui, l'intuition pure trouve dans l'intuition empirique son expression dans la mesure où elle détermine d'une certaine manière sa régularité, sa « forme ». La possibilité de confondre les deux ne semble pas être exclue de manière suffisante pour éviter que, dans les arguments de Kant, des propositions provenant de l'intuition empirique, donc de l'expérience, viennent se glisser dans les propositions issues de l'intuition « pure ».

a. Land dans *Mind*, II, *op. cit.*, p. 41. – A. Krause, *Kant und Helmholtz, op. cit.*, p. 62.

Supposons donc que nous possédions effectivement une telle intuition transcendantale des figures de l'espace, de leur égalité et de leur congruence, et que nous puissions nous convaincre par des raisons véritablement suffisantes que nous la possédons. Il serait alors bien sûr possible d'en dériver un système géométrique indépendant de toutes les propriétés des corps physiques, donc une géométrie pure transcendantale. Cette géométrie aussi comporterait des axiomes. Mais il est clair, également d'après les principes kantiens, que les propositions de cette hypothétique géométrie pure ne devraient pas nécessairement concorder avec celles de la géométrie physique. Car l'une traite de l'égalité de grandeurs spatiales dans l'intuition interne et l'autre d'équivalence physique. Cette dernière équivalence dépend manifestement des propriétés empiriques des corps naturels, et non uniquement de l'organisation de notre esprit.

Il faudrait ensuite chercher à savoir si les deux genres d'égalité se correspondent toujours nécessairement ou non. Ce n'est pas par l'expérience que l'on peut trancher cette question. Cela a-t-il en effet un sens de se demander si, d'après l'intuition transcendantale, deux paires de pointes de compas enserrent les mêmes longueurs? Je n'y vois aucun sens, et, pour autant que j'aie compris les partisans modernes de Kant, je crois pouvoir présumer qu'ils répondraient non également. Nous n'avons pas le droit, nous l'avons dit, de substituer à l'intuition transcendantale la mesure faite par l'œil.

Inversement, pourrait-on déduire des propositions de la géométrie pure que les distances entre les deux paires de pointes de compas sont égales? Pour cela, il faudrait connaître les relations géométriques entre ces distances et d'autres grandeurs spatiales, dont on devrait directement savoir qu'elles sont égales au sens de l'intuition transcendantale. Comme cependant on ne peut jamais savoir cela directement, on ne peut donc jamais non plus conclure à leur égalité par des déductions géométriques.

Si la proposition selon laquelle ces deux sortes d'égalités spatiales sont identiques ne peut être découverte par l'expérience, elle devrait alors être une proposition métaphysique et correspondre à une nécessité de pensée. Elle déterminerait ainsi non plus seulement la forme des connaissances empiriques, mais aussi leur contenu, comme lors de la construction, évoquée plus haut, de deux triangles équilatéraux[81]. Mais cette

81. Dans ce cas, la proposition portant sur l'identité de ces deux formes d'égalité [*Gleichheit*] affirmerait que même dans le second triangle les côtés *doivent* se révéler égaux si on les mesure avec un compas. Mais seule l'expérience peut nous apprendre (même chez Kant, comme Helmholtz le note très justement) si, dans la construction en question, une pointe déterminée du compas correspond à un point déterminé de notre dessin. Si le résultat de

conséquence contredirait directement les principes kantiens. L'intuition et la pensée pures accompliraient donc ici plus que ce que Kant n'est disposé à admettre.

Supposons enfin que la géométrie physique ait trouvé une suite de propositions expérimentales générales dont les énoncés seraient identiques aux axiomes de la géométrie pure. Il en suivrait, tout au plus, que la concordance entre l'équivalence physique des grandeurs spatiales et leur égalité dans l'intuition pure de l'espace est une hypothèse admissible qui ne conduit à aucune contradiction. Elle ne serait cependant pas la seule hypothèse possible. L'espace physique et l'espace de cette intuition pourraient aussi se comporter réciproquement comme l'espace réel et son reflet dans un miroir convexe[a].

Que la géométrie physique et la géométrie transcendantale[b] ne doivent pas nécessairement concorder, résulte du fait que nous pouvons effectivement nous les représenter comme non concordantes.

La manière dont une telle absence de congruence se manifesterait découle de ce que j'ai déjà exposé dans un essai antérieur[c]. Supposons que les mesures physiques correspondent à un espace pseudo-sphérique. L'impression sensorielle produite par cet espace, chez un observateur au repos observant des objets immobiles, serait alors la même que si nous avions devant nous le modèle sphérique de Beltrami dans l'espace euclidien, avec un observateur situé au centre. Mais sitôt que l'observateur changerait de position, le centre de la sphère de projection devrait se déplacer avec l'observateur, et toute la projection se décaler. Pour un observateur dont les intuitions spatiales et les estimations des grandeurs spatiales seraient formées suivant la géométrie euclidienne, que ce soit par l'intuition transcendantale ou en tant que résultat de l'expérience acquise jusqu'ici, surgirait alors l'impression que, sitôt qu'il se meut lui-même, tous les objets qu'il voit autour de lui se déplacent aussi d'une certaine manière, se dilatent et se contractent diversement selon différentes directions. De la même manière, dans notre monde objectif, nous voyons également changer la position relative en perspective et la taille des objets situés à des distances différentes, et ce uniquement au moyen des rapports

la mesure ne correspond pas à nos attentes euclidiennes, alors cela pourrait s'expliquer, soit par une déformation des objets comparés, soit par le caractère inutilisable de la géométrie euclidienne. Le kantien rejette par avance cette dernière possibilité, mais, comme le montre Helmholtz, sans raison suffisante.

a. Voir la conférence sur les axiomes de la géométrie, *supra*, p. 58.

b. On rappellera à nouveau ici la n. 55 p. 66, où Schlick critique l'usage par Helmholtz du terme « transcendantal » [N.d.T.].

c. Sur les axiomes de la géométrie, *supra*, p. 31-68.

quantitatifs d'aberrations optiques dues au mouvement de l'observateur. Seulement, comme nous sommes en réalité capables de savoir, à partir des images visuelles changeantes, que les objets autour de nous ne modifient ni leurs positions réciproques ni leurs tailles aussi longtemps que les modifications dues à la perspective correspondent exactement à la loi, vérifiée jusqu'alors dans l'expérience, à laquelle ces modifications sont soumises pour les objets au repos ; comme à l'inverse nous concluons au mouvement des objets à chaque violation de cette loi, alors, – ainsi que je crois, en tant que partisan de la théorie empiriste de la perception, pouvoir à bon droit le supposer –, quelqu'un qui passerait d'un espace euclidien à un espace pseudo-sphérique croirait certes au début observer des mouvements apparents d'objets, mais apprendrait très vite à adapter son estimation des rapports spatiaux aux nouvelles conditions.

Ce dernier point est cependant seulement une supposition formée d'après l'analogie avec ce que nous savons en outre sur les perceptions sensorielles. Elle ne peut être vérifiée par aucune expérience. Supposons donc que l'appréciation des rapports spatiaux chez un tel observateur ne puisse plus être modifiée, parce qu'elle serait attachée à des formes innées d'intuition de l'espace. Cet observateur découvrirait alors rapidement que les mouvements qu'il croit voir ne sont que des mouvements apparents puisqu'ils reviennent toujours en arrière quand il retourne lui-même à son premier point de vue. Ou encore, un second observateur pourrait constater que tout reste au repos lorsque le premier se déplace. Il en ressortirait donc rapidement quels sont les rapports spatiaux physiquement constants, certes peut-être pas au moyen d'une intuition non réfléchie, mais alors au moins par l'investigation scientifique. Cela se ferait un peu de la même manière que nous savons nous-mêmes, par des recherches scientifiques, que le Soleil est fixe et que la Terre tourne, même si l'apparence sensorielle persiste que la Terre est au repos et que le Soleil en fait le tour en vingt-quatre heures.

Mais par conséquent toute cette hypothétique intuition transcendantale *a priori* serait reléguée au rang d'*illusion des sens*, d'*apparence objectivement fausse*, dont nous devrions essayer de nous libérer et de chasser le souvenir, ainsi que nous le faisons pour le mouvement apparent du Soleil. Il y aurait donc une contradiction entre ce qui apparaît comme spatialement équivalent selon l'intuition innée, et ce qui se révèle l'être effectivement dans les phénomènes objectifs. Tout notre intérêt scientifique et pratique serait relié à ce dernier ensemble. La forme d'intuition transcendantale ne représenterait les rapports physiquement équivalents qu'à la façon dont une carte géographique plane représente la surface de la Terre, c'est-à-dire correctement pour les parties et les bandes très petites, mais d'une manière nécessairement fausse pour les parties plus grandes. Il ne s'agirait alors plus d'une simple *manière d'apparaître*, le fait d'apparaître impliquant de toute façon une nécessaire modification du contenu à représenter, mais il s'agirait bien plutôt du fait que ces mêmes relations entre l'apparition et le contenu, qui concordent dans des limites restreintes, fourniraient, dans des limites plus larges, une *apparence fausse*[82].

La conclusion que nous pouvons tirer de ces considérations est la suivante. S'il y avait vraiment en nous une forme d'intuition de l'espace innée et inaltérable comprenant également des axiomes, nous ne serions habilités à les appliquer objectivement et scientifiquement au monde de l'expérience que s'il était établi, par l'observation et l'expérimentation, que des parties de l'espace équivalentes d'après l'intuition transcendantale supposée, étaient aussi physiquement équivalentes. Cette condition rejoint l'exigence riemannienne, selon laquelle la courbure de l'espace dans lequel nous vivons doit être déterminée par des mesures empiriques.

Le résultat des mesures de la courbure exécutées jusqu'à présent n'ont montré aucune déviation sensible de zéro. On peut donc assurément considérer la géométrie euclidienne comme effectivement juste dans les limites de la précision acquise pour l'instant dans la mesure[83].

82. Il pourrait être pertinent de reprendre rapidement l'argumentation des trois derniers paragraphes. Le raisonnement de Helmholtz est le suivant : supposons qu'il en aille vraiment comme le pensent les kantiens, à savoir qu'une intuition pure nous pousse, entre deux interprétations possibles en principe (voir la note précédente et *supra* [n. 49 p. 63]), à choisir toujours l'interprétation physique qui laisse intacte la géométrie euclidienne : alors si nous observions un corps qui se comportait de la manière que Helmholtz décrit comme un comportement dans un monde non-euclidien, nous devrions considérer ce comportement comme un mouvement particulier d'objets dans l'espace euclidien qui s'accompagnerait d'une déformation étrange, mais nous pourrions affirmer, par les méthodes conceptuelles et analytiques, que tous les processus naturels se produiraient *comme si* le monde était constitué de manière non-euclidienne, de sorte qu'il pourrait être décrit plus simplement et plus rigoureusement en utilisant les déterminations de mesure non euclidiennes; et nous devrions éprouver l'influence de l'intuition, qui prétend nous interdire ce mode de représentation, comme un obstacle qui nous bloque le chemin vers la conception la plus pertinente logiquement et entoure le noyau de cette conception, pourtant si simple, d'un halo de complexité. Nous pourrions en fait, en nous laissant guider par le principe d'économie, en venir à affirmer que la « véritable » [*wirkliche*] constitution du monde serait non-euclidienne et que la représentation sensible que même le chercheur avisé se fait naturellement, en vertu des présuppositions déjà admises, pourrait bien, et de manière parfaitement légitime, être décrite comme une forme de « fausse apparence ».

83. On sait que la physique moderne, avec la théorie de la relativité générale, en est venue à adopter les déterminations de mesure non-euclidiennes; elle assigne à l'espace une mesure de courbure variant selon le lieu. Aussi la situation décrite dans la note précédente s'est-elle

§ 2

Les discussions du premier paragraphe sont entièrement restées dans le domaine de l'objectif, et dans le cadre du point de vue réaliste du chercheur en science de la nature, où la compréhension conceptuelle des lois de la nature est le but final, et la connaissance par l'intuition seulement une aide facilitant la tâche, mais reposant sur une fausse apparence à éliminer.

Or le professeur Land croit que j'aurais confondu dans mes explications les concepts d'«*objectif*» et de «*réel*», et que dans mon affirmation selon laquelle les propositions géométriques pourraient être mises à l'épreuve de l'expérience et être confirmées par elle, il aurait été illégitimement supposé (cf. *Mind*, II, p. 46) « that empirical knowledge is acquired by simple importation or by counterfeit, and not by peculiar operations of the mind, sollicited by varied impulses from an unknown reality ». Si M. le professeur Land avait connu mes travaux sur la sensation, il aurait su que j'ai moi-même combattu durant toute ma vie la présupposition qu'il m'attribue. Si, dans mon exposé, je n'ai pas parlé de la différence entre l'objectif et le réel, c'est qu'il me semblait ne pas devoir attacher d'importance à cette différence au cours de la recherche conduite alors. Pour justifier ma propre conception, nous allons maintenant abandonner ce qui était hypothétique dans la conception réaliste des choses, montrer que les propositions et les preuves qui ont été édifiées jusqu'ici conservent encore malgré tout un sens parfaitement justifié, qu'il demeure en outre toujours possible et légitime de s'interroger sur l'équivalence physique des grandeurs spatiales, et de trancher sur leur équivalence par l'expérience.

effectivement produite : notre mode de représentation euclidien est en conflit avec l'analyse conceptuelle, laquelle reconnaît que l'intuition euclidienne n'est pas en pleine adéquation avec la réalité effective. Mais elle nous retient dans ses filets : ainsi, nous nommons *courbes* les rayons lumineux passant près du soleil et nous les représentons symboliquement comme des courbes, alors que ce sont bien les lignes les plus droites de notre espace. La situation réelle ne diffère de ce que nous avons supposé dans la note précédente que dans la mesure où les variations par rapport à l'espace euclidien sont si petites qu'elles n'apparaissent pas dans les perceptions sensibles quotidiennes. Si elles faisaient cela, cependant, alors nous serions pleinement d'accord avec Helmholtz pour dire qu'alors, notre faculté de représentation intuitive serait parfaitement adaptée à la détermination de mesure euclidienne, car elle se serait développée précisément sous l'influence d'expériences non-euclidiennes ; il n'y aurait aucun conflit entre la présentation intuitive et la présentation conceptuelle de la nature. Pour ce qui est de la situation réellement existante, nous devons donc conclure : la difficulté que soulève pour la plupart des hommes la représentation du monde einsteinien ne doit pas être ramenée à quelque forme *a priori* inéluctable de la conscience humaine, mais plutôt au fait que toutes nos expériences quotidiennes conduisent à une géométrie physique qui, dans les limites de la précision perceptuelle de nos sens, est euclidienne.

La seule présupposition que nous conservons est celle du principe de causalité, c'est-à-dire que les représentations engendrées en nous avec un caractère de perception sont engendrées selon des lois fixes, de sorte que nous sommes en droit, quand des perceptions différentes s'imposent à nous, de conclure à la différence des conditions réelles dans lesquelles elles se sont formées. Au demeurant, sur ces conditions elles-mêmes, c'est-à-dire sur le réel même qui est au fondement des phénomènes, nous ne savons rien. Toutes les opinions que par ailleurs nous pourrions former à son sujet sont à considérer uniquement comme des hypothèses plus ou moins vraisemblables. En revanche, la présupposition de la causalité est la loi fondamentale de notre pensée. Si nous voulions nous en passer, nous devrions alors aussi renoncer de manière générale à pouvoir comprendre ces rapports par la pensée.

Je souligne que, dans cette perspective, on ne doit faire absolument aucune présupposition quant à la nature des conditions dans lesquelles naissent les représentations. Tout autant que le point de vue réaliste dont nous avons jusqu'alors utilisé la langue, l'hypothèse de l'idéalisme subjectif serait acceptable. Nous pourrions supposer que toute notre activité de perception n'est qu'un rêve, quoiqu'un rêve en lui-même extrêmement cohérent, dans lequel chaque représentation se développerait à partir d'une autre selon des lois fixes. Dans ce cas, la raison de la survenue d'une nouvelle perception apparente serait à chercher uniquement dans le fait que, dans l'âme du rêveur, des représentations de certaines autres perceptions, ainsi que quelque chose comme un certain type de représentations d'impulsions volontaires propres, l'ont précédée. Ce que nous appelons « lois de la nature » dans l'hypothèse réaliste serait, dans l'hypothèse idéaliste, les lois réglant la suite des représentations successives possédant le caractère de la perception.

Or il nous est donné comme un fait de la conscience que nous croyons percevoir des objets se trouvant à certains endroits dans l'espace. Il doit dépendre de la nature des conditions réelles qui provoquent la représentation, qu'un objet apparaisse à un certain endroit particulier et non à un autre. Nous devons en conclure qu'il aurait fallu la présence d'autres conditions réelles pour que la perception d'un autre endroit pour le même objet survienne. Dans le réel doivent donc exister des conditions, ou des ensembles quelconques de conditions, qui déterminent à quel endroit dans l'espace un objet nous apparaît. Pour les désigner rapidement, je les appellerai les *moments topogènes*. Nous ne savons rien de leur nature, nous savons seulement que la naissance de perceptions spatiales différentes suppose une différence des moments topogènes.

À côté de cela, il faut qu'il y ait dans le domaine du réel d'autres causes qui fassent en sorte que nous croyons percevoir, à des moments différents mais au même endroit, des objets matériels différents faits de propriétés différentes. Je me permettrai de les désigner sous le nom de *moments hylogènes*. Si je choisis ces néologismes, c'est pour éviter toute intrusion de connotations pouvant être attachées à des mots usuels [84].

Quand donc nous percevons et affirmons quelque chose établissant une interdépendance entre plusieurs grandeurs spatiales, le sens effectif d'un tel énoncé est sans aucun doute seulement celui-ci : entre des moments topogènes particuliers, dont l'essence propre nous est inconnue, une certaine relation régulière a lieu, dont la nature nous est également inconnue. C'est justement pour cela que Schopenhauer et de nombreux partisans de Kant en ont conclu d'une manière erronée qu'il n'y aurait absolument aucun contenu réel dans nos perceptions des rapports spatiaux, et que l'espace et ses rapports ne seraient qu'une apparence transcendantale sans rien d'effectif qui leur corresponde [85]. Nous sommes cependant manifestement en droit d'appliquer à nos perceptions spatiales les mêmes considérations que nous appliquons à d'autres signes sensoriels, par exemple aux couleurs : le bleu n'est certes qu'une manière de percevoir ; mais le fait qu'à un certain moment, dans une certaine direction, nous voyons du bleu, doit avoir une raison réelle. Si à un moment nous y voyons du rouge, cette raison réelle doit alors s'être modifiée.

Quand nous constatons que divers processus physiques peuvent se dérouler dans des espaces congruents pendant des périodes de temps égales, cela signifie que, dans le réel, les mêmes ensembles et les mêmes suites de moments hylogènes peuvent être engendrés et ce dans le cadre de certains groupes déterminés de moments topogènes différents. Ces derniers sont justement ceux qui induisent en nous la perception de l'équivalence physique des parties de l'espace en question. Et si l'expérience nous enseigne par la suite que toute relation ou toute suite de moments hylogènes qui peut exister ou se dérouler en relation avec un certain groupe de moments topogènes, peut également se produire avec tout groupe

84. Pour l'idéaliste, les moments topogènes et hylogènes devraient donc être recherchés dans quelque propriété de nos perceptions ou dans d'autres *data* de conscience, puisqu'il ne reconnaît aucune réalité en dehors de cela. Rien n'est présupposé au sujet de ces moments, donc pas non plus que ces deux types seraient complètement indépendants l'un de l'autre. Quant à savoir si tel est le cas, seule l'expérience peut nous l'apprendre. D'après la théorie de la relativité générale, on sait que les déterminations « matérielles » et spatiales ne peuvent être détachées les unes des autres.

85. Le point de vue que Helmholtz critique comme étant l'opinion de nombreux kantiens ne doit pas être attribué à Kant. Voir le passage de Kant cité [n. 29 p. 164].

physiquement équivalent d'autres moments topogènes, alors nous possédons effectivement une proposition dont le contenu est réel. Dans ce cas, les moments topogènes influencent indubitablement le déroulement des processus réels.

Dans l'exemple donné plus haut des deux triangles équilatéraux, il est seulement question, premièrement, d'égalité ou d'inégalité de distances entre des points, c'est-à-dire d'équivalence ou de non-équivalence physique ; et deuxièmement, de détermination ou de non-détermination des moments topogènes de certains points. Cependant, ces concepts de détermination et d'équivalence par rapport à certaines suites peuvent également être appliqués à des objets de nature par ailleurs tout à fait inconnue. J'en conclus que la science que j'ai appelée géométrie physique contient des propositions formées de contenus réels, et que ses axiomes sont déterminés, non par de pures formes de la représentation, mais par les rapports du monde réel[86].

Cela ne nous autorise toujours pas à déclarer impossible la supposition d'une géométrie fondée sur une intuition transcendantale. On pourrait par exemple supposer que l'action des moments topogènes sur notre conscience puisse fournir immédiatement, sans opérer de mesure physique, l'intuition de l'égalité de deux grandeurs spatiales. Par conséquent, c'est aussi relativement à un effet psychique immédiatement perceptible que certains ensembles de moments topogènes seraient équivalents.

Or toute la géométrie euclidienne peut être dérivée de la formule qui donne la distance entre deux points en fonction de leurs coordonnées orthogonales. Supposons que l'intensité de cette action psychique, dont l'égalité apparaît dans la représentation comme l'égalité de la distance entre deux points, dépende de trois fonctions quelconques des moments topogènes de tout point, de la même façon que, dans l'espace euclidien, la distance dépend des trois coordonnées de chaque point. Alors, le système de la géométrie pure d'une telle conscience devrait satisfaire aux énoncés des axiomes d'Euclide, quelle que soit par ailleurs la manière dont se comportent les moments topogènes du monde réel et leur équivalence physique. Il est clair que dans ce cas la concordance entre l'équivalence

86. L'expression « monde réel » doit être prise ici dans le sens que ce terme a aussi pour l'idéaliste subjectif. Dans son monde aussi, il existe des moments topogènes et des moments hylogènes, pour lui aussi il peut y avoir une « forme » de la représentation qui deviendrait pensable comme telle dans le fait que ses données ne peuvent être obtenues dans l'épreuve de l'expérience parce qu'elles seraient présupposées par toute expérience.

psychique et l'équivalence physique des grandeurs spatiales ne pourrait pas être tranchée par la seule forme de l'intuition.

Et si une concordance devait être mise en évidence, elle serait alors à considérer comme une loi de la nature, ou, ainsi que je l'ai appelée dans ma conférence de vulgarisation, comme une harmonie préétablie entre le monde de la représentation et le monde réel, exactement de la même façon que le fait que la ligne décrite par un rayon de lumière correspond à la ligne formée par un fil tendu, repose aussi sur une loi de la nature.

Je prétends avoir montré par là que la preuve donnée dans le premier paragraphe, dans la langue de l'hypothèse réaliste, s'avère également valide sans les présuppositions qui lui sont attachées.

Si nous voulons appliquer la géométrie aux faits de la perception, pour lesquels il ne s'agit cependant toujours que d'équivalence physique, nous ne pouvons alors appliquer que les propositions de cette science que j'ai appelée géométrie physique. La géométrie que nous utilisons jusqu'à présent est en réalité, pour quelqu'un qui dérive les axiomes de l'expérience, une géométrie physique qui repose uniquement sur une grande quantité d'expériences rassemblées sans plan préétabli, et non en suivant un système méthodique. Il faut d'ailleurs rappeler que c'était déjà la conception de Newton, qui déclarait dans l'introduction aux *Principia* : « la géométrie même a son fondement dans la pratique de la mécanique, et n'est en réalité rien d'autre que la partie de l'ensemble de la mécanique qui fonde et établit l'art de la mesure » [a].

En revanche, la supposition d'une connaissance des axiomes par intuition transcendantale est :

1. une hypothèse *non démontrée* ;
2. une hypothèse *inutile*, puisqu'il n'y a rien qu'elle permette d'expliquer dans le monde effectif de nos représentations qui ne puisse également être expliqué sans son aide ;
3. une hypothèse *totalement inutilisable* pour l'explication de notre connaissance du monde effectif, puisque les propositions qu'elle formule sur les rapports du monde effectif ne peuvent toujours être appliquées qu'une fois leur validité objective testée et constatée par l'expérience.

a. *Fundatur igitur Geometria in praxi Mechanica, et nihil aliud est quam Mechanicae universalis pars illa, quae artem mensurandi accurate proponit ac demonstrat.*

La doctrine kantienne des formes de l'intuition données *a priori* est une expression très heureuse et très claire de l'état des choses. Mais ces formes doivent rester suffisamment libres et vides de contenu pour pouvoir recueillir tout contenu pouvant, d'une manière générale, se présenter dans la forme respective de la perception. Cependant, les axiomes de la géométrie limitent tellement la forme d'intuition de l'espace que tout contenu pensable ne peut plus désormais y être recueilli, pour autant que la géométrie doive être applicable au monde effectif. Laissons-les de côté, et la doctrine de la transcendantalité de la forme de l'intuition de l'espace n'est plus choquante[87]. Kant ici, dans sa critique, n'a pas été assez critique. Mais il est vrai qu'il s'agissait là de théorèmes de mathématiques, et que cette partie du travail critique devait être accomplie par les mathématiciens.

87. Sur ce point, voir les [n. 23 p. 159, n. 32 p. 166 et n. 36 p. 168].

BIBLIOGRAPHIE

ŒUVRES CITÉES PAR H. V. HELMHOLTZ, P. HERTZ ET M. SCHLICK

AVENARIUS, R., *Kritik der reinen Erfahrung*, Leipzig, Reisland, 1888.

– *Der menschliche Weltbegriff*, Leipzig, O. R. Reisland, 1891.

BELTRAMI, E., « Saggio di Interpretazione della Geometria Non-Euclidea », *Giornale di Matematiche*, VI, 1868, p. 284-322.

– « Teoria Fondamentale degli Spazii di Curvatura Costante », *Annali di Matematica*, II, série 2, 1868, p. 232-255.

BENOIST, J., *Kant et les limites de la synthèse. Le sujet sensible*, Paris, P.U.F., 1997.

– « L'*Aufbau* comme phénoménologie », dans S. Laugier (éd.), *Carnap et la construction logique du monde*, Paris, Vrin, 2001.

BIENVENU, A., « Helmholtz, critique de la géométrie kantienne », *Revue de Métaphysique et de Morale*, 35, 2002/3, p. 379-398.

DU BOIS-REYMOND, E., *Hermann von Helmholtz, Gedächtnisrede*, Leipzig, von Veit, 1897, repr. *Reden*, Bd. 2, Leipzig, von Veit, 1912, chap. XXXXII.

DU BOIS-REYMOND, P., *Allgemeine Funktionslehre*, Tübingen, Laupp, 1882.

BOLZANO B., *Wissenschaftslehre. Versuch einer ausführlichen und Grösstentheils neuen Darstellung der Logik mit steter Rücksicht auf deren bisherige Bearbeiter*, Berlin, Seidel, 1837 ; trad. fr. partielle (deux premiers livres) J. English, *Théorie de la science*, Paris, Gallimard, 2011 ; trad. fr. F. Ruscher, *Théorie de la sience*, t. I et II, Paris, Vrin, 2023.

BONOLA, R. et LIEBMANN, K. O. H., *Die nichteuklidische Geometrie*, Leipzig, G. J. Göschen, 1908.

CARNAP, R, *Logical Foundations of Probability*, Chicago, University of Chicago Press, 1962 (2ᵉ éd.) ; trad. fr. P. Wagner, *Logique inductive et probabilité*, Paris, Vrin, 2015.

« Dreidimensionalität des Raumes und Kausalität. Eine Untersuchung über den logischen Zusammenhang zweier Fiktionen », *Annalen der Philosophie*, IV, 1924, p. 105-130, rééd. et trad. angl. A. W. Carus *et al.*, *Collected Works of Rudolf Carnap,* vol. 1 : *Early Writings*, Oxford, Oxford University Press, 2019.

CLIFFORD, W. K., *Mathematical Papers*, London, Macmillan, 1882.

COHEN, H., *Kants Theorie der Erfahrung*, Berlin, Dümmler, 1885 (2ᵉ éd).

CONRAT, F., *H. v. Helmholtz' Psychologische Anschauungen*, Halle, M. Niemeyer, 1904.

COUTURAT, L., *Les principes des mathématiques*, Paris, Alcan, 1905.

DEDEKIND, R., *Was sind und was sollen die Zahlen?* [1888], Braunschweig, Vieweg, 1911 (3e éd.), repr. *Gesammelte mathematische Werke*, Bd. 3, Braunschweig, Vieweg, 1932, p. 335-391; trad. fr. I. Milner et H. Sinaceur, *Les nombres: que sont-ils et à quoi servent-ils?*, Paris, La Bibliothèque d'Ornicar, 1978, repr. dans R. Dedekind, *La création des nombres*, Paris, Vrin, 2008.

DELBŒUF, J., *Prolégomènes philosophiques de la géométrie*, Paris, Ladrange, 1860.

DESCARTES, R., *Dioptrique*, dans *Œuvres complètes*, éd. Adam-Tannery, t. VI, Paris, Vrin, 1996.

DEUTSCH, R., *Philosophische Prinzipien der Mathematik*, Leipzig, Klinkhardt, 1908.

DILTHEY, W., « Beiträge zur Lösung der Frage vom Ursprung unseres Glaubens an die Realität der Aussenwelt und seinem Recht », *Sitzungsberichter der Berliner Akademie*, 1890.

DUSSORT, H., *L'École de Marbourg*, Paris, P.U.F., 1963

EHRENFEST-AFANASJEWA, T., « Physikalische Grössen », *Mathematisch-Naturwissenschaftliche Blätter* (Wien), 8, 1905.

– « Der Dimensionsbegriff und der analytische Bau physikalischer Gleichungen », *Mathematische Annalen*, 7, 1916, p. 259-276.

EINSTEIN, A., *Geometrie und Erfahrung, erweiterte Fassung des Festvortrages Gehalten an der Preussischen Akademie der Wissenschaften zu Berlin am 27. Januar 1921*, Berlin, Springer, 1921; trad. fr. M. Solovine, *La géométrie et l'expérience*, Paris, Gauthier-Villars, 1921, p. 3-19.

ELSAS, A., *Über die Psychophysik*, Marburg, Elwert, 1886.

EÖTVÖS, R., PEKÁR, D., et FEKETE, E., « Beiträge zum Gesetze der Proportionalität von Trägheit und Gravität », *Annalen der Physik*, 373, 1922, p. 11-66.

ERDMANN, Bruno, *Die philosophischen Grundlagen von Helmholtz' Wahrnehmungstheorie*, Berlin, Verlag der Akademie der Wissenschaften, 1921.

– *Die Axiome der Geometrie*, Leipzig, Voss, 1877.

FARGES, J., FOURNIER, J.-B., et PRADELLE, D. (éd.), *Édifier un monde: la notion d'*Aufbau *chez Carnap et en phénoménologie*, Paris, SUP, 2021.

FICHTE, J. G., *Grundlage der gesamten Wissenschaftslehre* (*1794-1795*), Hamburg, Meiner, 1997; trad. fr. A. Philonenko, *Les principes de la doctrine de la science* (*1794-1795*), dans *Œuvres choisies de philosophie première; Doctrine de la science* (*1794-1797*), Paris, Vrin, 1999.

– *Die Bestimmung des Menschen*, Berlin, Voss, 1800; trad. fr. J.-C. Goddard, *La destination de l'homme*, Paris, Flammarion, 1995.

FOURNIER, J.-B., *Carnap et la question transcendantale*, Paris, Vrin, 2021.

FRANCK, D., *La constitution du temps*, Paris, Vrin, 2020.

FREGE, G., *Grundgesetze der Arithmetik*, 2 Bde, Jena, H. Pohle, 1893/1903; réimpr. Hildesheim-Zürich-New York, G. Olms, 1998.

– *Die Grundlagen der Arithmetik*, Breslau, W. Koebner, 1884; trad. fr. C. Imbert, *Les fondements de l'arithmétique*, Paris, Seuil, 1969.

GAUSS, C. F., *Disquisitiones generales circa superficies curvas*, Göttingen, Dietrich, 1828, repr. *Gesammelte Werke: Königlichen Gesellschaft der Wissenschaften*, Bd. 4: *Wahrscheinlichkeitsrechnung und Geometrie*, Göttingen, Dieterich, 1873; trad. fr. É. Roger, *Recherches générales sur les surfaces courbes*, Grenoble, Prud'homme, 1855.

GENTZEN, G., « The freedom from contradiction of pure number theory », *Mathematische Annalen*, 112, 1936, p. 493-565.

GRASSMANN, H., *Die Ausdehnungslehre* [1844], Leipzig, Wigand, 1878 (2e éd.).

GRASSMANN, R., *Die Formenlehre oder Mathematik*, Stettin, Grassmann, 1872.

HEIDEGGER, M., *Phänomenologische Interpretation von Kants Kritik der reine Vernunft*, dans I. Görland (éd.), *Gesamtausgabe*, Bd. 25, Frankfurt, Klostermann, 1995; trad. fr. F. Martineau, *Interprétation phénoménologique de la « Critique de la raison pure » de Kant*, Paris, Gallimard, 2008.

HEINZMANN, G., Préface à la traduction de l'article de Hermann von Helmholtz, « Les faits dans la perception », *Philosophia Scientiae*, 7, 2003/1, p. 43-47.

HELMHOLTZ A. von, *Ein Lebensbild in Briefen*, éd. E. von Siemens-Helmholtz, Berlin, Verlag zur Kulturpolitik, 1929.

HELMHOLTZ, H. von, *Über die Erhaltung der Kraft: eine physikalische Abhandlung*, Berlin, Reimer, 1847, repr. Leipzig, Ostwald, 1862; trad. fr. L. Pérard, *Mémoire sur la conservation de la force*, Paris, Masson, 1869.

– *Handbuch der physiologischen Optik*, 3 Bde, Leipzig, Voss, 1856-1866, Hamburg, Voss, 1885-1894 (2e éd.), 1909-1911 (3e éd.); trad. fr. E. Naval et T. Klein, *Optique physiologique*, Paris, Masson, 1867, repr. Sceaux, Gabay, 1989.

– *Die Lehre von den Tonempfindungen als physiologische Grundlage für die Theorie der Musik* [1863], Braunschweig, Vieweg, 1865 (2e éd.), 1913 (6e éd.).

– *Populäre wissenschaftliche Vorträge*, 2 Bde, Braunschweig, Vieweg, 1865 et 1871; 2e éd. 1876; à partir de la 3e éd (1884), le titre devient *Vorträge une Reden*; la 5e éd. (1903) citée par P. Hertz et M. Schlick comporte :

Bd. 1 : « Über Goethe's naturwissenschaftliche Arbeiten » (1853); « Über die Wechselwirkung der Naturkräfte und die darauf bezüglichen neuesten Ermittelungen der Physik » (1854); « Über die physiologischen Ursachen der musikalischen Harmonie » (1857); « Über das Verhältniss der Naturwissenschaften zur Gesammtheit der Wissenschaften. Akademische Festrede » (1862); « Über die Erhaltung der Kraft » (1862-1863); « Eis und Gletscher » (1865); « Die neueren Fortschritte in der Theorie des Sehens » (1868); « Über das Ziel und die Fortschritte der Naturwissenschaft. Eröffangsrede für die Naturforscherversammlung zu Innsbruck » (1869).

Bd. 2 : « Über den Ursprung und die Bedeutung der geometrischen Axiome » (1870); « Zum Gedächtniss an Gustav Magnus » (1871); « Über die Entstehung des Planetensystems » (1871); « Optisches über Malerei » (1871-1873); « Wirbelstürme und Gewitter » (1875); « Das Denken in der Medicin » (1877); « Über die akademische Freiheit der deutschen Universitäten » (1877); « Die Tatsachen in der Wahrnehmung » (1878); « Die neuere Entwickelung von Faraday's Ideen über Elektricität » (1881); « Über die elektrischen Masseinheiten nach den Berathungen des elektrischen Congresses, versammelt zu Paris 1881 »; « Antwortrede, gehalten beim Empfang der Graefe Medaille, Heidelberg, 9 August 1886 »; « Josef Fraunhofer. Ansprache, gehalten bei der Gedenkfeier zur hundertjährigen Wiederkehr seines Geburtstages. Berlin, 6 March 1887 »; « Goethe's Vorahnungen kommender naturwissenschaftlicher Ideen, Rede, gehalten in der Gencralversammiung der Goethe-Gesellschaft zu Weimar 11 June 1892 »; « Heinrich Hertz, Vorwort zu dessen Principien der Mechanik. Berlin Juiy 1894 ».

– *Wissenschaftliche Abhandlungen*, 3 Bde, Leipzig, Barth, 1882, 1883 et 1895.

– *Schriften zur Erkenntnistheorie*, éd. avec notes de Paul Hertz and Moritz Schlick, Berlin, Springer, 1921; trad. angl. M. F. Lowe, *Epistemological Writings*, éd. R. S. Cohen et Y. Elkana, Dordrecht-Boston, Reidel, 1977.

– *Philosophische und populärwissenschaftliche Schriften*, éd. M. Heidelberger, H. Pulte et G. Schieman, Hamburg, Meiner, 2017.

HILBERT, D., *Grundlagen der Geometrie*, Leipzig, Teubner, 1909 (3 e éd.); trad. fr. P. Rossier, *Les fondements de la géométrie*, Paris, Dunod, 1971, repr. Paris, Gabay, 1997.

HILLEBRAND, F., *Ewald Hering : Ein Gedenkwort der Psychophysik*, Berlin, Springer, 1918.

HUME D. *A Treatise of Human Nature*, Oxford, Clarendon Press, 2014; trad. fr. A. Leroy, *Traité de la nature humaine*, Paris, Aubier Montaigne, 1973.

HUSSERL, E., *Ding und Raum, Vorlesungen 1907*, éd. U. Clages, Hua XVI, Den Haag, M. Nijhoff, 1973 ; trad. fr. J.-F. Lavigne, *Chose et espace. Leçons de 1907*, Paris, P.U.F., 1989.

– *Die Krisis der Europäischen Wissenschaften und die transzendentale Phänomenologie. Eine Einleitung in die phänomenologische Philosophie*, éd. W. Biemel, Hua VI, Den Haag, M. Nijhoff, 1954; trad. fr. G. Granel, *La crise des sciences européennes et la phénoménologie transcendantale*, Paris, Gallimard, 1976.

JEVONS, W. S., *The Principles of Science. A Treatise on Logic and Scientific Method*, London, Macmillan, 1874.

KANT, I., *Kritik der reinen Vernunft*, dans *Kants gesammelte Schriften 1. und 2. Auflage herausgegeben von der Königlich Preussischen Akademie der Wissenschaften*, Berlin, Reimer, puis de Gruyter, 1900-…, Bde III et IV; trad. fr. J.-L Delamarre et F. Marty, *Critique de la raison pure*, dans *Œuvres philosophiques*, t. I, « Bibliothèque de la Pléiade », Paris, Gallimard, 1980.

– *Prolegomena zu einer jeden künftigen Metaphysik, die als Wissenschaft wird auftreten können*, dans *Kants Gesammelte Schriften*, Bd. IV, Berlin, Reimer, 1911 ; trad. fr. L. Guillermit, *Polégomènes à toute métaphysique future qui pourra se présencer comme science* [1986], Paris, Vrin, 1996.

– *Metaphysische Anfangsgründe der Naturwissenschaft*, Akademie Ausgabe, Bd. IV ; trad. fr. A. Pelletier, *Principes métaphysiques de la science de la nature*, Paris, Vrin, 2017.

KILLING, W. K. J., *Einführung in die Grundlagen der Geometrie*, Paderborn, Schöningh, 1893.

KIRCHHOFF, G., *Mechanik* (Première partie des *Vorlesungen über Mathematischen Physik*), Leipzig, Teubner, 1883 (3e éd.).

KLEIN, F., *Gesammelte mathematische Abhandlungen*, Bd. 1, Berlin, Springer, 1921-1923.

KOENIGSBERGER, L., *Hermann von Helmholtz*, 3 Bde, Braunschweig, Vieweg, 1902-1903.

KRAUSE, A., *Kant und Helmholtz*, Lahr, Schauenburg, 1878.

LAND, J. P., « Kant's space and modern mathematics », *Mind*, 2, 1877, p. 38-46.

LEIBNIZ, G.W., *Opera*, éd. J. E. Erdmann, Berlin, Herolini, 1840.

LIE, S., *Theorie der Transformationsgruppen*, Leipzig, Teubner, 1873, Bd. 3, p. 437-523.

LIPSCHITZ, R., « Untersuchungen über die ganzen homogenen Funktionen von *x* Differentialen », *Borchardts Journal für Mathematik*, LXX, 1869, p. 71 ; LXXII, 1870.

– « Untersuchung eines Problems der Variationsrechnung », *Borchardts Journal für Mathematik*, LXXIV, 1872.

LOBATCHEWSKI, N. J., *Prinzipien der Geometrie*, Kazan, 1829-1830.

LOCKE, J., *An Essay Concerning Human Understanding*, Oxford, Pringle-Pattison, 1924; trad. fr. J.-M. Vienne, *Essai sur l'entendement humain*, Paris, Vrin, 2001.

MACH, E., *Die Analyse der Empfindungen*, Jena, Fischer, 1903 ; trad. fr. F. Eggers et J.-M. Monnoyer, *L'analyse des sensations*, Nîmes, Éditions Jacqueline Chambon, 1996.

– *Die Geschichte und die Würzel des Satzes von der Erhaltung der Arbeit*, Praha, Calve, 1872.

– *Die Mechanik in ihrer Entwicklung historisch-kritisch Dargestellt*, Leipzig, Brockhaus, 1883 ; trad. fr. E. Bertrand, *La mécanique. Exposé historique et critique de son développement* [1904], Paris, Hermann, 1904, 1923.

MENDELSON, E., *Introduction to Mathematical Logic*, Princeton, Van Nostrand Co., 1964.

MEUMANN, E., « Frage der Sensibilität der inneren Organe », *Archiv für die gesamte Psychologie*, IX, 1907, p. 26-62.

MICHELSON, A. A. et BENOÎT, J.-R. *Détermination expérimentale de la valeur du mètre en longueurs d'onde lumineuses*, coll. « Travaux et Mémoires du Bureau international des poids et mesures » 11, Paris, Gauthier-Villars, 1895.

MONGRÉ, P. (pseudonyme de F. HAUSDORF), *Das Chaos in kosmischer Auslese*, Leipzig, Naumann, 1898.

NEWTON, L., *Opticks*, London, Dover reprint, N.Y., 1952 (4ᵉ éd.); trad. fr. P. Coste, *Traité d'optique*, Paris, Gauthier-Villars, 1955.

PASCH, M., *Vorlesungen über neuere Geometrie*, Leibzig, Teubner, 1882.

– *Einleitung in die Differential und Integralrechnung*, Leipzig, Teubner, 1882.

PEANO, G., *Notations de logique mathématique*, Turin, Guadagnini, 1894.

POINCARÉ, H., *La science et l'hypothèse*, Paris, Flammarion, 1902.

– *La valeur de la science*, Paris, Flammarion, 1905.

– *Science et méthode*, Paris, Flammarion, 1908.

– *Dernières pensées*, Paris, Flammarion, 1913.

PRADELLE, D., *Par-delà la révolution copernicienne : sujet transcendantal et facultés chez Kant et Husserl*, Paris, P.U.F., 2012.

REICHENBACH, H., *Relativitätstheorie und Erkenntnis a priori*, Berlin, Springer, 1921.

RIEHL, A., *Helmholtz in seinem Verhältnis zu Kant*, Berlin, Reuther und Reichard, 1904.

– *Der philosophische Kritizismus und seine Bedeutung für die positive Wissenschaft*, Leipzig, Engelmahn, 1908 (2ᵉ éd.).

RIEMANN, B., *Über die Hypothesen, welche der Geometrie zu Grunde liegen*, Habilitationsschrift du 10 juin 1854, publié à titre posthume dans *Abhandlungen der königliche Gesellschaft zu Göttingen*, 13, 1867; trad. fr. L. L'Autel, « Sur les hypothèses qui servent de fondement à la géométrie », *Œuvres mathématiques*, Paris, Gauthier-Villars, 1898, rééd. Paris, J. Gabay, s. d., p. 280-299.

RÖMER, I., « Les interprétations heideggériennes de Kant », *Archives de philosophie*, 81, 2018/2, p. 329-352.

RUSSELL, B., *Principles of Mathematics*, Cambridge, Cambridge University Press, 1903; trad. fr. partielle J.-M. Roy, *Bertrand Russell : Écrits de logique philosophique*, Paris, P.U.F., 1989.

SCHLICK, M., *Raum und Zeit in der gegenwärtigen Physik*, Berlin, Springer, 1920.

– *Allgemeine Erkenntnislehre*, dans *Moritz Schlick, Kritische Gesamtausgabe, herausgegeben von F. Stadler und H.-J. Wendel : Allgemeine Erkenntnislehre*, Ableitung 1, Bd. 1, Wien, Springer, 2009; trad. fr. C. Bonnet, *Théorie générale de la connaissance*, Paris, Gallimard, 2009.

– « Idealität des Raumes, Introjektion und psychophysisches Problem », *Vierteljahresschrift für wissenschaftliche Philosophie*, 40, 1916.

– « Kritizistische oder empiristische Deutung der neuen Physik ? », *Kant-Studien* 26, 1924, p. 91-111.

– « Naturphilosophische Betrachtungen über das Kausalprinzip », *Die Naturwissensfhaften*, 8, 1920.

SCHOPENHAUER, A., *Über die vierfache Würzel des Satzes vom Zureichenden Grunde*, dans *Arthur Schopenhauer, Werke in zehn Bänden*, Bd. 5, Zürich,

Diogenes, 1977 ; trad. fr. F.-X. Chenet, *De la quadruple racine du principe de raison suffisante*, Paris, Vrin, 1997.

– *Die Welt als Wille und Vorstellung* [1818], *Arthur Schopenhauer, Werke in zehn Bänden*, Bde I/1, I/2, II/1, II/2, Zürich, Diogenes, 1977 ; trad. fr. A. Burdeau revue par R. Roos, *Le monde comme volonté et comme représentation*, Paris, P.U.F., 1966.

SCHRÖDER, E., *Lehrbuch der Arithmetik und Algebra*, Leipzig, Teubner, 1873.

SCHRÖDINGER, E., « Grundlinien einer Theorie der Farbenmetrik im Tagessehen », *Annalen der Physik*, 63, 1920, p. 397-520.

SOMMERFELD, A., *Atombau und Spektrallinien*, Braunschweig, Vieweg, 1921.

STUMPF, K., *Tonpsychologie*, 2 Bde, Leipzig, Hirzel, 1883 et 1890.

TOBIAS, W., *Grenzen der Philosophie, constatiert gegen Riemann und Helmholtz, vertheidigt gegen von Hartmann und Lasker*, Berlin, Müller, 1875.

VAIHINGER, H., *Die Philosophie des Als Ob*, Leipzig, Meiner, 1911 ; trad. fr. C. Bouriau, *La philosophie du comme si*, dans *Philosophia scientiae*, numéro spécial, 8, 2008.

WEYL, H., *Raum, Zeit, Materie. Vorlesungen über allgemeine Relativitätstheorie*, Berlin, Springer, 1921 (4e éd.).

– « Reine Infinitesimalgeometrie », *Mathematische Zeitschrift*, 2, 1918, p. 384-411.

WHITEHEAD, A. N. et RUSSELL, B., *Principia Mathematica*, Cambridge, Cambridge University Press ; trad. fr. partielle J.-M. Roy, *Bertrand Russell : Écrits de logique philosophique*, Paris, P.U.F., 1989.

WUNDT, W., *Grundzüge der Physiologischen Psychologie*, Leipzig, éditeur, 1874, trad. fr. E. Rouvier, *Éléments de psychologie physiologique*, Paris, Alcan, 1886.

ZERMELO, Ernst, « Über die Grundlagen der Arithmetik », dans G. Castelnuovo (éd.), *Acti del IV Congresso Internazionale dei Matematici*, Roma, Academia dei Lincei, 1909, p. 8-11.

INDEX NOMINUM

INDEX RERUM

TABLE DES MATIÈRES

THÉORIE DE LA CONNAISSANCE

Achevé d'imprimer en décembre 2022
sur les presses de
La Manufacture - Imprimeur – 52200 Langres
Tél. : (33) 325 845 892

N° imprimeur : 221092 - Dépôt légal : décembre 2022
Imprimé en France